60년 간 인종과 종파, 문화가 다른 세계를 돌며 보고 배운

깨달음을 나누는 기독교인을 위한 52주 인성교육 지침서

기독교인의 과외공부

● **방용호** 지음

북산책

기독교인의
과외공부

● 방용호 지음

북산책

기독교인의 과외공부

- **초판인쇄** 2010년 6월 2일
- **초판발행** 2010년 6월 2일
- **지 은 이** 방 용 호
- **펴 낸 이** 김 영 란
- **펴 낸 곳** 북 산 책

경기도 파주시 교화읍 문발리 513-5
Tel : 한국 031-940-1022
010-2016-7113
미국 1-408-515-5628
www.bookforus.com
e-mail : 4mybook@gmail.com

ISBN 978-89-960356-6-4 03230 정가 15,000원

추천의 글

방 영호 박사는 1995년 자신의 명저(名著)『물 있는 사막』을 출판할 때, '추천 시'로 나의 시 '그저 물이면 된다'를 책머리에 올렸다. 그렇게 물을 소중히 여기는 나와 방 박사의 인연은 물로 맺어져 물로 인해 깊어갔다.

이북출신인 방 박사는 누구보다 6.25와 실향민의 고통을 겪은 사람이다. 하지만 그의 남다른 신앙, 용기 그리고 노력은 그가 다른 저서『인생은 만남의 연속』에서 저술했듯이 그때그때마다 좋은 사람들을 만날 수 있게 했다. 6.25 전쟁 때 철수하는 배를 타지 못했던 그는, 수중에 가진 것도 없이 원산에서 포항까지 천리 길을 육로로 걸었다고 한다. 그는 그때의 심정을 자신의 저서『고향을 떠난 사람들』에서 이렇게 고백했다.

"하루도 굶은 적이 없고 한지(寒地)에서 자 본 일도 없다. 앞장을 서서 구걸할 수 밖에 없는 처지였는데 그때 피난길에서 만난 동해 사람들의 친절과 자비를 나는 지금도 잊을 수가 없다."

나는 이 대목을 읽으면서 당시 인심도 인심이려니와, 방용호 소년이 그런 사랑을 받을 만한 용모를 가졌고, 지금도 누구에게나 존경과 사랑을 받을 풍채와 향(香)을 지녔다는 것에 동의하지 않을 수 없다.

전쟁의 폐허 속에 어렵게 한국에서 대학을 마친 그는 1956년 도미(渡美)하여 석사와 박사학위를 받았다. 그리고 세계보건기구(WHO)의 연구관, 팀장, 고문관 그리고 교수로서 헌신봉사 한 세월이 30년, 그 후 그는 은퇴하여 미국 북 캘리포니아의 나파(Napa)에 살며 글쓰기에 전념하여왔다.

방 박사는 지나간 삶을 통해 많은 사람들의 사랑을 받아왔다. 많은 사랑을 받았다는 말은 그만큼 사랑의 빚을 많이 졌다는 말이기도 한데, 방 박사는 지난 30년 동안을 혼신의 힘을 다해 헐벗고 가난한 지역의 사람들을 위해 일하며 그들을 섬겨왔으니 그 빚을 많이 갚은 셈이다.

그는 또한 과학자만이 쓸 수 있는 5권의 전문적인 저술, 『신음하는 지구촌』, 『물 있는 사막』, 『One Dollar A Day』, 『고향을 떠난 사람들』, 『인생은 만남의 연속』으로 그동안 자신이 연구해 온 신음하는 지구의 애원을 대변해 왔다.

그런 방 박사가 이번에는 신앙에세이를 묶은 『기독교인의 과외공부』를 펴낸다. 특히 그는 우리의 모 교회(母教會)인 한국교회와 우리가 몸담고 있는 북미 이민교회의 현상인 '물량주의(物量主義)에 기초한 개체교회 성장만을 위한 경쟁'이나, '교회생활은 잘하는 반해 잘 하지 못하는 생활신앙'에 대한 경종을 울리고 있다. 또한 우리 교인들이 과연 예수님이 이룩하시려는 '인간구원 대업에 동참하고 있는가?' 라며 강하게 반문한다.

그동안 방 박사는 기독교인으로 과학도로 세계를 돌며 울타리 밖에서 본 많은 것을 오래 동안 축척해 왔다. 신앙인으로서 나아갈 바를 수필형식으로 풀어낸 이 고백서가, 기독교인들의 신앙생활에 훌륭한 '교과서적인 지침서'가 될 것으로 믿어 의심치 않는다. 신앙의 음성을 과학도의 소리로 들을 수 있으니 더욱 자랑스럽고 장하다.

2010년 5월 10일 캐나다 밴쿠버에서

반병섭 (원로목사, 시인)

머리말

나는 온 세계가 경제공항으로 혼란스럽던 1930년대 초, 침체된 38선 북쪽의 한 농가에서 태어났다. 하지만 18세부터 자의 반 타의 반 60년간 세계를 떠돌며 살아왔다. 그 중 약 30년간은 세계보건기구(WHO)에 종사하며 아프리카나 동남아와 같은 열대후진국에서 여러 다른 종교를 가진 사람들과 함께 일했다. 덕분에 우리 가족들도 불교, 개신교, 천주교, 힌두교 그리고 이슬람교 등 종파와 인종과 문화가 다른 여러 나라 속에서 남다른 체험을 할 수 있었다.

나는 은퇴 후 20년이라는 긴 시간을 젊은 시절에 보냈던 나라들을 다시 방문하면서 보냈다. 세월과 더불어 그 나라들이 개화발전해가는 모습은 물론, 국민들의 변화된 삶과 의식까지도 다시 살펴볼 수 있는 기회였다. 나는 그런 여행을 통해서 얻어진 생각들을 52과제로 나누어 나의 신앙자세와 비교해 수필 식으로 저술해 보았다. 말하자면『기독교인의 과외공부』는 나의 떠돌이 생활에서 얻은 경험을 토대로 만든 자연과학도의 신앙 간증서요 신앙수필집인 셈이다.

깊은 숲속에서는 산림전체의 모습을 잘 파악할 수 없듯이 교회라는 신앙공동체도 마찬가지다. 안에서만 오래 전념하다보면 급변하는 교회 밖에서의 문물사정과 현실문제가 마음으로부터 멀어지게 된다. 이 책은 평신도의 눈에 비친 교인들의 당면한 사회생활문제들을 숲 밖에서 생각해보면서 '생활신앙'을 스스로 키워보자는 선한 취지로 저술했다.

성숙한 시민 혹은 크리스천다운 신앙인으로 사회생활을 하는데 고려해야할 인성문제와, 교회에서 덜 취급하는 생활과제들을 다루었기에 '과외공부'라는 이름을 붙여보았다.

한국에는 지난 반세기동안 개신교 교인수가 급증하여 전 인구의 25-30%나 차지한다. 그렇다면 사회도 그만큼 달라져야 마땅하겠으나, 한국사회의 윤리도덕과 민도는 풍요로운 경제생활과는 달리 별로 변한 것이 없어 보인다. 다시 말하자면 한국의 기독교인들이 교화되어야 마땅하고 기독교문화도 그만큼 더 자리를 잡아야 한다는 생각이다. 교회생활은 잘하지만 신앙생활을 통해서 생활의식이나 자세는 그렇게 바꾸어진 것이 눈에 뜨이지 않는다는 뜻이기도 하다. 교회생활에서 얻는 신앙을 밑거름으로, 성숙한 인간으로 변하여 바람직한 기독교문화를 하나씩 만들어 갈 수 있었으면 하는 바람이다.

오늘날의 한국처럼 물량주의에 치우쳐 각 교회가 성장만을 위해 서로 경쟁하다보면, 교회는 겸손이나 절제 또는 봉사생활을 격려하지 못할 뿐 아니라 적절한 사회참여도 하지 못하게 된다. 사회참여란 헐벗은 시민들을 위한 정부의 손길이 미약하거나 아직 미치지 못한 곳을 조용하게 채워주는 그리스도다운 봉사를 말한다. 교회가 '끄는 힘'(Pulling Factors)을 지니지 못하고 사회로부터 눈총과 비판 또는 불신임을 받으면 신도들을 떠나보내야만 하는 비극이 생긴다. 어쩌면 2005년에 시작했다는 '한국의 반기독교운동'이 바로 그 징조가 아닌가 싶다.

『기독교인의 과외공부』가 아무쪼록 사회참여를 열망하는 한국의 크고 작은 교회들과 올바른 '생활신앙'을 염원하는 기독교인들에게 다소나마 도움이 되었으면 한다.

이 책이 만들어지기까지 많은 도움이 있었다. 우선 성경지식과 교회 살림에 대해 자세히 지도해 주신 나파교회 장한섭 장로님께 감사를 드린다. 여행을 시작하면서 쓰기 시작한 평탄치 못한 문맥에 제대로 갖추지 못한 옛날 한글철자 원고를 제일 먼저 읽어준

내 아내, 그리고 출판경비를 담당해 준 둘째 부부(Charles와 Selma)에게 고마운 마음을 감출수가 없다.

또한 원고를 출판하도록 교정, 편집 그리고 표지까지 예쁘게 만들어 주신 '북산책'의 김영란 대표에게 진심으로 감사를 드린다. 김 대표의 용기와 격려가 없었다면 내 원고는 세상에 선보일 기회조차 없었을 것이다.

원고를 준비하던 지난 1년 3개월 동안 허물 많았던 젊은 날들을 회상하며 반성할 수 있어서 스스로 큰 보람을 느꼈고, 또한 내 생애에 있어서 이만큼 즐거웠든 시간도 없었던 것 같다. 나에게 또 다른 여행을 떠나게 해 준 이 책을 통해 공적으로 사적으로 만나 인연을 맺었던 국내외 모든 분들에게 감사를 드리고 싶다.

방 용 호
2010년 5월 15일
미국 북 캘리포니아 나파에서

차례

제1부 기독교인의 착한 생활태도와 모습

제1장 예수를 본받는 신앙생활

제2장 교회생활의 구습

제3장 행복한 자화상

제4장 기독교인의 축복과 기복행위

제5장 기독교인의 죽음준비

제6장 기독교인의 울음과 눈물

제7장 분수대로 사는 지혜

제1장 예수를 본받는 신앙생활

형제들아 너희는 함께 나를 본 받으라
또 우리로 본을 삼은 것 같이
그대로 행하는 자들을 보아라 (빌 3:17)

기독교문화: 세상에는 예수님을 본받아 그대로 실천함으로서 후손들에게 본이 된 사람들이 무수히 많다. 오염된 오늘을 살아가는 우리들에게 본받을만한 신앙의 선배들이 있다는 것은 참으로 행복한 일이다. 우리가 이렇게 본을 받아 실천하는 삶을 살 때 우리사회에 값진 문화가 피어날 것이기에, 나도 그들을 조금이나마 배워 하나씩 실행해 가면서 이웃에게 믿음의 본이 되는 신앙인이 되고 싶다.

기독교는 유대교의 한 종파로부터 아시아에서 시작되어 현재는 동양을 완전히 벗어나 전 유럽의 종교가 되어 유럽문화의 중심이 되었다. 또 북미대륙에 기독교문화가 생성된 후로는 지구촌 곳곳에 획기적으로 전파되어 어느덧 세계종교로서 확산 되어 가고 있다. 유럽에 완전히 뿌리를 내린 기독교는 유럽의 고차원적인 정신적 관념을 확장시키는 한편, 그 새로운 문화의 토대 위에서 사회질서, 과학기술, 예술 등을 키워왔다. 우리들에게 잘 알려져 있는 세계적인 철학자, 신학자, 종교개혁자, 종교예술가, 과학자들의 대부분은 그 문화의 물을 마신 어머니로부터 탄생하였다.

내가 노후생활을 하고 있는 이곳 미국은 고향을 떠나온 다양한 인종들이 기독교문화를 만들어 낸 곳이다. 이들은 따뜻한 옷을 입고 배불리 먹으며 자유롭게 그런대로 행복하게 살고 있다. 그 바탕에는 노예들에게 자유를 주었지만 총에 맞아 생을 마감한 링컨(Abraham Lincoln)이나, 퇴임 후에도 헐벗고 굶주림 속에 있는 북한 동포들의 인권까지 특별하게 지속적으로 염려해주는 '카터'(Jimmy Carter)와 같은 성숙한 대통령들이 있었기 때문이다. 이전의 두 대통령 부시(Bush)와 클린턴(Clinton)은 소속된 정당은 다르지만 지구촌에 지진이 날 때마다 솔선해서 재해모금운동을 하여 국민들의 존경을 받고 있다.

미국국민이 지닌 그리스도의 사랑을 내가 경험한 것은 6.25 전쟁 당시 '케어(Care)'의 구제품을 받으면서부터다. 그들은 '검은 머리 짐승은 거두지 말라'는 만연해있던 편견에도 불구하고, 한국의 고아들을 데려다가 입혀주고, 먹여주고, 공부시켜주었다. '케어'의 구제품은 부자들이 보내온 것이 아니고 사랑을 실천하는 여러 평범한 가정에서 보내온 말끔히 손질한 헌 옷들이어서 더 감격했었다. 이와 비슷한 미국인들의 신앙의 성숙을 느낀 것은, 수년전 미국 '네바다'(Nevada)주의 한 작은 마을인 'Erlington'으로 단기선교를 갔을 때도 경험할 수 있었다. 시골 한 모텔의 지배인인 그는 우리가 선교를 위해서 왔다니까 자청해서 방 두개를 내어주며 사흘 밤이나 무료로 쓰도록 해주었다.

기독교문화를 만들어 가는 미국사람들은, 선조로부터 예수님을 닮아 가기위해 소금과 누룩을 밀가루에 넣어 빵을 만들어 먹었는지도 모른다. 아마도 그들은 조용히 음식 맛을 변화시키는, 눈에 보이지 않는 소금의 짠 맛과 누룩의 지혜까지도 배우고 있었을 것이다. 2009년 3월 '포브스(Forbes)'지에 의하면 미국에 최근 등록된 백오십만 자선단체에 매년 접수되는 기부금만도 3천억 달러라고 한다. 이들은 자기나라에 총과 대포를 겨누는 원수들도 용서하고 경제적으로 도와서 동맹국으로 만들어 가면서 공존하는 사람들이다.

닮아 가는 삶: "우리인간은 그리스도를 닮도록 창조되었다"고 바울은 말한다.(롬 8:29) 사고방식을 바꾸고 구습을 벗어 버리며 새로운 생활습성과 습속(習俗, Manners)으로 그리스도의 성품을 닮아가는 삶, 기독교정신 속에 새 문화를 엮어감으로서 후손 대대로 이어지도록 하는 삶이 기독교인의 사명이 아닌가 싶다. 세상에는 예수님을 본받아 신앙을 실현하고자 자신의 삶을 전부 바친 사람들이 많은데, 그 중에도 내가 가장 존경하는 사람은 슈바이처(Albert Schweitzer) 박사다. 그는 예수님을 닮고 몸소 실천하기 위해 "이웃을 내 몸과 같이 사랑하라"(마 19:19)고 말로만 외치기 쉬운 목사의 강단을 떠나 아프리카에서 의사로 생을 마쳤다. 나도 그를 생각하며 40대에 8년이란 젊은 세월을 아프리카 적도에서 바친 적이 있다. 그가 택한 믿음의 실현(實現)에 근처라도 가보려고 했지만 그것은 불가능한 일이었다.

2009년 봄 서울 명동성당 앞에는 새벽부터 자정이 넘도록 수많은 사람들이 줄을 잇고 있었다. 나눔을 실천하며 살다가 빈 몸으로 세상을 떠난 김수환 추기경께 마지막 인사를 드리고자 하는 사람들의 행렬이었다. 김수환 추기경은 늘 헐벗고 굶주린 자들을 대변하며 인권과 민주주의를 사수하기위해 유신권력과도 타협하지 않은 한국 천주교의 큰 별이셨다. 복음의 신봉(信奉)자로, 사랑의 실현자로, 윤리적 규범(規範)자로 한국근대사에 보기 드문 국민의 지주(支柱)로 성심을 다해 살다 가신 것이다.

전 조선일보 주필 류근일은 '김 추기경은 청년 예수의 정신을 견지(堅持)한 만년 수련자(修鍊者)'라고 했고, 이해인 수녀는 '순교자의 피로 축복받은 이 땅에 평화를 지켜주는 별이 되소서!' 라고 추기경의 영전에 축원했다. 그동안 김 추경으로부터 보고 듣고 배운 지식을 마음속에 새기면서, 나도 그의 높은 인격을 닮아가며 행동으로 실천할 수 있는 성도가 되었으면 하는 간절한 소망이다.

한국의 많은 기독교인들 못지않게 나 또한 크리스홈(Chrisholm)의 '내 모든 소원 기도의 제목 예수를 닮기 원함이라'는 505장 찬송을 부르며 살아왔다. 그리스도를 본받아가려는 마음으로 반 세기를 살아왔으나 얼마나 닮아졌는지는 큰 의문이다. 닮은 것은 없더라도 구습에서 벗어나려고 노력한 시도라도 한두 가지 있었다면 하는 마음이다.

전 인구의 4분의 1이 교인들이고 한국도시에는 교회들이 무수히 많지만 삶의 모습은 변한 것이 없다고 자성하는 사람들이 많다. 그러나 내가 보는 한국 사회와 국민들의 의식 속에는 변한 것이 적지 않다. 치열한 경쟁사회에서 생존하면서 전국곳곳에 남모르게 오고가는 사랑의 손길이 눈에 띄게 많아졌다. 그 작은 손들이 날이 갈수록 더 커지고 또 더 많아져 가는 것을 보면 기쁘지 않을 수 없다.

작고 큰 사랑의 손길들은 감사의 표시로부터 시작되며 이는 기독교인이 지니는 겸손한 덕목이다. 나는 50년 가까운 세월을 세계를 떠돌며 여러 나라 여러 종류의 인종들과 더불어 생활해 왔다. 그때마다 내가 경험한 것은 크리스천은 어디가 달라도 다르다는 것으로 공통점은 다름 아닌 바로 '겸손한 태도'였다.

개화와 자유: 한국의 구습인 이조시대 양반신분제도와 사대주의(Toadyism)사상을 나는 가장 혐오한다. 다행히 기독교 복음이 한국 땅에 전파면서 그러한 비실용적인 유교체제들은 와해(瓦解, Breakup)되었지만, 짓밟히고 억눌린 민중을 비롯해 한으로 살아온 부녀자들, 하인, 상인 등의 천민약자들이 새로운 문화 속에서 살게 되었다. 기독교 복음은 개화를 알리는 자유의 초석으로 우리에게 큰 축복이며 영원히 감사할 대상이다.

한국 땅에 전파된 복음의 씨앗은 외국선교사가 떨어뜨리거나 뿌린 것이 아니고, 중국을 왕래하던 유학에 지친 실학파(實學派)

들에 의해 뿌려졌다. 평신도에 의해 뿌려져서 자라난 복음으로 세례를 주기 시작한(1760대)것은, 프랑스에서 선교사가 들어오기 70년 전과 중국에서 선교사가 들어오기 30년 전의 일이었다.

당시의 집권층인 유교세력은, '빈부나 남녀노소를 막론하고 하나님 앞에서는 도든 인간은 평등하다.'는 기독교 교리를 기반으로 하여 인륜과 충의(忠義)를 무시한다는 명분으로 교인들을 핍박하고 처형했다. 처형은 외국 선교사들뿐만 아니라 신분의 고하를 불문한 대규모 무차별 학살로 이어져 여러 지방에서는 교란(攪亂, Disturbance)이 계속되어 수많은 순교자가 속출했다. 박문규의 저서『민족의 상처 민족의 소망』에 의하면 1866년의 병인교란이후 8년 동안 학살당한 순교자 수는 만 명에 가까웠다고 한다.

천주교보다 한 세기 후이기는 하지만, 개신교복음이 한반도에서 싹이 나게 된 경로도 천주교와 비슷해서 중국에서 온 평신도들과 성서번역으로부터 시작됐다고 한다. 그러나 한국개신교가 제철을 맞아 체계적으로 성장할 수 있게 된 것은 세 분의 선교사가 미국으로부터 한국으로 파송된 후부터다.

알렌(Horace N. Allen)은 1884년에 의사선교사로 입국해 광혜원을 개원하며 근대의술을 소개하기 시작했고, 언더우드(Horace G. Underwood)는 1885년에 입국해 연희전문학교를 설립하여 근대교육을 담당했다. 같은 해 입국한 아펜젤러(Henry G. Appenzeller)는 배재학당을 운영하며 성서번역에 헌신했다. 선교사의 수는 그 후로 계속 증가하여 1924년에는 160명에 이르러, 동서남북에 흩어져 복음을 전달하고 문명된 사회를 이루도록 여러 지방에 학교를 설립했다. 이들은 예수님을 본받아 그대로 실천하는 삶으로 우리에게 본을 보인 사람들이다. 그들은 복음만 가지고 온 것이 아니라 예배와 기도, 영성과 인성 그리고 자애(慈愛)와 자선까지도 함께 지니고 왔다. 성서를 공급하고 성경을 읽을 수 있도록 한글을 가르치며 금연 금주를 장려하여 합리적인 가정생활로 인도하고 계몽, 개화 등 현대화로 가는 초석을 만들어 주었다.

수난의 세월과 함께 한 세기동안 분발하며 성장한 한국개신교는 양적으로 크게 증가하여 남한인구의 4분의 1에 해당하는 천만인구가 그리스도인으로 태어났다. 2만여 교회가 세워졌고 현재 미국 다음으로 많은 1만 4천 9백 명이나 되는 선교사를 168개국 해외로 파송하여 그 수가 미국보다도 많은 나라가 되었다.

그래서 한국의 20세기는 18세기 영국과 19세기 미국에 이어 위대한 선교의 세기(世紀)라고까지 인정받게 되었다. 하지만 그 한 세기동안 우리 스스로가 예수님을 본받아 실행한 것이 무엇이며, 또 내가 이웃과 사회에 얼마나 삶의 본이 되었는지는 각자 한번쯤 자문해 볼 필요가 있다. 다각도로 끊임없이 변해가는 오늘의 사회는 우리가 무엇을 어떻게 본받아서 얼마나 실현해 가는가 하는 점을 주시해 보고 있다. 본을 받았으면 본이 되라는 사회적인 요구일 것이다. 그래서 나도 쉬운 것부터 하나씩 본받아가며 살려고 노력하고 있다. "제 손으로 수고하여 선한 일을 하라."(엡 4:28)는 말씀을 시작으로.

제2장 교회생활의 구습

너희는 유혹의 욕심을 따라
썩어져 가는 구습을 좇는 옛 사람을 벗어 버리고
오직 성령으로 새롭게 되어 (엡 4:22-23)

습관과 풍속: 사람마다 마음과 몸에 굳어버린 독특한 버릇이 있다. 그 버릇들이 한 사회의 의식주생활에 오래 지속되는 것을 우리들은 풍습이라고 부른다. 습관이나 풍습은 지역별로 다르고 시대에 따라서 변해가지만 긴 세월에 걸쳐서 굳어진 버릇이기에 바꾸기가 쉽지 않다. 그래서 '세살 버릇 여든까지 간다.'는 속담도 생겼을 것이다. 자유롭고 낙관적으로 살아야하는 현대인들은, 긴 시간을 슬픔과 가난 속에 살아오면서 습관화된 많은 버릇들이 더 이상 실용적이지 않기에 그것을 고수할 필요가 없다. 신앙생활을 한다는 것은 영적으로 거듭나야(요 3:3) 하는 일이므로 육적으로 살아오던 구습들은 과감히 새것으로 바꾸어야 한다.

우리는 스스로 "예수를 믿음으로 달라진 것이 무엇이냐?" 라는 질문을 하면서 각자 신앙생활의 수확을 수시로 점검할 필요가 있다. 왜냐하면 새 삶을 요구하는 기독교 복음이 내 자신을 얼마나 변화시키고 이웃에게 어떻게 덕이 되었느냐를 생각해 보아야하기 때문이다. 나 자신의 변화는 곧 이웃과 사회에 덕을 끼치는 일이드로 더욱 성실한 믿음생활이 요구된다. 사회에 변화가 없다는 말은 교인들이 사회에서 '소금의 맛' (마 5:13)을 제대로 못 낸다는 뜻이고, 믿음의 공동체인 교회가 '누룩'같이 온 덩어리에 퍼지지(고전 5:6) 못하고 있다는 뜻이다.

한국개신교 100주년을 맞아 월간지 『기독교사상』(1999년 11월호) 특집호를 냈었다. 신부 김근산은 그 책의 권두언에서 '지난 100년 세월 죽음을 무릅쓰고 복음을 전하던 그 시절의 기개(氣槪, Mettle)를 지금은 찾아볼 수가 없다.'고 했다. 그는 '수난과 국치를 당하면서도 큰 뜻을 펴던 기독정신도 독립정신도 이제 이 땅위 어디에도 흔적조차 남아 있지 않다'고 말하며, '교회의 숫자가 유흥주점보다 많아졌으나, 교육, 문화, 경제, 언론에 이르기까지 어느 하나 변한 곳이 없어 오늘의 교회는 할 말이 별로 없다'고 개탄했다.

100주년을 맞아 개최한 참회기도회에 참석한 최초의 조선인 300여 목회자들도 같은 생각이었다. 그들은 오늘날 한국교회가 더 이상 부흥하지 못하고 타락하는 원인은 '목회자 자신들 때문이라고 고백하고 회개와 갱신운동을 나서야 한다.'고 했다. 그리고 '봉사와 섬김, 낮은 자의 모습으로 사회를 섬기던 100년 전의 자세로 돌아가자'고 했다.

바꾸어야할 구습들: 한국기독교가 지난 백년을 걸쳐 한국 사회에 미친 영향이 무엇이며 또 얼마나 되는지 나는 분석할 능력이 없다. 하지만 기독교인들이 얼마나 예수를 닮은 생활을 하고 있으며 그것들로 인해 얼마나 우리사회가 건전하게 변화되었는지는 궁금하다. 그것도 쉽게 알 길이 없을 듯해 나는 내 자신의 신앙생활에서 쭉정이를 살펴보았다.

1) 생활신앙: 야보고는 서신을 통해 여러 지역에 흩어져 있던 성도들에게 '행함이 없는 믿음은 그 자체가 죽은 것'(약 2:17)이라고 했다. 이 말씀을 나는 오랫동안 교회를 출입하며 수없이 듣고 배우며 가르침을 받아왔지만 나 또한 얼마나 생활에서 실천을 했는지 자신이 없다. 그래서 나는 교우들이 흔히 말하는 신

앙생활이라는 말 대신 '생활신앙'으로 바꾸어 말해보고 싶다.

도대체 '죽지 않은 믿음' 혹은 '산 믿음'이란 무엇이기에 이다지도 실천하기가 힘든 것일까?

어쩌면 생활신앙이 이렇게 실천하기 힘든 것은 아마도 희생을 수반하기 때문은 아닌가 싶다. 세상 만민의 평화공존을 위해 이 낮고 낮은 땅에 오셔서 자신의 젊음을 모두 내주신 예수님의 초인간적인 사랑을 우리는 모두 알고 있다. 그래서 인도의 해방운동가 간디(Mohandas K. Gandhi, 1869-1948) 또한 한평생 소박한 삶을 살면서, 신생 국가지도자들에게 "희생이 없는 신앙은 종교가 아니다"라고 강조했다. 인간적으로 볼 때 사랑이나 나눔이란 이익이 안 되는 일처럼 보인다. 우리가 손해 보는 일을 못하는 이유는 수지타산에 관하여 매일같이 자본주의교육을 받고 자랐기 때문이다.

우리가 진심으로 존경하게 되는 사람들은 권력, 재물 혹은 학문으로 요란하게 성공한 인재들이 아니라, 자기들의 웃음을 이웃의 슬픔과 바꾸고 나누거나 혹은 정의를 위해 불의에 도전했다가 희생된 사람들이다. 준다는 것과 나눔이란 몰라서 못하는 것이 아니고 알면서도 못하는, 어쩌면 세상에서 가장 힘든 과제인지도 모른다.

2) 변화를 위한 신앙: 나의 친척과 친지들 중에는 남달리 성경공부를 열심히 하여 '캐논'상을 받는가 하면, 틈틈이 성경을 읽고 쓰기까지 하여 성경지식이 신학자의 수준에 도달할 정도인 사람들이 있다. 그런데 그들 역시 나처럼 생활신앙에 대한 염려와 고백을 하면서 올바른 길을 모색하는 눈치다. 그들을 만날 때면 '성경은 지식이 아니라 변화를 위한 책'이라고 지적한 미국복음전도자 무디(Dwight L. Moody)가 생각나곤 한다.

또한 지식과 실천은 멀리 있는 것 같다. 내가 근무하던 세계보건기구(WHO)에서는 100년 전 한국에 온 미국선교사들이 실천한 금연운동을 1970년도에 와서야 세계적으로 실시하게 되었다. 나는 세계적인 사회교육학자들을 초청하여 흡연은 백해무익하다는 보건교육을 통해 지식을 전달한 후 금연태도와 실현효과의 정도를 조사한 적이 있다.

이 조사에서 얻은 것은 금연은 백해무익이라는 지식이 부족해서가 아니라 금연을 결단하는 태도에 있다는 것을 알게 되었다. 이처럼 옛것을 버리고 새것으로 새 문화를 만들어 가는 일은 긴 시간과 끝없는 인내를 필요로 한다.

3) 집단적 신앙: 교회마다 믿음의 공동체를 돌보며 신앙생활을 하는 신봉자들이 있다. 그들은 교역자의 말씀에 순종하며 온 교회 살림과 행사에도 이름 없이 숨어서 수고한다. 하지만 그들이 비록 교회 중심적인 신앙생활을 하며 존경 받는 신앙인들이나, 그들 중에는 교회 밖에 것에는 별로 관심이 없다는 것이 심각한 문제다. 이를테면 교회에만 빠져있어 교회의 사회참여는 고사하고 이웃과 친척, 친지들의 즐겁고 슬픈 사연들까지도 강 건너 불구경처럼 무관심하기 쉽다. 한 마디로 산속 깊이 숨어 있어서 전체의 숲을 볼 수 없는 것과도 같은 이치다.

나는 종교의 민족적 책임을 두 가지로 보고 있다. 첫째는, 분열되고 혼돈된 사회에서 가치관을 적립해 화합으로 만들어 가야 하는 일이다. 둘째는, 지성적인 신앙생활을 견지(堅持)함으로 유혹받기 쉬운 광신이나 지나친 기복행위 그리고 집단적으로 이기적인 행위를 배제하는 일이다. 황석현(기독교사상, 1999)씨는 '나는 왜 개신교를 떠났는가?'에서 오늘의 한국개신교는 '믿음과 자신의 구원만을 추구함으로 마치 천국의 입장권을 파는 데에만 열중했지 천국에 들어가기 위해서 어떻게 살아야 하는가하는 문제는 관심이 없는 듯하다.'고 했다. 한국교회들이 천국을 상품화

하는 것에 얼마나 심각한지를 짐작할 수 있는 대목이다. 불행이도 그의 가족들은 3대에 걸쳐 속해있던 교회를 떠났다고 했는데, 그런 예만 아니더라도 개신교 교회들이 깊은 산 속에 파묻혀 있는 것만은 여러 정황으로도 틀림없어 보인다.

교회중심적인 활동이 지나치게 지속 성장하면, 반지성적 현상(기복행위, 귀족신앙)이나 반사회적 현상(신성화, 배타적 우월주의, 세습 교역자)이 조성되어 종교비리로 사회의 비난을 피할 수 없게 된다. 우리에게 잘 알려진 사이비종교집단 컬트(Cult)도 따지고 보면 교회 중심적으로 구성된 광적인 교인들의 반지성적 패거리집단이다. 이기적으로 성장하는 각 교회의 중심적 신앙공동체는 오히려 비리를 만들 뿐 구습에 도전하는 생활신앙과는 가까워질 수 없다.

4) 교회가 지닌 구습: 나는 교회가 먼저 구습으로부터 새로워져야 한다고 생각한다. 왜냐하면 소금과 누룩의 생산 공장은 교회뿐이기 때문이다.

(1) 현실적인 모색: 교회는 왜 우리가 소금과 누룩으로 살 수 없는지 그 요인들을 찾아내야 한다. 성도들이 육욕적인(Brutalism)인 오늘의 사회에서 윤리 도덕적으로 살도록 '삶의 지혜'를 공급하며 부양(扶養, Enrichment)해야 한다. 몰라서 못하는 것도 아닌데 잔소리만 되풀이하기보다 알면서도 못하는 이유들을 찾아내는 것이 급선무다. 교회는 당면한 사회비리와 모순된 현실과 대적하는 것이 아니라 변혁하면서 예수님이 바라는 화목한 사회로 인도하는 성실한 공동체여야 한다.

한국의 '목사안수 100주년 기념 기도회'에 초청된 이만열(전 국사편찬위원회 위원장)씨도 바람직한 한국교회 상에 관하여 다음과 같이 성토했다. "축복이라는 이름으로 교인들을 현혹하는 축복설교는 이제 그만 두고, 사회문제에 대한 비판을 현장 속에 투여하여 현실문제의 해결에 전념해야 한다.”

신앙생활의 현실문제는 세상에서 인간이 당하는 문제들을 외면하지 말고 성경에서 해결의 지혜를 구해야 한다. 이것이야말로 철학이 해결하지 못한 인간문제를 신학에서 찾아야하는 인간의 지혜다. 인생의 온갖 고행문제를 이성 하나만으로는 해결할 수가 없기 때문이다.

(2) 한국적인 전통: 한국 사회에 요구되는 소금과 누룩의 사명은 한국적인 조건에서만 가능하다. 우리의 기도가 그러하듯, 예배를 위시한 매일의 기독교적인 생활 모두가 한국적으로 설계되어 진행해 나가는 것이 보다 합리적이라는 뜻이다. 예배에 있어서도 이스라엘의 역사와 외국인의 신앙고백만을 매주 반복하는 것보다, 숨어있는 한국인의 선구자, 순교자와 사역자들의 삶과 그들의 한국적인 신앙고백, 더 나아가서는 역사와 문화 속에 깊이 수놓아진 한국인의 기독사상, 민족의식과 철학에서 교훈을 얻어야한다. 나는 민족정신을 겸한 소금과 누룩으로 전통성 있는 기독문화를 만들어 가야하는 것이 후세들에게 남길 이 시대의 생활신앙이라고 생각한다.

(3) 사랑의 체험: 산 믿음은 수고와 희생의 체험으로만 얻어지는 ‘완전한 만족’이다. 갈보리 언덕에서 보여준 십자가의 아픔, 찢어진 살 그리고 그 상처에서 흐르는 피가 바로 우리가 말하는 사랑의 체험이다. 그 체험은 돈으로 살 수 없는 지식과도 같다. 슈바이처는 체험 없이 강단에서 허장성세(虛張聲勢)로 주님의 사랑을 되풀이하다가 허무감을 못 견디고 체험을 얻고자 아프리카를 택했다고 한다.

우리 가족들이 출입하던 교회에는 언제나 배우고 싶어 하는 교우들보다는 가르치는 선생님들이 더 많았다. 때로는 그들이 귀를 통해 얻어진 지식을, 자신의 마음에 새기지도 않고 바로 남에게 뱉어버리는 것을 보면 그들이 소인배 교사들처럼 보일 때도 있다. 불과 10cm 내외의 귀와 입 사이의 짧은 거리로 쉽고 간단하게 봉사하므로 마치 자신의 만족을 얻고 있는 것만 같다. 우리가 남에게 본이 되기 위해서는 내가 먼저 본을 받아 실행해야하는 철칙을 이해하지 못하면 바른 신앙생활을 할 수가 없다.

그리스도인들이 바라는 성화(聖化)는 되기 싫어서도 아니고 할 줄 몰라서도 아닌데, 체험도 없이 남에게 고집하는 것은 악어에게 수영을 가르치는 것과 무엇이 다르겠는가? 자신의 변화된 인격이나 삶과는 관계없이 다만 생활수단으로 가르치는 사이비 교육은 우리에게 생활믿음을 더해주지 못한다. 행함을 겸한 믿음이 단순히 입으로 말하고 귀로 듣고 흘려버리는 구이지학(口耳之學)과 같이, 배우고 가르쳐서 얻어지는 것이라면 얼마나 좋겠는가?

제3장 행복의 자화상

복 있는 사람은 악인의 꾀를 좇지 아니하며
죄인의 길에 서지 아니하며
오만한 자의 자리에 앉지 아니하고 (시 1:1)

행복이란: 인간은 스스로 자기 자신을 만들어 가는 존재다. 보잘것없는 나약한 존재로 세상에 왔지만 끈질기게 배우고 익히며 노력해서 변화되고 성숙해진다. 시간의 제한을 받으면서 죽음은 피할 수 없는 존재로 살아가지만 나는 우리의 삶을 기쁘게 해주는 것은 바로 행복 때문이라고 믿는다. 행복은 눈으로 볼 수 없고 돈으로 구입할 수도 없지만 우리 스스로가 만들 수는 있으니 얼마나 다행인가? 따라서 행복을 얻는 데는 빈부의 차가 없어 빈민촌의 가난한 사람들에게도 기회는 주어진다.

행복은 세상의 모든 것과는 달리 주어서 얻어지는 것이 아니고 반드시 스스로 만들어야만 소유할 수 있다. 지나간 인간의 역사를 통해보면 나름대로 행복을 찾아가면서 한 세상을 살다가 사람들은 지구를 떠났다. 하지만 무엇으로 어떻게 그것을 만드느냐에 대해서는 정확한 답이 없다. 아마도 행복은 눈에 보이는 물건으로 만들어지는 것이 아니기 때문일 것이다. 단지 공통된 의견이 있다면 '행복은 생각하기 나름이다.' 라는 우리가 잘 알고 있는 말뿐일 것이다.

그것을 바꿔 말하자면 행복은 마음가짐에 달려 있다는 뜻이다. 오늘까지 살아서 지금 숨 쉬고 있는 것만으로도 우리는 큰 행복을 느껴야 한다. 죽음과 삶이 몇 번씩 오고간 60년 전의 긴

긴 여름과 겨울, 무서운 한반도의 동족끼리 전쟁을 겪었으나 내 목숨이 붙어있다는 사실만으로도 나는 행복하다.

지인들의 말을 빌리면 행복은 간절히 소원하는 것을 노력과 수고 끝에 성취했을 때 느끼는 만족감이라고도 한다. 인간에게 신이 허락한 좋은 시간 혹은 좋은 삶이라고 정의하기도 한다. 행복의 옆에 늘 함께 자리하는 불행은, 소원이 너무 광대하거나 성취가 너무 미약할 때 언제나 생기는 불만족에서 온다. 세상을 살다 보면 우리를 초인간적으로 만들어주는 행복과 불행이 종종 있다. 소원이 큰 수고도 없이 뜻밖에 성취되었을 때 우리는 하나님의 섭리(攝理, Providence)와 은혜로 믿고 감사한다. 이와는 반대로 천재지변과 같은 뜻밖의 피해를 입으면 불행을 느끼게 된다. 행복과 불행은 이처럼 우리와 늘 가까운 곳에 위치하고 있다.

행복을 소유하는 길: 행복을 성취하는 한 방법은 우선 불행을 멀리하도록 노력하는 것이다. 그러기위해서는 심리학자들이 말하는 틀린 생각(Cognitive Distortions)을 품치 말아야 한다. 악인들이 좇는 꾀를 피하며, 죄인들이 좋아하는 길에 서지도 말고 또 오만한 자들과 함께 자리를 해서는 안 된다.(시 1:1)

행복은 주로 두 요인에 의해서 만들어 지는 것 같다. 첫째는 소원을 성취하기 위해서 부지런하고 검소하며 절제하는 노력이고, 둘째는 소원성취에 대한 만족수준이 어디에 있느냐에 달려있다. 이것이 솔로몬이 말하는 의인의 소원이 아닌가 싶다.(잠 10:28) 따라서 행복은 '무엇을 얼마나' 성취하거나 소유하느냐에 있는 것이 아니고 '무엇을 어떻게' 생각하느냐에 있다.

아무리 보잘것없는 작은 결과라 할지라도 전심으로 노력해서 성취할 때 느끼는 만족으로 행복을 느끼는가 하면, 아무리 대단한 부를 소유하거나 명예나 권력을 성취했다고 해도 기대에 미치지 못하다 싶어 마음에 흡족치 못하면 행복을 느끼지 못한다.

사람들이 행복을 쉽게 느끼지 못하는 여러 원인 중에 가장 큰 이유는, 이미 소유한 여건들보다 아직 지니지 못한 것에 마음을 쏟고 있기 때문이다.

어찌 보면 행복을 추구하는 인간의 마음은 지극히 개인적인 것으로, 우리의 삶에 있어서 가장 순수하고 아름답고 인간다운 적극적인 모습이라고 할 수 있다. 그것은 땀을 흘리는 노력으로 자신의 보람을 찾는 천리(天理)에 순종하는 착한 자세이기 때문이다. 이것은 인생에 있어서 고난이나 시련 없이는 참된 기쁨이나 즐거움을 기대할 수 없다는 뜻도 된다.

인간의 본성자체는 적극적인 모습이기에 먼저 인간다운 인간이 되고자 하는 이성적인 노력과 창조적인 의지가 필요하다. 자신을 만들어 가는 끝없는 수고로 우리는 성숙한 인간이 될 수 있고 사회로부터 존경도 받게 된다. 이것이 행복을 만들어가는 인간의 첫 번째 조건이라 하겠다.

동서고금을 통해서 행복은 모든 사람들의 삶의 희망이며 소원이다. 누구나 예외 없이 나름대로 행복을 추구하다가 인생을 마친다. 자기뿐 아니라 사랑하는 자녀나 친지들의 행복도 바라는데, 출가하는 딸이나 분가하는 아들에게 바라는 부모들의 소원은 오직 그들이 행복하게 살아가는 것이다. 나 또한 마찬가지였던 것은 부모로서 이보다 더한 행복은 없기 때문이다.

그러면 무엇으로 어떻게 사는 것이 과연 100점짜리 행복한 인생이 될 수 있을까? 모름지기 딸에게 바라는 부모의 마음은 새식구들로부터 사랑을 받으며 아들딸 낳고 먹을 것 걱정 없이 오래오래 기쁘게 사는 것이다. 부모님이 바라는 자녀의 행복에 대한 소망은 지나친 욕심을 품지 말고 알뜰하게 애써가며 착하게 살라는 뜻이기도 하다.

런던 타임스(London Times)는 독자들이 말하는 행복한 사람을 이렇게 정의했다. ① 모래성을 막 완성한 어린아이, ② 아기의 목욕을 다 마치고 난 어머니, ③ 공예작품을 다 끝내고 휘파람을 부는 목공, ④ 어려운 수술을 성공하여 한 생명을 구한 의사.

여기 부모님이 염려하는 행복은 인간의 마음속에 도사리고 있는 욕심과 상극(相剋)관계에 있어 늘 충돌을 일으킨다. 왜냐하면 행복은 있는 그대로도 만족하고 즐겁지만 욕심은 새로운 것을 더 많이 얻는다 해도 만족이 없기 때문이다. 성취하고 싶은 소원이 올라 갈수도 없는 나무의 높이에 있게 되면 행복은 쉽게 이루어지지 못한다. 지나치게 높은 위치를 바라는 것을 우리는 '허욕'이라고 하며 그것은 우리의 삶을 매우 고달프게 한다. 허욕은 우리의 얼굴로부터 행복이 만들어주는 즐거움을 모조리 탈취해 간다.

행복은 마음에 즐거움을 주고 얼굴을 빛나게(잠 15:13)하기에 얼굴에 보이는 웃음으로도 알 수 있다. 서구사회에서 흔히 듣고 말하는 '해피'(Happy)에 비하면, 동양사람 특히 한국 사람들이 말하는 '행복'이라는 단어는 어쩐지 어색한 낱말처럼 여겨지기도 한다.

행복의 척도가 되는 웃는 얼굴은 도시의 문화인들보다는 농촌의 소박한 농민들, 반촌(班村)의 권력층보다는 민촌(民村)의 상민(常民)층, 어른보다는 철없는 어린이 그리고 염세주의자보다는 낙천주의자들에게서 더 볼 수 있다.

행복을 상징하는 사람들의 웃는 얼굴이나 명랑한 웃음소리는 우리의 삶처럼 시시때때로 변하고, 나라와 지역 그리고 시대와 환경에 따라서도 변한다. 내가 42년 만에 다녀온 38선 이북에 있는 내 고향에는 그 옛날 나와 함께 즐거워하던 웃음들은 어디론가 모두 자취를 감추어서 찾아 볼 수가 없었다. 내가 한때 난민생활을 하던 서울도 세계적인 현대화도시로 변하기는 했지만 방문 때마다 옛날의 웃음은 찾아보기 힘들었다. 하기야 식민지 통치로부터 해방된 나라에서 동족끼리 전쟁을 치루며 산전수전을 겪은 사람들에게서 웃는 얼굴을 기대한다는 것이 지나친 바람일지도 모른다. 한때 억지로라도 행복해보고자 '스마일운동'까지 한 적이 있었으니 말해 무엇 하랴.

영국의 '신경제재단'(NEF)은 '국가별 행복지수'(HPI)를 매해 발표하는데 국민소득이 높아질수록 행복지수는 오히려 낮아진다고 한다. 부탄(Bhutan)의 행복지수는 9년 전 인구 230만에 국민소득이 몇 백 달러에 불과했을 때는 세계 8위였으나, 소득이 5,000달러로 증가한 2009년에는 17위가 되었다. 일반적으로 선진국의 행복지수(독일 51위, 한국 68위, 미국 114위)가 개발도상국(코스타리카 1위, 베트남 5위)비해 훨씬 낮다. 행복지수는 행복이란 단순히 풍부한 물질로 만들어지는 것이 아닌 것을 증명하고 있으며, 사실 실생활에서의 행복은 이웃과 비교하면서 느끼는 경우가 대부분이다.

유엔기구(UNDP)는 세계국가들의 인적자원개발수준을 비교하는데 오래 사용해오던 경제적 수치(GDP, Gross Domestic Product)를 그것만으로는 부당하다며 1990년부터 중단시켰다. 이제는 국민의 기대수명(Life Expectancy)과 교육수준 등을 포함한 인류개발지수(HDI, Human Development Index)를 산출하고 있다. 나는 이 지수가 행복지수와 좀 더 가깝다고 생각한다.

오늘을 살고 있는 현대인들은 잘 먹고 잘 입고 편하게 사는 것만으로는 쉽게 행복을 느끼지 못한다. 더러는 호화스러운 상태를 오히려 불행하다고 단정해 스스로 목숨까지 끊기도 한다. 그러고 보면 행복이란 환희의 느낌을 지닌 만족한 마음임에는 틀림없는 듯한데 그 만족과 기대치가 너무 높아서 보통노력으로는 만날 수 없어 보인다. 그런 뜻에서 나는 다음과 같은 산술적인 행복공식을 도출해 보았다.

행복(만족)= 성취(추구+도전)〉소원(기대)

제4장 기독교인의 축복과 기복행위

오늘 내가 네게 명하는 여호와의 규례와 명령을 지키라
너와 네 후손이 복을 받아 네 하나님 여호와께서
네게 주시는 땅에서 한 없이 오래 살리라 (신 4:40)

행복과 복: 언뜻 생각해 보면 복과 행복은 매우 비슷해 보인다. 행복은 근검의 노력으로 성취한 소득의 결과가 주는 느낌이라면, 복은 땀 흘리고 뼈 빠지게 일해서 획득하는 것이 아니라 남의 덕으로 얻어진 특혜나 행운처럼 보인다. 행복이 능동적인 것이라면 복은 수동적이다. 따라서 사람들은 소원하는 복이 언제 어떻게 주어질지 몰라 행여나 하고 기다리다가 성취되면 '운이 좋다'고 한다.

행복은 복으로 만들어져 마음의 기쁨을 주는 것을 뜻한다. 우리가 알고 있는 오복(五福)이 그러하듯, 훌륭한 부모로부터 총명하게 태어나 화목한 가정에서 좋은 형제들 속에서 무탈하게 성장하는 일, 사회인으로 입신(立身)하여 행복하게 사는 것과 같다. 이런 뜻에서 보면 그것이 선천적이든 후천적이든 복은 주어지는 것에는 틀림이 없다.

복을 우리 스스로 만들고 그것으로 행복을 느낀다면, 나는 행복의 골수가 되는 모든 복이 초인간적으로 주어지는 것만은 아니라고 생각한다. 행복의 모체는 후천적인 경우도 있어, 박복(薄福, Misfortune)하게 태어났어도 많은 이들이 그런대로 행복하게 살고 있는 모습을 보았다. 영국의 처칠(Winston L. Churchill)은 학교에서 낙제생이었고, 미국의 발명가 에디슨(Thomas A. Edison)

은 담임선생으로부터 지능미약자로 평가받은 어린이었다. 하지만 그들은 우리에게 전기와 불 그리고 축음기를 처음으로 만들어주면서 행복을 스스로 느낀 사람들이다.

하나님의 축복: 기독교인들은 하나님이 만복의 근원임을 믿으면서 산다. 생활의 지표로 삼는 성경에는 복에 대한 말씀이 385구절이나 되는데, 그 중 82%가 구약성서에 있어 이스라엘민족을 지극히 사랑하신 하나님의 섭리와 은총을 쉽게 이해할 수 있다. 우리가 한 세상 사는데 필요가 이미 준비되어 있으며, 특별히 구하기도 전에 있어야 할 것까지도 하나님은 이미 알고 계신다.(마 6:8) 우리는 그것을 창조주의 섭리요 은총이라고 부르며 믿고 산다. 또한 솔로몬에게 보여주신 것처럼 일일이 구하지 않은 부귀와 영광까지 주시는 분이 하나님이시므로(왕상 3:13), 우리의 필요를 일일이 구할 필요도 없다. 이것이 만민에게 주시는 창조주의 축복이다.

그러나 예수님이 우리에게 약속한 많은 복에는 모두 우선적인 요구조건, 즉 우리인간이 먼저 감당해야 할 임무가 있다. 천국을 위해서는 심령이 가난해야 하고, 위로를 받으려면 애통, 땅을 기업으로 받으려면 마음의 온유, 배부르려면 의에 주리고 목마름, 긍휼은 긍휼, 하나님을 뵈려면 마음의 청결, 하나님의 아들이라 일컬음을 받으려면 화평, 천국을 소유하려면 의를 위한 핍박, 예수님을 위해서는 욕과 핍박 그리고 거짓을 감수해야 한다.(마 5:3-12)

우리 인간의 지혜로는 헤아릴 수 없는 많은 복을 일찍이 깨달은 서구인들은 그 은총에 찬가들을 만들어 땅 끝까지 전하면서 세상 사람들로 하여금 높이 주를 찬양하도록 애써왔다. 만복의 근원이신 하나님께 감사하는 성실한 신도들에게는 매주 교회에서 특별하게 은사의 축복까지 받을 수가 있으니 그야말로 커다란 복이 아닐 수 없다.

이토록 인간에게는 한량없는 하나님의 섭리와 은총이 내려졌으나 동서고금을 통해 사람들은 누구나 더 많은 초인간적 도움을 갈망하면서 살아오고 있다. 그것은 아마도 인간은 생태계에서는 매우 나약한 모습으로 지음 받았으나 다른 동물들과는 달리 욕심이라는 한없는 물욕(物慾)이 마음 한 구석에 늘 도사리고 있기 때문이 아닌가 생각된다. 그래서 늘 무엇이든 더 소유하고자 가증하게 애쓰면서 비굴하게 한 세상을 살아가는지도 모른다.

기복행위: 농경사회에서 무지와 궁핍으로 한없이 나약했던 우리 선조들은 자연에 전적으로 의지하며 운명적으로 한 평생을 살았다. 아마도 그들은 '할 수 없다'는 체념으로 가난-무식-질병이란 쳇바퀴를 돌면서 그날그날을 아무런 저항도 없이 묵묵히 살았을 것이다. '할 수 있는 일'이 하나 있었다면, 자신들의 삶 전체를 천의(天意)에 의탁하는 초인간적인 바람으로 그 바람이 바로 '복'이었지 싶다.

인간은 특별하게 주어진 지혜와 투지력으로 오늘같이 과학기술을 발전시키고 찬란한 문화를 만들어 오고 있다. 하지만 현대인들도 자연과 운명에 전적으로 의존해 온 조상들과 다름없이, 번뇌나 고심 없이 생기는 행운 같은 우연으로 행복해지고 싶어한다. 태어났기에 반드시 죽어야하는(諸行無常) 인간이고 무능한 탓에 인간에게는 초인간적인 혜택이 수없이 주어져야 했다. 그러기에 초인간적인 힘에게 복을 비는 기복행위가 이해되며, 약육강식의 생존경쟁을 해야 살 수 있기 때문에 무상(無償)한 혜택을 더 많이 필요로 한다. 그것들만이 인간의 삶을 안일하게 지켜준다는 소박하고도 단순한 희망으로 살아 온 것이다.

북한의 내 고향에는 한때 으슥한 골짜기에 돌무덤으로 된 '서낭당'(Shrine)이 하나 있었다. 어설프고 초라하지만 나의 선조들에게는 복을 비는 유일한 제단(Altar)이었다. 옛날 그 언덕길을 지나가는 사람들은 하나같이 걸음을 멈추고 돌을 주어 올려놓고 허리를 구부려 합장하며 복을 소원했다. 아마도 '하루 밥 세끼 배부르게 먹게 해 달라'는 것을 비롯해 수 백 년 전 조상들이 빌었던 것처럼 각각의 애달픈 하소연들이었을 것이다. 어쩌면 일제의 폭정에 빼앗기고 남은 것이라고는 분노와 불행뿐으로 더 이상 그들이 탈취하지 못하게 도와달라는 간절한 부탁이었는지도 모른다. 아니면 살아남아 있는 것만도 고마워하는 감사의 합장이었는지도 모른다. 서낭당은 나의 고향을 상징하는 매우 소박한 한국적인 것이었지만, 어떤 종교나 민간신앙까지도 허락하지 않는 무신론자들의 통치를 겪으면서 언제부턴가 그 자취를 감추었다. 마지막 보루 같던 서낭당마저 잃은 내 고향의 어머니들은 구름 없는 달뜨는 밤을 기다렸다가 합장을 했다. 지난날 시어머니가 제물도 없이 침묵으로 빌며 소원하던 복을 늦은 밤 며느리도 똑같이 되풀이를 한 것이다. 내가 떠난 후 그마저 허용이 안 되었는지, 반세기가 지난 오늘 그 곳 사람들은 죽음을 무릅쓰고 자유롭게 복을 빌 수 있는 국외로 계속 탈출하고 있다.

기독교인의 기복행위: 신약성서에 명시되어 있는 대로 기독교인들에게 보장된 무한한 복은, 심령이 가난한 사람들(Bless are the poor in spirit, 마 5:3)에게만 주어지는 창조주의 은총이다. 여기서 심령이란 마음을 비운 사람, 갈급하나 겸손한 사람을 의미한다. 헐벗고 배가 고파 입이 굳어버려서 차마 달라고 말을 못하는 사람들을 말한다. 어쩌면 주님으로부터 이미 받은 것이 수없이 많아 염치가 없어서 더 간구하지 못하고 주님의 자비만을 겸손히 기다리는 세상에서 소외당한 사람들일지도 모른다.

우리는 '구하기 전에 필요한 것을 이미 아시고 준비해 주시는 신의 섭리'를 하나님만이 인간에게 할 수 있는 사랑이라고 믿는다. 그러나 이토록 섭리의 하나님을 믿는 기독교인들이라 욕심을 쫓아 좀 더 달라고 떼를 쓰는 경우가 많다. 이것이 바로 현대 신앙인들의 병마인 '기복신앙'이다. 나는 기복이란 이미 받은 것에 만족하지 못하고 철없는 어린아이들처럼 좀 더 얻으려고 울면서 소란피우며 떼쓰는 무모한 행동이라고 정의하고 싶다.

기복행위란 현세적 이기심으로 발산되는 욕구로, 나는 그것이 한국종교가 지닌 도리에 벗어난 여러 비리가운데 하나라고 본다. 기복사상은 어느 종교에서나 공통된 초인간적 소원이다. 나도 은혜로 살아온 많은 기독교인 중의 한 사람으로서 많은 것을 구걸해 왔다. 북한에서 월남하여 난민생활을 할 때는 너무나 외로워서, 학창시절에는 홀로 갈 길을 끝없이 헤매면서, 열대 후진국을 전전할 때는 더 인내와 소명감을 기원하면서…….

소원이 무엇인지 모를 따름이지 누구나 교회를 출입하는 교우들도 나와 다를 바가 없으리라고 본다.

나는 기복신앙을 '반사회적 종교현상' 그리고 '종교인들의 비지성적 태도'로 보고 있다. 현세의 기복성은 원초적인 소박한 종교심성이 아니고, 성도들의 지나친 이기적인 물욕, 권력, 건강, 명예 등을 교회의 성직자들이 부흥 권장하며 복을 빌어주기 때문이다. 기복행위는 소시민적인 욕망의 소행이라고도 이해할 수 있겠지만, 서낭당의 돌무덤제단 앞에서 합장하던 '심령이 가난한 사람'들의 소박한 기원과는 전혀 다르다. 현대인의 기복은 졸부(Upstart)가 되고 싶어 하는 당당하고도 요란한 기원이기 때문이다. 그들은 촛불과 향내 나는 엄숙한 제단에 각종 악기로 찬양하면서 넉넉하게 제물을 바칠 수 있는 현대인들이다. 그들은 세상살이에 부족한 것이 없기 때문이 아니라 욕심에 못 이겨서 왔을 뿐이다.

종교 학자들이 염려하는 기복신앙의 또 다른 문제는 종교단체가 이상(理想)을 잃고 세속적 이익단체로 변해 반이성적 집단이 되는 것이다. 현세적 이기심의 추구는 종교의 이상적인 신앙심을 멀리 떠나게 하여 더 이상 인간의 이성을 개발하고자 하는 의기(Morale)를 소멸시키고 말 것이다. 우리 인간에게 사물의 이치를 생각하는 능력이 마비된다면, 기독교인으로 사람답게 살 수 있는 앞으로의 인류문화는 누가 무엇으로 어떻게 만들어 나갈 것인가?

제5장 기독교인의 죽음준비

우리가 살아도 주를 위하여 살고
죽어도 주를 위하여 죽나니
그러므로 사나 죽으나 우리가 주의 것이로다 (롬 14:8)

생물체의 종식: 모든 생명체에는 시작과 종식(終熄, Cessation)이 있다. 인간의 탄생과 죽음이 바로 그것이다. 성경에 기록된 아브라함(175세)이나 이삭(180세)과 같은 옛사람들은 한 세기가 넘도록 장수했지만, 오늘날 우리는 발달된 과학기술 덕으로 호의호식하면서도 90세를 넘기는 경우가 흔치 않다. 인간의 삶을 보면 처음 약 3분의 1은 누군가의 보호를 받으면서 배우고 성장하는데 소비하고, 약 3분의 1은 치열하게 삶의 전쟁을 치르고, 또 다른 3분의 1은 사회에서 물러나와 죽음을 준비하는 노후생활로 이어진다.

인생에 있어서 죽음의 과제는 사는 것 못지않게 중요하다. 그 큰 이유는 다른 생물체와는 달리 인간의 본성은 판단력이 강한 이성으로 구성되어 있기 때문이다. 이성적인 질문은 여러 가지이겠지만 우선 삶의 종말은 과연 무엇일까? 혼(魂)과 육체가 갈라지면 각각 어떤 모습으로 어디로 가는 것일까? 더욱이 이 세상에서의 삶과 죽음과는 어떠한 관계가 있는 것일까? 내가 지금까지 얼마나 이성을 따라 양심적인 생활을 하고 있는 것일까?(잠 4:11) 과연 내가 윤리도덕적인 가치를 판단하며 선행을 하고 사악(邪惡)을 거부하는 생활을 해오고 있는 것일까?

만일 인간에게 죽음이 없었다면 세상에 오늘같이 많은 종교가 탄생하지는 못했을 것이다. 죽음에 대한 종교적 교리(敎理, Creed)를 우리주변에 있는 종교를 통해 살펴보았다.

1) 기독교 : 영생(永生, Eternal Life)과 부활(復活, Resurrection) 을 믿는 종교다. 우주공간에 오직 한 분이신 하나님을 믿고, 그 가르침에 따라 살다가 죽으면 육신은 땅에서 썩어지고 영혼은 하늘나라에 올라가 영원이 산다고 믿는 종교다. 또한 이 세상에 종말이 오면 하나님의 독생자 예수가 다시 오셔서 모든 산자와 죽은 자를 심판하는데, 산자는 산대로 죽은 자는 부활해서 들림을 받아(히 11:5) 하늘나라에 올라간다고 믿는다. 이것이 교회에서 가르치는 부활이요, 재림(再臨, The Advent)이다.

2) 이슬람교 : 기독교와 뿌리가 같은 이슬람교도 사람이 죽으면 천국에서 영생을 누린다고 믿는다. 죽음이라는 것은 사람이 세상에서 사는 동안 지은 모든 죄(원죄 아닌 자신의 범죄)를, 천국 가는 길목의 연옥(煉獄, Purgatory)에서 말끔히 씻고 변태(變態)되는 과정이라고 믿는다.

3) 불교 : 삶과 죽음은 둘이 아니고 하나(生死一如), 즉 죽음은 곧 다른 삶의 시작이라고 믿는다. 윤회유전(輪廻流轉)이라 하여 전생의 소행(素行)에 따라 이 세상에 태어나 다시 일을 하다가, 죽으면 얼마나 착한 일을 했느냐에 따라서 내세(來世)가 시작된다고 본다. 그러나 다시 사람으로 태어난다는 보장도 없다. 사람으로 다시 태어난다 해도 생로병사(生老病死)를 면할 수 없기 때문에, 윤회유전의 쇠사슬에서 벗어나 극락세계로 가서 부처가 되는 것이 소원이다.

4) 유교 : 사람이 죽으면 혼(魂)은 날아가고 넋은 흩어져 자연으로 돌아간다고 본다. 다시 사람으로 태어난다는 보장이 없기에 내세를 믿지 않는다. 죽으면 끝나므로 자손, 특히 아들을 낳

아 허무감을 달래고 영생의 욕망을 대신한다.

5) 도교 : 유교처럼 현세만 생각하기 때문에 불로초나 불사(不死)약을 구하는 종교다. 도를 닦아 신선(神仙)이 되면, 죽어도 무덤에서 빠져나와 영생하는 사람들이 사는 신선계로 갈 수 있다고 믿는다.

6) 힌두교 : 힌두교에서의 죽음은 인도의 '사성계급성'(四姓階級, Cast System)을 잘 합리화시킨 불교의 윤회유전과 같은 철학이다. 하층계급의 천민으로 태어난 것은 전생의 업보 때문이기에 불만이 없으며, 죽어서는 상층계급으로 다시 태어나므로 현세의 고뇌를 참고 산다는 것이다.

삶과 죽음의 관계 : 이상에서 본 6대 종교는 하나같이 삶을 극진하게 여긴다. 삶은 살아서 숨 쉬며 활동하는 산목숨을 말한다. 목숨은 세상의 어느 것은 물론 천하와도 바꿀 수 없을 정도로 중요하다.(마 16:26) 한 사람의 일생의 시작이 그러하듯 죽는 것도 본인 마음대로 할 수가 없다는 것을 모든 종교는 보여주고 있다. 기독교에서 가르치는 살고 죽는 것은 모두 창조주의 것이므로(롬 14:8), 인간의 본성에 대해서는 가르침을 받아야한다. 세상에 오게 된 자체가 부모님의 즐거움으로 왔으므로, 세상에서 사는 동안 사람들과 정을 주고받으면서 행복하게 사는 것이 인간의 도리이다. 그것이 바로 세상을 떠나야 하는 죽음의 준비이기도 하다. 나는 삶과 죽음의 공통점을 각자에게 주어진 삶속에서 얼마나 악을 미워하고 선한 일을 했느냐에 달렸다고 본다.

내세보다는 현세에 중점을 두는 독특한 철학 같은 교리를 지닌 유교나 도교, 그리고 힌두교에도 인과응보(因果應報) 즉 현세에서 사람이 하는 선악의 행실에 따라 '화' 아니면 '복'을 받는다는 사상이 다분히 있다.

(1) 힌두교에서는 현세에 사는 동안 선한 일을 해야 잘 죽게

되며 잘 죽어야 다시 태어나지 않는다. 이것이 그들이 말하는 해탈(解脫), 즉 번뇌와 속박에서 벗어나 근심이 없어지는 것이다.

(2) 도교는 선인(仙人)으로 도(道)를 닦아 도통한 사람이 되므로 신선(神仙)이 사는 선계(仙界)에 들어갈 수 있다.

(3) 유교는 선행을 잘해야 대대후손이 잘된다고 믿으므로, 죽음의 허무감을 달래고 영생의 욕구를 대신한다.

내세를 믿음의 교리로 인정하는 기독교, 이슬람교 그리고 불교는 현세에서 엄수해야하는 막중한 생활규범이 있다.

기독교는 10계명을 지키면서 '이웃을 내 몸같이 사랑함'(애타주의)으로써 천국백성이 될 수 있으며 주님의 심판을 받게 된다. 불교는 자기를 희생하여 사람들에게 공덕(公德)과 이익을 주어 극락세계에 갈 수 있다고 하며, 이슬람교는 교리가 곧 법이므로 일상생활은 그 법을 준수해 가면서 죽는 그날 연옥에서 죄의 씻김을 받을 준비를 해야 한다. 이와 같이 내세를 위한 신도의 현세생활은 크고 작은 인간의 착하고 성실한 봉사를 요구하기 때문에, 인도의 독립운동가 간디(Mohandas Gandhi, 1869-1948)는 '희생이 없는 종교생활은 무의미하다'고 했다.

죽음의 준비: '태어난 것은 반드시 죽는다'는 불교의 제행무상(諸行無常)의 뜻을 모르고 사는 사람은 없을 것이다. 죽고 사는 것은 타고난 운명으로(死生有名) 생각하나, 사람들은 불사약과 불로초를 찾아다니면서 시간의 관용을 바라며 살고 있다. 흔히들 죽는다는 것은 나와는 상관이 없는 것처럼 태연하게 생각할 때가 많다. 죽음 또한 태어나는 것만큼 중요하다고 말은 하면서도 진지하게 생각하기를 고사하고 대화마저 꺼리거나 피한다. 그래서인지 세상의 많은 사람들은 죽음에 대한 준비 없이 살고 있는 것처럼 보이기도 한다. 태어날 때와는 아주 대조적인 모습이다. 우리들의 어머니와 가족들은 우리가 세상과 즐겁게 만날

수 있도록 얼마나 많은 낮과 밤을 기다리며 많은 것을 준비해 왔는데!

기독교인의 죽음은 다시 사는 것과 영원히 사는 나라로 가는 시작이기에, 이 세상에서의 삶을 존엄하게 끝내야 한다. 어떻게 무엇으로 존엄하게 생을 종식할 수 있는가는, 내일이 나의 마지막 날이라고 생각하면 모든 답이 저절로 나오게 된다. 사람마다 죽음의 준비는 천차만별일 것이나 나는 다음과 같은 준비가 필요하다고 본다.

(1) 삶의 결산 : 지금까지 사는 동안 남에게 준 피해를 포함해 시기와 질투 그리고 모략에 대한 용서를 구하고, 경제적인 피해나 부채도 깨끗이 청산한다. 고마운 사람들에게는 감사하다는 마음의 예의를 직접 표시할 수 있으면 더욱 좋다.

(2) 존엄사 카드 : '호랑이는 죽어서 가죽을 남긴다'라고 하지만, 사람의 존엄(尊嚴)은 자신의 몫이 아니므로 세상에 남아있을 사람들에게 맡길 수밖에 없다. 세상에 남기는 것들을 깨끗이 처분해야하므로 사전에 본인의 의사를 명확히 하는 것이 마지막 책임이다. 이를테면 자발호흡(自發呼吸)이 불가능할 때를 대비해 소유한 재물의 처리, 장기기증 등이다. 본인의 의사가 분명치 않으면 남아있는 함께 살던 사람들이 어려움을 당하게 된다.

(3) 장사(葬事, Funeral): 이것은 삶의 마지막 과제이나 본인이 할 수 없으니 불가불 누군가에 의탁해야만 한다. 장사의 방법(묘지의 선정)과 절차, 비용 등을 미리 준비한다는 것은 자기문제는 자기가 책임지는 기독교정신에 속한다.

제6장 기독교인의 울음과 눈물

너희는 죽은 자를 위하여 울지 말며
그를 위하여 애통하지 말고 잡혀간 자를 위하여 슬피 울라
그는 다시 돌아와서 그 고국을 보지 못할 것임이니라 (렘 22:10)

울음과 눈물 : 한국에는 한국인만이 가진 여러 울음이 있다. 배가 고파 엄마를 그리워하며 부르짖는 어린애의 울음(Wailing), 아들을 먼저 떠나보낸 어머니의 애통하는 울음(Lamentation), 아내를 잃은 남편의 서글픈 울음(Weepy), 겨울바람에 시달리는 문풍지의 울음, 고아원 아이들의 울음, 6.25 동란 때 억울하게 죽은 넋들의 울음, 낮과 밤으로 우는 새들과 가축들의 울음 등.

울음은 슬프거나 아플 때도 나오지만 외롭거나 겁이 날 때, 억울하거나 화가 날 때 그리고 춥고 배고플 때, 심지어는 기쁠 때도 울음이 나온다. 어떤 울음은 눈물과 더불어 소리 없이 조용히 나오는가하면 장례식에 고용된 곡군(Weeper)처럼 요란스럽게 울기도 한다.

'아침에 우는 새는 배가 고파서 울고 저녁에 우는 새는 임이 그리워 운다.'는 노래를 듣다보면 동물의 울음소리도 들리는 듯 싶다. 『흙속에 저 바람 속에』의 저자 이어령은 '울음과 눈물을 빼놓고는 한국을 말할 수 없다'고 했다. 한국에는 한 때 울음이 없는 영화나 연극은 흥행하지 못했고 배우들도 잘 울었다. 슬픈 사연으로 사람들을 실컷 울려야 좋은 영화처럼 보였기 때문이다. 잘 울어야 충신이며 효자였고 절개 있는 여자가 되는 것이 한국의 울음 문화였다. 과연 무엇이 우리를 이토록 울고 사는 민

족으로 만든 것일까?

파란만장한 삶 탓인가 아니면 됨됨이가 옹색하고 졸렬한 탓인가?

유대나라의 히스기아 왕의 눈물 섞인 울음은(Weeping)은 마음에서 우러나온 심각하고 조용한 울음이었던지 하나님은 그 울음을 들으시고 많은 것으로 채워주셨다.(사 38:5) 그 울음은 입에서 쉽게 나오는 소란한 울음(Crying)과는 매우 거리가 있었던 것 같다. 눈물은 호박씨만 한 크기의 눈물샘에서 만들어진 소금물이 눈시울을 적시면서 애달픈 마음의 감정을 대신하는 것이다. 눈물은 감수성이 무딘 어른들에 비하여 감정이 풍부한 어린 애들과 부녀자들이 더 많아 보이니 눈물샘 크기와는 무관하지 싶다. 쇠퇴해가는 유다왕국에 하나님의 심판을 선포한 예레미야는 눈물의 선지자였다. 20대의 젊은 나이에 억지로 직분을 맡아 40년 이상 모진 박해와 구타 그리고 납치와 감금을 견디며 독신으로 외롭게 살았다. 그의 눈물을 쉽게 짐작할 수 있을 것 같다.

기독교인의 울음은 애가(哀歌. Lamentations)에서처럼 눈물이 섞인 조용한 슬픔이여야 하며, 고백과 각성(覺醒, Disillusion)이 따르는 미래에 대한 기원과 희망이 있어야한다. 고용된 울어주는 곡비처럼 남을 위해 요란하게 소리만 내는 울음은 아무런 뜻도 없다. 시도 때도 없이 지저귀는 까마귀의 모습과 다를 것이 무엇이 있겠는가? 눈물로 씨를 뿌리는 사람의 마음에는 기쁨의 수확(시 126:5)을 위해 새로운 결단과 각오가 반드시 있어야 한다.

엄청난 생명을 빼어간 아버지에 이어 아들 폭군집단의 만행을 기억조차 못하는 나의 조국 북한에는, 이스라엘의 에스라와 같은 나라와 백성을 위한 지도자의 눈물이 시급하다.(스 10:10) 유대백성의 슬픔을 대신한 예레미야의 눈물은 시내처럼 흘렀고, 그의 눈물은 눈을 상하게 했으며 창자와 간(肝)을 끓었다고 했다.(애 2:11) 한국에도 조국의 미래를 위해 남몰래 흘린 각성의 눈물이 있었다. 임진왜란(壬辰倭亂) 중에는 성웅(聖雄) 이순신의

'울고 또 울고 그저 어서 죽기만을 기다린다.'는 울음이 있었다. 박정희대통령 부부는 1963년 1억 4천만 마르크를 담보로 서독에 고용되어있는 광부와 간호사들을 만나 함께 울었다. 그들의 봉급을 담보로 빌린 돈과 그들이 함께 흘린 눈물을 초석으로 하여 한국의 울음문화는 이어져왔다.

진정한 눈물은 마음속에서 흐르며 각성을 일으킨다. 좌절로 끝나는 울음은 소리만 건성으로 울리는 꽹과리의 놋소리에 불과하다. 지금 한국의 기독교인들에게는 하나님을 향해 욥(Job)이 흘린 눈물이 절실히 필요하다.(욥 16:20)

죽음과 눈물: "나는 부활이요 생명이니 나를 믿는 사람은 죽어도 살겠고 무릇 살아서 믿는 자는 영원히 죽지 아니하리라" (요 11:25, 26)고 하신 예수님의 말씀을 믿는 기독교인들이라면, 시신 앞에서 눈물을 보이지 않아야 옳다. 대신 경건한 마음으로 찬송과 기도로 세상을 떠난 영혼이 하나님 곁에서 안식하기를 소원해야 한다. 그것은 '죄를 사하여 주시는 것과, 몸이 다시 사는 것과, 영원히 사는 것'을 믿기 때문이다.

한국 기독교인의 수가 총인구의 25%라고는 하지만, 가정에서의 죽음에 대한 기독교적 확신은 부족한 것 같다. 어느 상가(喪家)에서나 경험하듯 죽음 앞에서 모두가 불안해하고 두려워한다. 믿음이 아직 성숙하게 성장하지 못한 탓인지 아니면 내세를 부정하는 유교문화의 영향을 받아온 탓인지 잘 모르겠다. 그런 것도 아니면 죽음에 대한 마음의 준비가 아직 덜된 탓일지도 모른다.

내가 8살 되는 생일날 아침, 아버지는 40세라는 젊은 청춘에 의원의 옷자락도 한번 만져 보지 못하고 세상을 떠나셨다. 죽음이 무엇인지도 몰랐던 내게는 슬픔도 눈물도 없었다. 남편을 어이없이 떠나보내는 나의 어머니는 상객(喪客)들 앞에서 슬픔의 통곡도 감추고 머리를 숙인 채 묵묵히 계셨다. 상객들마다 통곡소리를 잠시

낸 후, 뒷방에 차려놓은 음식을 먹고는 골패로 밤을 지새웠다. 그 후로 나는 마음에 없는 슬픔과 통곡은 사람들의 위선이라고 믿게 되었다. 왜냐하면 당시 나의 깊은 애통(哀痛)과 비통(悲痛)은 가슴 깊숙이 숨어있어서 눈물 같은 것은 흘릴 여력이 없었기 때문이다. 이러한 무질서하고 소란한 상객들의 모습은 지난 5월 스스로 목숨을 끝낸 한국의 전직대통령의 장례행사에서도 볼 수 있었다.

나는 소란을 피우는 유교식에 비하여 조용하고 현실적인 교회적인 장례절차를 좋아한다. 한국에는 아직 시신과 상객들 앞에서 소리 내며 눈물을 보이는 상주와 이웃들이 있어서, 엄숙하게 고인의 생을 회상하며 명복을 비는 분위기를 흐트러지게 만든다. 결혼식을 포함해 한국의 여러 종류의 행사에서 경험하듯이, 장례식에서까지 남에게 잘 보이려는 허례허식을 지닌 모습들을 보게 된다. 생존했을 때는 무관심했던 사람들이 죽음을 계기로 자신들의 약점을 합리화 시키려는 것처럼 보이기도 한다. 심리학에서는 그런 인간의 야비한 생각을 '경직된 도덕주의자'라고 부른다. 우리는 시신 앞에서 먼저 고인으로부터 나의 허물을 엄숙히 용서받으며, '죄를 사하여 주시는 것과, 몸이 다시 사는 것과, 영원히 사는 것을 믿는다.'는 간곡한 기도를 드리면 그것으로 족하지 싶다.

6월이 되면 시인 모윤숙의 '국군은 죽어서 말한다.' 는 시 구절에 나도 모르게 머리가 숙여진다.

바람이여!! 저 이름 모를 새들이여!!
그들이 지나가는 어느 길 위해서나
고생하는 내 나라의 동포를 만나거든 부디 일러다오
나를 위해 울지 말고 조국을 위해 울어 달라고
저 가볍게 날으는 봄 나라 새여
혹시 네가 날으는 어느 창가에서
내 사랑하는 소녀를 만나거든
나를 그리워 울지 말고 거룩한 조국을 위해
울어 달라고 일러다오

제7장 분수대로 사는 지혜

우리가 살아도 주를 위하여 살고 죽어도 주를 위하여 죽나니
그러므로 사나 죽으나 우리가 주의 것이로라 (롬 14:8)

나는 누구냐? : 우리가 분수대로 살려면 무엇보다 먼저 과연 내가 누군가를 정확히 알아야 한다. 좁은 뜻으로 분수는 한 인간의 됨됨이를 의미한다면 넓은 뜻으로는 마땅히 행해야 하는 본분(Principles)을 말한다. 기독교인들은 창세전에 그리스도 안에서 택함을 받았고 또 그 사랑 안에서 거룩하고 흠 없는 존재로 예정된(엡 1:4) 사람들이다. 귀하게 선택된 사람들이므로 우리는 스스로가 자신들을 소중히 여기며 특별하고 유익한 일만 생각해야 한다. 그러므로 우리는 성 어거스틴(St. Augustine)처럼 현세의 삶은 창조주의 피조물을 잘 관리 이용하면서 즐기는 한편, 영원한 기쁨을 위해서는 성화(聖化)가 되도록 살아야한다. 왜냐하면 하나님의 명령을 지키는 것이 우리의 본분(고전 12:13)이기 때문이다.

내가 나를 판단하는데도 기준에 따라 사람마다 조금씩은 다를 것이나 넓은 의미로는 거의 마찬가지다. 좁게 보면 하루 세 번 밥 먹고 편히 지내는 것이고, 넓게 보면 어떻게 더 행복해 질 수 있고 남에게 덕이 되는 일을 위해 수고하면서 인생을 보내느냐에 달려있다. 그러려면 기독교인들은 스스로 보살피며 사랑하여 주를 위해 쓸모 있는 일에 다소만이라도 사용할 수 있어야 한다. 내가 과연 누구인지 알고 싶다면 내가 주를 위해 무엇을 얼마나

준비하고 있느냐를 스스로 질문하면서 살면 될 듯싶다.

질그릇같이 연약한데다 무엇으로 어떻게 먹고 살 것인지 준비조차된 것 하나 없이, 무작정 염치없이 태어나는 것이 우리 인간이다. 그러나 누군가가 준비해주고 보살펴 준 덕택으로 지금까지 살아왔다. 남의 덕에 어떻게 무엇을 해서 먹고 사느냐를 배우고 훈련받으면서 우리는 오늘을 살고 있다. 그 은혜를 채 갚기도 전에 우리는 잘살다가도 곤경에 빠지면 남의 탓을 핑계 삼고 염치없는 꾀(창 3:13)를 낸다. 그리고 땀을 덜 흘리고 남보다 더 호화롭게 사는 묘책을 간구하는 인간으로 몰락한다. 사실 인간은 하나님의 은혜로 특별한 대우를 받은 것뿐(창 1:28), 우리가 한 세상을 살면서 나 자신 외에 덕이 되는 일을 하는 것은 그리 많지 않다. 생태계의 다른 피조물에 전적으로 의존해야 하는 것부터가 그렇다.

사람은 교육을 받으면서 성인이 되지만, 철든 후에도 종종 자신이 누구인지를 잊고 고함치며 불만과 한탄으로 살기 쉽다. 때로는 탕자처럼 허랑방탕하다가 정신을 차리고 돌아오기도 한다. '내가 무엇이 관데' 라고 스스로 질문하며 더불어 낮아지는 때야말로, 내가 누구라는 진실한 답을 얻고 겸손해 지는 순간이다. 우리 삶에 이와 같은 순간들만 있다면 얼마나 좋으련만 현실의 우리는 그렇지 못하다.

한반도에 태어난 기독교인들은 우리조상들이 '복음의 자유'를 위해 어떠한 수난을 어떻게 받았는지도 함께 생각할 수 있어야 한다. 그들의 간절한 기도와 순교 그리고 경멸과 치욕을 참아낸 인내와 믿음으로 오늘날 우리가 행복하게 살고 있다는 것을 기억해야한다. 그것을 망각하고는 오늘의 내가 누군지를 정확히 알 수 없기 때문이다.

품위와 인간미: 차분하게 자기의 분수를 살펴보려고 노력할

때, 사람답고 따뜻하며 아름다운 인간의 품위(品位, Dignity)는 드러나 보인다. 그와 마찬가지로 분수대로 사는 교인들은 목소리를 높여 간구하는 통성기도보다, 한가한 시골의 순박한 성품을 지닌 사람처럼 침착하고 구체적으로 자신을 돌아보는 회개기도를 한다.

농사를 짓는 시골에서는 누구나 자기 분수대로 살 수 밖에 없다. 보탤 것도 숨길 것도 없으니 소박하지만 있는 그대로 가식없이 살아간다.

도시 사람들은 어디를 가 보아도 인간미나 인간다운 자상한 모습은 점점 찾아보기 어렵다. 웃음이나 친절은 모두 사라지고 죄진 사람들처럼 분주하게 쫓기는 모습이다. 자본주의 경쟁사회가 만든 도시병에 걸린 모습으로, 인간미는 경쟁의식으로 모두 박탈당하고 남은 것은 오직 남에게 지지 않으려고 생겨난 오기뿐이다. 분수대로 산다는 것은 자기에게 합당한 생업을 찾아 꾸준히 자기의 품위와 인간미를 함께 지켜가는 것이다. 경쟁에 필요한 오기는 인간미를 파괴할 뿐 아니라 종종 적대관계를 만든다. 이것이 오늘날 자본주의가 지닌 단점으로, 자본주의는 오기와 욕망이 부추기는 경쟁으로만 정상적인 성장을 할 수 있기 때문이다.

나처럼 오기가 별로 없는 사람이 분수대로 살려면, 경쟁이 치열하지 않거나 혹은 돈벌이가 변변치 않아도 다른 사람들이 좋아하지 않은 곳에서 좋아하지 않는 일을 생업으로 살아야 할 것이다. 인간의 품의를 지키고 인간미를 키워가면서 신앙생활을 할 수 있는 또 다른 길은 분수의 한계 안에서 살아가는 것이다. 사람은 한계를 벗어나면 사람으로서의 품위를 잃게 된다. 재물을 좋아하는 사람은 수익을 목적으로 하는 사업을 해야 하지만, 특별한 뜻으로 몸담은 고아원의 원장, 불교사찰의 승려 혹은 기독교의 성직자들이 물질로 즐거움을 찾는다면 자기 분수의 한계를 이탈하는 것이다. 분수의 한계이탈이란 기업가가 폭리를 위해 소비자를 속이는 범죄, 학자가 쫓는 명예, 교사가 받는 재물, 법관이 취하는 뇌물 혹은 군주가 장기집권을 위해 자신의 품위를 떨어트리는 처사와도 같다. 후진국의 공직자들에게 비난이 그치지 않는 큰 원인은 그들이 분수대로 살지 않고 딴 욕심을 품기 때문이다.

체면과 가식: 분수대로 산다는 것은 내가 나를 사랑하는 마음으로 좋아하는 옷을 깨끗이 단정하게 입고 행복을 느끼는 것과도 같다. 남을 대하는 낯 때문에 자기모습을 바꾸는 현 시대적인 자세와는 다르다. 다시 말해 분수란 때와 장소에 맞추어 입고 흘린 땀에 부끄러움 없이 먹고 사는 모습이다. 남을 의식하는 체면 때문에 자기의 모습과 본분을 헛되이 과장하는 것은 '우리의 상'을 빼앗기는 처사(골2:18)가 된다.

산업이 아직 세계화가 되기 이전에는 가짜가 진짜 속에서 범람하고 있었다. 하지만 21세기는 일상생활의 모습뿐 아니라 얼굴과 마음 그리고 언행까지도 꾸며진 가식 때문에 인간의 진의(眞意)는 점차 자리를 잃어가고 있다. 가식이 인간사회에 주는 결과는 부풀린 허망과 분수에 안 맞는 사치다. 허망과 사치는 다른 말 같으나 윤리적으로는 같은 작용을 한다. 전자가 불로소득과 일확천금 사상을 유발시킨다면, 후자는 땀 안 흘리고 얻은 것으로 낭비하는 처사로 어느 것이나 인간의 분수대로 살지 않는 추한 모습이다. 그러므로 체면과 가식은 모두 기독교인들이 생활에서 멀리해야할 불필요한 요소들이다.

허망하게 사는 사람들은 밤이면 뒷골목 유흥가를 서성이다가 늦잠을 자는 사람들이다. 이런 무리들은 생산적인 것보다 누가 더 많이 분배를 받느냐에 관심이 많고 불만으로 살아간다. 떼를 지어 다니면서 사회에 물의만 일으킨다고 하여, 박정희 전 대통령 때에는 정부가 공권력으로 징집해 집단근로수뇌훈련을 시킨 바도 있다.

사치는 부조리가 심한 사회에 흔히 생기는 벼락부자들의 생활 모습이다. 수고의 대가로 정당하게 번 돈으로는 감히 어떻게 백만 불짜리 손목시계를 사고 또 그것을 남에게 줄 수 있겠는가? 이러한 사치를 부러워하며 한가하게 화제로 삼는 사람들이 늘어난다면, 우리 사회에서 분수에 안 맞는 모습들이 자취를 감추기는 어려울 것이다.

인도가 비동맹 국가들의 선두에 있던 1980년대, 그 나라의 수도 뉴델리에는 세계에서 온 여러 나라 대사들이 파견되어 있었다. 당시 인도의 유일한 국산차(Ambassador)는 시속 30km 이상 달릴 능력이 없었고, 외제차는 해외공관과 UN식구들에게만 허용되었다. 한국을 위시하여 원조를 받는 나라 대사들의 전용차 대부분은 원조를 주는 미국 대사의 것보다 더 화려한 고급차들이었다. 그 가식이야 대사관 직원과 가족들 사이에도 다를 바 없었다.

미국 유학시절 때 본 뉴솜(Newsom)이라는 나의 주임교수의 손목시계는 어찌나 낡았든지 바늘이 잘 안보였다. 대체 미국 대학교수들의 봉급이 얼마나 되기에 저런 시계 하나 바꾸지 못하는 것일까 궁금했다. 그러다 실험을 하는 도중에 알게 된 것은, 교수들은 생활이 풍요로우면 학자라는 본래의 분수를 망각하기 쉽고 또 그렇게 되면 학문에 몰두할 의욕까지도 잃게 될 우려가 크기 때문에 그렇게 지낸다고 했다. 그 후 나는 분수대로 산다는 것이 이렇게까지도 엄격한 것인가 종종 생각하곤 한다.

2009년은 세계경제에 불황이 닥쳐와 금융가에 마비가 생기고 세계적인 은행들이 부도를 맞은 매우 걱정되는 해였다. 전문가들 말로는 주원인이 금융 감독을 소홀이 한 탓으로 은행대출이 분수를 넘었다고 했다. 사실 현대인들은 저축보다는 유행 따라 무엇인가를 하고 산다. 체면을 위해 은행돈을 빌려서 겉치장을 하는 것은 분수에 맞지 않는 삶이다. 이것을 증권시장에서는 '거품'이라고 부른다. 현대사회는 은행에서 분수없는 사람들을 기다리는 돈이 많아서, 옛날 고리대금을 빌려 쓰던 보릿고개 시절과는 달리 쉽게 벼락부자 행세도 할 수 있다. 하기야 은행돈으로 교회를 크게 건축하는 경우도 있으니 말해 무엇 하랴!

세대를 본받지 않고 자기의 분수대로 기독교인답게 산다는 것은, 체면을 무시하고 가식과 사치를 버리고 사는 일이다. 분수대로 살다보면, '하나님의 선하시고 기뻐하시고 온전하신 뜻이 무엇인지 분별할 지혜'(롬 12:2)가 주어지지 않을까?

제2부 만들어가야 할 기독교문화

제8장 인간의 존엄성과 인권

사람이 만일 온 천하를 얻고도
제 목숨을 잃으면 무엇이 유익 하리요
사람이 무엇을 주고 제 목숨을 바꾸겠느냐 (마 16:26)

인간의 존엄성: 인간은 특별한 사명을 띠고 창조주의 형상과 모양대로 만들어진 독특한 존재다.(창 1:26) 독특하다는 것은 이성과 창조성 그리고 존엄성이 인간들에게만 주어졌다는 뜻으로 이해할 수 있다. 우리가 지닌 이성은 사물의 이치(理致, Principle)에 따라서 의지와 행동을 할 수 있는 능력이다. 창조성은 도구를 만들어 쓰거나 불을 사용하는 것처럼 스스로 자기의 개성을 만들어 가는 능력이다. 그리고 존엄성은 개인별로는 능력이 다르지만 가치로는 다 같이 고귀하고 존엄한 존재라는 뜻이다.

인간의 본성은 우리 인간에게만 주어진 이러한 특성 셋이 서로 작용해서 굳어진다. 이성은 자기생존에 요구되는 창조행위를 유발해 인격을 갖추도록 하고, 자신을 인식할 수 있는 능력뿐 아니라 자기생명을 세상의 무엇으로도 바꿀 수 없는 절대적인 존재라는 것을 알게 한다. 선악을 식별해 자기 의지대로 행동하게 하며, 불의에 대항하는 용기와 자존심으로 높임을 받는 사람다운 사람으로 만들어 준다. 그러나 세상에는 인간 고유의 존엄성을 망각하고 자기목숨까지 자살로 학대하는 사람도 있다.

존엄이란 기독교인들이 신앙생활에서 경험하는 '서로 우애(友愛)하고 존경하기를 서로 먼저'(롬 12:10)하라는 가르침과 같다.

사도 바울의 교훈(고전 12:4-31)같이 자신의 유익만을 추구하는 것이 아니라, 함께 고통 받고 함께 즐거워하는 삶의 기본원리다. 우리는 하나님의 즐거운 대상이지만 우리가 서로 사랑하지 않으면 인간에게 주어진 존엄성은 견지(堅持)할 수가 없다.

구체적인 의미에서 인간의 존엄성은 자유, 평등 그리고 복지 등 삶 전반에 걸쳐 서로의 아량과 협력 및 화해를 촉구한다. 세상 사람들이 잘 알고 있는 민주주의 개념과 다를 바 없다는 뜻이다. 그러나 사람들 스스로 서로 존중해야 한다는 인권사상은 민주주의라는 말이 생기기 전이며, 오히려 민주주의 이념을 발전 성장하게 하는 거름이 되었다고 해도 과언이 아니다. 사랑의 종교인 기독교는 예수님 당시부터 인간의 존엄성을 가르쳐 주었으므로, 그 교리가 전파되고 성장해 가면서 유럽의 백인사회에 민주주의라는 새로운 생활 체제를 탄생시킨 것이다.

민주주의의 생명은 그것을 받드는 사람들의 지적이며 도덕적인 성숙에 의존한다. 국민들에게는 인간 존엄의식, 파벌을 떠난 국민의식, 권리와 의무개념이 있어야한다. 민주주의는 전쟁이나 폭동과 같은 불안전한 환경에서는 성장하지 못한다. 개인적인 성숙이란 질서와 정의를 지키고 남의 의사(意思)와 자유와 권리를 내 것처럼 존중하는 것이다. 이것은 이웃을 내 몸같이 사랑하라는 뜻과 같다.

인간의 기본권리: 사람이 어떤 모습으로 태어나 무엇으로 살아가든 이 세상에는 사람보다 더 귀중한 존재는 없다. 우리는 창조주의 즐거움으로 하나하나 선별되고 존엄성을 지니게 된 존재이기 때문이다. 그런고로 타고난 색깔, 생긴 모양이나 혹은 세상살이에서 구분된 능력, 신분계급이나 빈부 등으로 세상 누구도 어떠한 이유로든 학대하거나 차별할 권리가 없다. 이것이 현대 사람들이 말하는 '인권'이라는 개념이다.

사람이 지니고 태어난 권리는 자신의 생명을 존중하면서 창조주가 허락한 규범 안에서 자유롭게 성장 번식하는 것이다. 자연적으로 한 삶을 끝내지 못하고 타살이나 자살로 마감하거나, 세상의 다른 물건들처럼 주고받는 매매행위 혹은 강탈이나 착취를 하는 합당치 않은 구속은 모두 사람의 권리를 침해하는 처사이다.

인간이 지니고 태어난 권리는 그리스의 스토아철학(Stoicism)의 자연법교리(Natural Law Doctrine, 주전 300년)에서도 명시한 바 있지만, 근세 와서 인간의 권리를 가장 먼저 구체적으로 존중한 나라는 미국이다. 비교적 신생국이나 미국은 1776년의 독립선언(Declaration of Independence)에서 국민의 평등 그리고 생명, 자유와 행복을 누릴 수 있는 권리를 보장하고 있다. 링컨대통령은 1863년 1월 1일 노예해방령(Emancipation Proclamation)을 선포하고, 같은 해 11월에 국민을 위한 민주주의 기본원칙을 만들어 발표했다. 그러나 세계적으로 인권이라는 단어가 적극적으로 알려지기 시작한 것은 UN이 전 인류를 위한 인권선언(Universal Declaration of Human Rights)을 선포한 1948년 이후다. 그 후로도 여러 국제정치기구와 지역단체에서도 인권문제가 토의되고 각종 결의문이 채택되고 있지만, 지난 60년간 그리고 지금 이 시간에도 인간다운 존중은 고사하고 무수한 사람들의 목숨이 짐승들처럼 무참하게 죽어가고 있다.

현대판 한국인 노예: 11살 때부터 아버지가 소유한 노예 수송선에서 선원생활을 하던 뉴턴(John Newton)의 신앙고백이 있다. 그가 1779년에 찬송가(504장)로 만들어진 영적인 시 '나 같은 죄인 살리신 주 은혜 놀라와'가 나온 지도 두 세기가 지났다. 하지만 오늘날에도 한반도의 북쪽에는 새로운 형태의 노예매매가 공공연히 일어나고 있다.

워싱턴의 북한인권위원회(Committee for Human Rights in

North Korea)에서는 북쪽 동포들이 굶주림에 못 견디어 압록강 혹은 두만강을 건너 탈북 하는 것을 보고하고 있다. 더러는 강을 건너다 총에 맞아 죽고 더러는 강가에서 동사(凍死)도 하는데, 무사히 살아서 탈출한 사람도 수십만 명에 달한다고 한다. 남한에 정착한 수는 연 2천 명 정도인데 미국에는 그들을 위한 구제법이 만들어진 2000년부터 2008년 말까지 고작 81명에 불과하다는 통계다.

탈북자의 대부분은 여성들인데 탈북을 도와준 인신매매조직의 중국인들은 그들을 노예나 짐승처럼 판다고 한다. 더러는 중국인의 씨받이로 삼거나 성노예 전락시키는 경우도 있다는데, 30세를 넘으면 헐값으로 거래된다고 한다. 장기세습집권 하에서 굶어 죽은 사람이 백만이 넘었고 강제노동수용소(Gulag-styled Prison)에서는 40만이 죽었고 지금도 약 20만이 정치범이라는 이름으로 감금되어있다고 한다.

국제사회의 인권관계자들은 피난민보호에 관한 UN의 의결(1951년, 1976년)에 따라 탈북자들도 보호해야하는데 중국정부가 무관심하다고 비난한다. 그러나 중국정부보다 무관심한 것은 대한민국의 정부가 더한 것 같다. 인권에 관한 국가적인 대책은 고사하고, 북한에 존재하는 자폭정신(自爆精神) 특수부대의 공격을 두려워하는 듯싶다.

2000년 여름에는 4억 5천만 달러를 공납한 대가로 6.15 선언을 만들어 평화를 위한 몇 가지 행사를 약속받았으나 성취된 것은 하나도 없다. 있다면 남북의 두 김 씨 지도자가 나란히 한국인으로는 처음 노벨 평화상을 받은 것이라고 하겠다. 평화공존 대신 선언이 있은 지 2년 후에는 연평해전을 당했고, 6년 후인 2006년 10월에는 제1차 핵실험을, 그리고 지난 5월에는 제2차 핵실험과 미사일 발사를 선물로 받았다.

나의 조국 북한은 인성을 완전히 잃은 사람이 다스리는 폭군의 나라다. 인간에게만 주어진 기본권리가 태어나면서부터 폭군들 사리(私利)에 의해 농락되어도 우리는 침묵 외에 다른 대책은 과연 없는 것일까?

제9장 부모의 훈계와 교육

훈계를 좋아하는 자는 지식을 좋아하나니
징계를 싫어하는 자는 짐승과 같으니라 (잠 12:1)

훈계와 훈련: 우리말 성경은 훈계(訓戒, Admonition)로 언급한 것이 영어성경에는 교육(Instruction)이라고 표시되었다. 오늘처럼 교육기관과 제도가 없었던 고대사회에서 훈계란 새 문화를 만들고 적응해 가는 방법이었다. 가정과 이웃 그리고 사회가 보여주고 타이르며 경계하고 가르치는 교육 방식이었다고 생각된다. 여기서 훈계란 잘못을 꾸짖는 부모나 이웃들의 비판적인 모습이 아니고, 보여주고 깨우쳐주는 격려와 고무(鼓舞, Inspiration)를 의미한다.

주전 10세기의 이스라엘 왕 솔로몬도 "아이들에게 마땅히 행할 길을 가르치라"고 했다.(잠 22:6) '마땅히 해야 할 길'이란 아마도 우리를 사회인으로 성숙하게 만들어 주는 물과 산소 그리고 빛과 같은 인간적인 도리(道理, Obligation)를 말하지 않나 싶다. 살면서 이 길을 잘 알고 걸어가야 하는 절대적인 이유는, 우리 선조들이 남긴 말처럼 '사람은 사람의 구실을 함으로서만이 인간이라고 부름 받을 수 있다.'는 의미 때문이다. 그것은 마치 사과가 사과의 본래 맛을 내야만 사과로 인정받는 것과 마찬가지다.

인간다운 인간을 만드는 훈계는 가정과 이웃들에 의해 매우 조용하고도 소극적으로 이루어지고 있다. 그것은 행복한 인생이나 평화로운 인간사회를 만들어 가는데 적극적이고 조직적인 학교교육보다 더 효과적이다. 그 이유는 훈계교육이란 화목한 가정에서 시작하여, 질서가 잡힌 사회에서 서로가 가르치고 배우며 함께 실천하는 동안 훈련받는 인간 교육이 되기 때문이다. 지구상에서 가정교육이 가장 엄한 곳은 북유럽이라고 한다.

나는 여덟 살이 되는 생일날 아침, 슬픔도 눈물도 알지 못한 채 아버지와 사별했다. 이런 철부지 나에게 어머님은, '아버지 없이 자란 자식'이라는 말을 동네 사람들로부터 듣지 않도록 조심시키면서 무척이나 걱정하셨던 모습이 생생하다. 그때 어머니의 조바심과 걱정이 성경에서 말하는 훈계(잠 12:1)와 비슷한 가정교육이라고 생각한다.

인간도 다른 동식물들처럼 주어지는 새 환경에 서서히 적응하며 순화(馴化, Domestication)되어간다. 많은 야생 동물들이 새 생활조건에 서서히 길들어서 가축이 되듯, 야만인도 폭군도 환경과 처지에 따라서 변화를 받으면 문화인과 선군이 될 수 있다. 생물체에 순화능력이 존재한다면 우리들이 흔히 말하는 인생의 운명이란 누가 만들어 주는 것이 아니라, 법정스님이 지적한 대로 '스스로가 만들어가는 것'이 틀림없다. '자작자수'(自作自受)라는 천리(天理)가 있기에 인생은 한번 신나게 살아 볼만한 것이 되고도 남음이 있다.

학교교육이 지식을 머리에 투입시켜 생업에 경쟁력을 높이기 위한 지능교육이라면, 가정에서 시작하는 훈계는 인간의 도리를 조용히 마음에 넣어주는 지극히 고상하고도 순결한 소원 즉 간절한 기도에서 이루어진다. 그것은 마치 독수리가 자기 새끼들에게 으뜸가는 맹조로 살 수 있도록 끝없이 맹훈련을 시키는 것과도 같다.

이 세상에는 불우하게 태어났지만 부모님의 훈계로 역사 속에 오래 남아 있는 세계적인 인물들이 많다. 그들 중에 내가 존경하는 두 사람은 아인슈타인(Albert Einstein)과 빌 게이츠(Bill Gates)

이다. 어머니의 훈계로 세계적인 물리학자와 21세기의 최대 자선가로서 사람들의 선망의 대상이 되었기 때문이다.

교육과 지식: 우리 인간은 다른 동물들처럼 매우 보잘것없는 나약한 모습으로 세상에 태어났지만 명철한 두뇌를 지녔다. 몸이 자라면서 쉽게 부모형제들로부터 듣고 보면서 말과 글을 배워 의사소통을 하며 성장해 간다. 사람은 유아기에 시작하여 유년기, 청소년기 그리고 장년기에 이르기까지, 정확하게 말하면 죽을 때까지 계속 배우면서 성숙해 간다. 배운다는 것이 바로 교육이다. 어찌 보면 교육은 단순히 가르치고 배우는 복잡한 절차로, 지식, 재능, 정신 그리고 성격을 개발시키는 인간의 필수사항이다. 이것이 인간과 다른 동물과의 차이점으로, 인간은 생존번식하는데 무엇 하나 갖추고 태어나지 못했으므로 출생 후에 모든 것은 스스로 준비해야만 한다.

사람마다 총기(聰氣, Intelligence)를 지니고 태어나는데 이것을 우리는 천부의 재능(才能, Natural Endowments)이라고 부른다. 정도는 사람마다 조금씩 다르겠지만 주어서 받은 것이니 많든 적든, 싫든 좋든 각자가 받은 그대로 계발하면 재능(才能, Talent)으로 변해 삶을 풍부하게 도와주는 동행자가 된다. 그러한 재능의 계발은 전적으로 교육과 훈련에 의존한다.

사람이 영리하다지만 우리는 삶의 3분의 1정도 시간을 이 계발사업에 소비하고 있다. 이것은 교육이 얼마나 많은 시간과 열정 그리고 인내를 필요로 하는지를 짐작하게 하는 일이다. 많은 사람들이 중도에 한계를 느끼고 포기하는 이유는 관심과 학구열이 부족하기 때문이다.

교육의 첫 순서는 이미 축적된 지식을 습득해 자기 것으로 전해 받는 끈질긴 일로 평생 작업이기도 하다. 인간사회에서 글이 쓰이기 시작한 것은 불과 5천 년 전이라고 하는데, 글로 기록된 지식의 범위와 양이 어마어마해 우리에게 주어진 시간 안에 모두를 파악한다는 것은 불가능하다. 그렇다고 돈이나 재물로 구할 수도 없으니 현대인들은 전자공학을 바탕으로 컴퓨터라는 것을 만들어 도움을 받고 있다.

지식은 중요한 생활수단일 뿐 아니라 세상의 사물을 이해하고 판단하며 사람들과 동등한 입장으로 살아가는데 절대적으로 필요하다. 지식은 힘 때문에 세계 모든 나라가 예외 없이 교육을 국가정책의 우선순위로 하고 있다. 체제와 제도를 만들고 막대한 국비(전 정부예산의4-6%)를 사용하여 훈련된 교사와 교육가를 양성하여 교육시키는 것이다.

한국에서는 국민의 세금으로 관장되는 학교교육에 만족을 못하고 어린이들에게 과외로 공부를 시키고 있다. 2008년 초중고 학생의 과외공부에 소비한 액수는 20조 9천억 원으로 일인당 월평균 23만 5천원이었다. 나는 이 막대한 자원이 재능계발을 위해서 쓰였다면 얼마나 좋았을까 싶지만, 진학입시시험에서 좋은 성적을 얻어 이름 있는 학교에 진학하기 위해서라니 더욱 안타깝기 그지없다.

진학의 기회를 제대로 갖지 못하고 한 세상을 살다간 후진국 부모님들은, 자신의 자녀들이 정상적으로 학교 교육을 받는 것이 훗날 산업전선에서 살아남는 유일한 길로 생각한다. 과거 논밭과 소를 팔거나 혹은 물장사를 해서라도 자녀를 유학 보내곤 했는데, 최근 이와 같은 부모님들의 열정은 '기러기부부'까지 만들어내고 있다. 그러나 명문교육에 치중하다보면 인성교육은 소홀하거나 무관심하게 되고, 마침내는 교육의 최종목적이 빗나가게 되어 사회가 인간의 일반상식으로는 감당하기 어려운 일들로 혼돈을 일으키게 된다. 그것이 오늘날 한국 사회인 것이다.

교육의 사회적 목표: 교육은 인재를 양성하는데 있지만 특별

한 몇몇 인재를 뜻하는 것은 아니다. 그 최대목표는 지식이 사회발전에 선용(善用)되고, 인류복지에 기여할 수 있는 새로운 창조적인 힘을 만들거나 혹은 사회와 국가에 힘이 되어주는 좋은 사람(Nice Guys)을 의미한다. 최소한 국가재정으로 운영하는 국가적인 의무교육은 '좋은 사람'을 양성하는 기본훈련을 엄격히 시켜야 할 것이다. 따라서 교육의 최종 목표는 생업경쟁을 위한 지성교육(Intellectual Education)과 인간의 성숙을 위한 인성교육(Ethology)이 되어야 하겠다. 이 두 종류의 교육이 균형을 이룬다면 우리 모두 갈망하는 평화로운 지성사회가 이루어질 것이다.

훈계나 교육의 최종 목표는 만민의 마지막 소원인 행복에 있다. 좋은 환경에서 곱게 성장하면서 훌륭하게 교육을 받았을지라도, 인생에 행복을 느끼지 못한다면 무슨 유익이 있을 것인가? 교육의 목적이 '무엇으로 살 것인가' 도 중요하지만 더 소중하게 생각해야 할 것은 나름대로 행복을 위한 것이어야 한다. 그 말은 한국의 많은 어머님들이 그토록 좋아한다는 '사'(의사, 변호사 등)를 위한 교육이 아니더라도 누구나 행복해질 수 있다는 뜻이기도 하다. 오히려 지나친 욕심이 행복을 불행으로 변질시키는 것을 보면 행복은 누구에게나 공평한 것이라 하겠다.

교육과 지혜: 지혜는 교육을 통해 얻은 지식을 토대로 사리를 밝히고 합리적으로 처리하는 능력이다. 사람이 슬기롭게 행동하지 못하면 잘못된 교육을 습득한 것이다. 그래서 교육을 잘 받은 사람일수록 언행은 물론 삶에서 조심해야 하는 이유가 여기에 있다. 특히 교육과 지식을 기반으로 사회적 위치가 주어졌으므로 지도자의 위치에 있는 사람일수록 더욱 그러하다. 국민의 세금으로 삶을 꾸려가는 공직자들은 각기 책임진 분야의 이면에 많은 국민들이 있기 때문에 남다른 지혜가 필요하다. 교육의 결과는 권세를 얻는 수단이 아니고 인간답게 행동하게 만드는 지

혜이기 때문이다.

우리 인간은 나약하기에 교육과 지식으로 얻은 힘이 겸손에서 교만으로 변질되기 쉽다. 그래서인지 오늘날 우리사회는 조용할 날이 없다. 특히 한국도 마찬가지로 먹을 것이 없어서도 아니고 천재지변이 발생해서도 아니다. 모두가 지식덕분으로 얻게 된 사회적 위치와 뛰어난 머리로, 나름대로 더 큰 권세와 명예 그리고 물질적 행복을 위해 소동을 피우는 탓이라고 생각한다. 그것이 아니라면 행복이 무엇인지도 모르기 때문에 아우성치는지도 모른다.

교육과 지식을 토대로 얻은 세상의 것들을 지혜롭게 관리하지 못하면, 그것은 오히려 비상하고 간사한 꾀를 지닌 요물로 변질되어 삶을 오히려 비참하게 만든다. 그러기에 우리가 부모님 훈계를 무엇보다 먼저 그리고 소중하게 들어야 하는 이유가 여기에 있다.

제10장 가정교육과 인성교육

마땅히 행할 길을 아이에게 가르치라
그리하면 늙어도 그것을 떠나지 아니하리라 (잠 22:6)

학교교육: 지식은 문물(文物)에 익숙해지는데 불가결한 요소일 뿐 아니라 인간이 인간답게 세상을 살아가는데 불가불한 보물이다. 우리 인간은 보잘것없이 세상에 태어나지만 끈질긴 교육을 통해 성숙한 인간으로 탈바꿈된다. 습득된 지식은 우리에게 지혜를 더해 사리를 밝히며 합리적인 처리능력을 갖게 한다.

인간사회는 '무엇을 하느냐'에 따라서 신분과 권위 그리고 유망하고 풍요로운 장래가 보장된다. 그러기에 교육은 한 사람의 성공과 행복을 좌우하는 가장 큰 요인이 된다. 따라서 부모들은 농촌과 도시, 선진국과 후진국 그리고 빈부의 구별 없이 자녀들의 진학에 전심전력을 다하고 있다. 우선 명문학교에 진학하는 것으로부터 시작해서 수재(秀才)교육을 받는 것이 훗날 경쟁사회에서 살아남아 승리하는 길로 보기 때문이다. 이와 같이 진학을 목적으로 많은 가정들이 시골에서 도시로 훌륭한 학교가 있는 주소지로 이주까지 하는데, 더러는 수재학교 혹은 해외유학을 위해 젊은 부부가 두 집 생활을 하는 극단적인 경우까지 생겨나고 있다.

한국의 개화문명은 1880년대 미국선교사들에 의해서 시작되었다. 그들이 우리 선조들에게 성경을 읽히기 위해 한글을 가르치고 학교를 건립한 것을 계기로 불과 일 세기만에 한국의 까막

눈(문맹자)은 퇴치되었다. 교육을 보면 1992년부터 시작한 새로운 교육제도로 전 취학아동이 의무 초중등교육(9년간)을 받고 있고, 그들 중 98.5%이상이 고등학교로 진학하고 있다. 고급인재 양성을 위한 대학수준의 교육기관만도 사립기술전문학교를 포함하면 700개에 가깝다고 한다.

정부가 지난 수세기동안 지원해오는 교육비는 국가총생산량(GNP)의 4-5%에 달하며, 이는 정부 총예산의 20%정도다. 한국사회의 교육열과 교육체제 혹은 한국인의 지능지수(IQ) 그리고 경제적 성장 등으로 보아, 한국은 교육수준이 높은 지성인의 나라로 틀림없는 문명국이다.

고향에서 '자식농사를 잘 지었다'라는 말을 내가 처음 듣게 된 것은, 우리 마을에서 처음으로 대학생 한 명이 일본으로 유학을 떠난 후부터다. 태평양전쟁이 도발되기 직전이었는데, 그가 일본을 행해 떠나는 날 나와 같은 또래의 철도 들지 않은 아이들은 십리 길을 걸어 기차역까지 가서 그의 당당한 모습을 구경했었다. 한국 사회에서 '자식농사'란 농촌을 떠나 입신(立身)의 기회가 보장되는 학교에 진학하는 것이었다.

지능지수가 높은 아동들에게 교육으로 뒷받침하는 적극적인 학부모가 있는 한, 그리고 이에 더하여 높은 교육열과 전문적인 국가교육정책 등이 있는 한 민족의 장래는 밝다고 본다. 하지만 중국 사회과학원에 따르면 한국의 국력(군사, 외교, 경제, 기술, 인적 자원, 정보통신 등)은 세계 9위에 있으나, 우리가 아직 중진국수준인 것은 민도(民度)이고 준법정신, 질서 및 국민의식 등은 후진국수준에 머물러 있다고 한다. 교육수준이나 경제성장은 앞서있지만 그와는 관계없이 한국의 수준은 그다지 발전하지 못한 것이다.

인성교육: 학교교육이 '무엇을 하는가?'를 위한 것이라면 인

성교육은 '사람의 됨됨이'(性品)를 가르치고 배우는 것이 과제다. 전자는 생업에 대해 가르친다면 후자는 인간을 만드는 교육이다. 솔로몬이 우리에게 주는 교훈은, 인간으로서 당연히 해야 할 바를 어릴 때 가르쳐주면 평생 그 길을 따라 살 수 있다는 것이다.(잠 22:6)

인간으로서 지켜야할 도리는 무엇으로 실천하느냐가 아니고 어떻게 생각하고 행동하느냐에 있는 것이다. 즉 머리에 축적된 지식보다는 마음이 지시하는 합리적인 인간의 선행을 의미한다. 프랑스의 철학자 데카르트(Rene Descartes)가 말한 것같이, '마음은 합리적으로 생각하고 느끼며 상상하고 의지를 나타내는 것'으로 인성교육은 눈에는 보이지 않는 겸손한 마음자세를 위한 훈련이다.

그리스의 철학자 플라톤은 마음은 우리의 삶에 있어서 합리적인 행동을 주관하는 가장 소중한 존재로 양육하면서 개발해야 한다고 주장했다. 그러나 한국의 교육제도나 우리의 지나친 교육열은 우리의 삶 전체와 행동 모두를 주관하는, 마음보다는 오히려 경쟁력을 심어주는데 치중해 오고 있다. 한국에서 26년을 살았던 일본인 이케하라는 자신의 저서『한국인의 비판』에서 '한국사회의 모순된 각종 비리는 그릇된 교육의식에 있다'고 지적했다.

인간으로 마땅히 행할 길이란 인간답게 살아가는데 필수적인 것으로, 사회와 국가가 요구하는 인간적인 덕행이다. 기독교적인 덕행이란 "이웃을 내 몸같이 사랑하라"는 예수님의 가르침을 실행하는 일이다. 인성교육에 있어서 필수적인 조건은 어른들이 가르치고 어린이들이 배워서 생활에 활용하는 지혜라고 하겠다. 가르치고 배우는 목표가 입신에 있는 것이 아니라 행복에 있어서 서로 얼굴과 얼굴을 맞대고 함께 지내면서 배우는 생활이다. 대한민국을 공산주의로부터 구한 미국의 맥아더(Douglas MacArthur)장군은 자식을 위해 이러한 기도를 했다. '약할 때는 자기를 잘 분별할 수 있는 힘과 두려울 때 자신을 잃지 않는 용기를 가지고, 정직한 패배에 부끄러워하지 않고 태연하며, 승리에 겸손하고 온유할 수 있는 사람이 되게 하소서'

가정교육: 사람마다 그리고 시대와 환경에 따라서 가정교육의 기본과제도 천차만별이다. 나는 세 아들의 아버지로서 가정교육에서 부족하고 부끄러운 점이 많았다는 것을 고백한다. 나에게 또 다른 기회가 주어진다면 다음과 같은 과제에 더욱 치중하고 싶다.

1) 자기위덕(威德, Self Reverence): 이것은 타고난 재능을 계발 육성하여 위엄과 덕망으로 개성을 만드는데 마음을 다하는 것이다. 사람은 자기의 뜻에 따라 태어나는 것은 아니지만 각기 지닌 재능을 계발할 책임과 행복하게 살 권리가 있다. 자기위덕이란 매우 독자적으로 만들어지는 한 인생의 순수한 가치관이기도 하다.

자기위덕을 만들어 가는데 있어서 무엇보다 중요한 것은, 어떠한 모습으로 태어났던 간에 자기는 세상의 그 무엇과 비교할 수도 바꿀 수도 없는 매우 귀중한 존재라는 사실을 스스로가 인식하는 일이다. 이것을 '자부심'이라고도 부른다. 나는 이러한 자부심이 견고하도록 도와주는 것이 자식에 대한 부모의 첫 번째 책임이라고 생각한다. 자녀들이 가치와 능력이 있다고 믿어주고 고취(鼓吹, Inspiration)와 격려로서 더 많은 용기를 주는 일이다. 그래야 자신이 사회와 국가 그리고 인류를 위해 무엇인가 하고 싶다는 사명감을 갖게 된다. 사람은 자신이 귀중한 존재라는 것을 인식할 때 자신의 사람됨을 한 번 더 점검하게 된다. 자신을 사랑하는 사람은 자기가 좋아하는 사람이 되고자 노력과 정성을 더하게 되는 것이다. 자기위덕이 없는 사람은 대충대충 살다가 아무렇게나 죽은들 무슨 잘못이 있겠나 하는 생각을 할 수 밖에 없다. 이러한 생각은 '자신학대'와 '자신결여'(缺如, Self Distrust)에 이어 자살이라는 비극에까지 이어질 수 있다.

2) 정직: 정직은 허식과 거짓이 없는 인간의 본성으로 양심과 더불어 착한마음에 예속되어 있다. 정직은 성실과 비슷한 것으로 사람이 사람답게 살아가는데 있어서 절대적인 요소다. 왜냐하면 정직은 신뢰성을 만들어 주기 때문이다. 인간은 사회적인 동물로 이웃으로부터 믿음을 잃고 고립되면 행복한 사회생활을 할 수가 없다. 공산주의체제가 지구상에서 자취를 감춘 큰 이유는 집권자들이 신용을 잃어 그들의 말과 행동을 믿을 수 없기 때문이다. 신뢰가 없이는 국제간의 협약, 정치인들의 서약, 사업가들의 계약, 부부간의 약속까지도 지속할 수 없어, 인간생활에는 분열과 반목 그리고 배신의 소용돌이만 있게 된다.

정직대신 거짓이 범람하면 부정과 비리가 인간사회를 주관해 가므로 양심적으로 소박하게 사는 국민들의 생활은 비참하게 된다. 비참한 것을 견디다 못한 성급한 사람들은 당연히 소동을 피우게 된다. 인간이 인간답고 행복하게 살아가는데 혹은 평화로운 사회를 만들어 가는데 있어서, 인간 스스로가 할 수 있는 가장 중요한 덕목을 나는 '정직'이라고 생각한다.

3) 준법(遵法)생활: 법을 올바르게 지키면서 산다는 것은 인간사회의 안위와 평화로운 공존을 위해 절대적인 일이다. 법을 존중하지 않는 인간사회는 지성적인 평화도 야만적인 무질서로 변해 통일성 없는 까마귀 모임으로 바뀌어버린다. 오합지중(烏合之衆)을 염려한 우리 조상들은 일찍부터 두세 사람이 모이는 곳에는 법규를 만들어 질서를 유지케 했다. 나라에는 국법, 종교에는 계율과 율법, 운동경기에는 규칙, 무사에는 예법, 과학기술에는 원칙, 도덕에는 관습, 자동차 운전에는 교통규칙 등이 있다.

현대문명의 혜택을 많이 받는 선진국일수록 국민이 법을 잘 존중하여 법치사회를 만들어가고 있다. 그들은 사회적인 신분이나 남녀구별 없이 법 앞에서는 평등하게 법을 그들의 눈동자처럼(잠 7:2) 지킨다. 이것이 선진국과 후진국의 차이이며, 살기 좋고 나쁜 사회를 구분하는 척도이기도 하다.

법을 지키는 태도는 어머니로부터 시작해서 가정과 사회 그리고 국가차원에서 실천해 간다. 어머니와 자식사이에는 법 대신 약속을 빛(잠 6:23)으로 삼고 세 살적부터 엄수하면서 성장하도록 해야 한다. 약속을 지키지 못하는 어린이가 성장하면 법을 무시하는 어른이 되기 쉽다. 약속도 인생의 등불이므로 사랑하는 자식이 울면서 트집한다고 그 빛을 가리면 '온실 속의 떡잎'이 되고 만다.

4) 책임감: 인간답게 사는 것이 쉽지 않은 이유 중 하나는 감당해야하는 많은 책임이 따르기 때문이다. 부모에게는 착한 자식이 되는 의무 외에도 학생으로서, 사회인으로서, 국민으로서 그리고 속해있는 일터와 자기의 가정에서 지켜야 할 책임이 수없이 많다. 힘들다고 거역하거나 불성실하게 수행하면 누군가 피해를 받는다. 그러다보면 인생은 이유 없이 그냥 왔다가 뜻도 없이 그냥 가는 짐승만도 못한 존재가 되고 만다.

가혹한 일 같지만 어린 시절부터 자녀들이 할 수 있는 일을 선별해서 하나씩 함께 하다보면 책임감은 키워지게 된다. 그러면 성인이 된 후에도 주어진 책임을 충실히 감당할 수 있는 태도와 능력이 뒷받침 된다는 것이 성경(잠 22:6)이 우리에게 가르쳐 주는 말씀이다. 일본인 이케하라가 말한 '한국의 망나니로 키우는 가정교육'으로는 주어진 책임을 다하는 인간다운 인간이 될 수가 없을 것이다. 자신의 인생 관리를 바르게 해야 하는 인간의 책임은 막중하며 쉽지도 않다. 그런 탓으로 세상에는 자신의 책임문제를 타인에게 미루거나 자기의 잘못을 다른 사람 탓으로 여기고, 막무가내로 원망하면서 수치나 예의를 무시하는 사람들도 있다. 아마도 이런 사람들이 바로 그가 지적한 '염치없는 한국인'일지 모른다.

제11장 민주적 시민의식

사람은 누구나 평등합니다.
큰 기업을 하는 사람이나 작은 장사를 사람이나
우리는 모두 처한 위치는 달라도 존엄하고 평등한 인간입니다.
그러므로 우리는 서로를 존경해야합니다.
(대한민국 10대 대통령 이명박)

평등한 인간: 민주주의란 모든 인간에게 똑같이 주어진 평등과 자유, 그리고 인권을 전제조건으로 만들어져 국민 모두가 동참해 운영하는 정치체제다. 자유와 평등, 인권이란 창조주가 특별히 인간만이 소유하게 한 "형제를 사랑하여 서로 우애하고 존경하기를 서로 먼저 하라"(롬 12:10)는 사도 바울의 가르침과 같다.

역사적으로 인간은 방랑생활에서 정착촌락사회로 변천하고 성장해가는 과정에서 빈부와 강약이라는 계층이 생기게 되었다. 공동체가 생겨 점차 조직화되면서 힘 있는 강자는 약자를 탈취하여 더 강해지는 반면, 힘없는 약자는 상대적으로 더 비참한 인생을 살아오고 있다. 이러한 계급사회의 약육강식이 있었던 인간관계는 구약성서에 기록된 이스라엘의 역사에도 수없이 반복된다.

나라가 형성되는 과정에서 인간의 권리, 존엄성, 평등과 자유는 한사람의 세습군주(君主, Monarchy)에 의해, 혹은 소수의 권력층으로 된 귀족 또는 한 패거리로 구성된 무력집단에 의해 유린되어 멸시를 당해야만 했다. 특권층의 권력 밑에서 불의와 불공평하게 처우 받아야하는 백성들의 모습을 목격하면서, 민주주의라는 말을 처음으로 생각해낸 사람은 주전 5세기 그리스의 여행가이자 유럽 역사편찬(Historiography)에 획기적인 쇄신을 일으킨 헤레도투스(Herodotus)이다.

한반도의 긴 군주정치역사에도 수없이 경험했듯이, 한 사람이 지닌 지식과 덕성(德性)이 아무리 탁월하다 할지라도 군주정치는 긴 고대와 중세를 걸쳐서 늘 철인(哲人)과 정치인들의 토론대상이 되어 국민 다수가 운영하는 시민정치체제가 요구되었던 것 같다. 만민이 평등하다는 평민정치이념은 고대와 중세에 걸쳐 깊이 뿌리내렸던 군주 혹은 귀족정치 그리고 세속적 권위주의 구질서를 부정하고 배척하였다. 그리고 인종이나 남녀구별없이 사회 계급을 초월한 변혁을 감행해 오늘의 민주주의가 성장하는 밑거름이 되었다.

우리 모두에게 잘 알려진 민주주의란 국가의 지배권이 단 한 사람에게 집중되어 있는 것이 아니라 사회의 구성원 전체에게 주어진 조직형태다. 근대사에 프랑스혁명(French Revolution, 1789-1799)은 10년이란 세월을 걸쳐 봉건제도를 무너트림으로 온 유럽지역에 민주주의 제도를 심어주는 씨앗이 되었다. 미국은 뒤늦게 제16대 대통령 링컨(Abraham Lincoln)이 1863년 11월 펜실베이니아 주의 게티즈버그(Gettysburg)에서, 그가 생각하는 민주주의 즉 국민의 정부는 백성을 위해서(for the People) 백성에 의해(by the People) 만들어져야 한다는 연설을 했다. 두 세기가 훨씬 지난 오늘날에도 세계 많은 나라에는 아직 민주주의 혜택을 맛보지 못하고 사는 사람들이 많다. 민주주의가 뿌리를 내리고 자라서 성숙해 가는 데는 많은 시간이 소요될 뿐만 아니라 시련과 갈등이 수없이 따르기 때문이다.

세습민주주의: 신생국가의 국민들에게 민주주의는 세계 2차

대전이후 식민지국가들이 독립해 정부를 수립하면서 알려지기 시작한 새로운 단어다. 내가 태어난 한반도에도 1945년까지만 해도 민주주의란 말을 아는 사람은 거의 없었다. 나라가 둘로 갈라진 한반도 남쪽에는 1948년 8월 15일 대한민국(Republic of Korea, ROK)이 그리고 북에서는 1948년 9월 9일 조선민주주의인민공화국(Democratic Peoples' Republic of Korea, DPRK)이 각각의 정부로 탄생했다.

세상에는 자유민주주의, 대중민주주의, 민족민주주의, 신민주주의 혹은 북한과 같은 인민민주주의 등 여러 이름과 형태의 민주주의가 있다. 이와 같이 민주주의라는 이름으로 정치체제는 호칭되지만 국민을 위한 완전한 민주주의는 아직 없다는 것이 학자들의 설명이다.

성군(聖君)이란 칭호가 얼마나 자기백성을 위해 복지정치를 하느냐에 있다면, 진정한 민주정치는 이름과 관계없이 국민의 의사가 존중되고 평등한 위치에서 자유로이 정치적인 분담과 책임을 나누어 갖느냐에 있다. 북한의 경우 호칭은 '민주주의 인민공화국'으로 되어있지만, 한 군주가 60년간 2대째 세습통치를 하고 있다. 자기 국민들에게 자유나 평등 그리고 존중은 고사하고, 분노와 기근 그리고 절망만을 남겨주고 있다. 굶어 죽은 사람 백만 명에 이어 굶주림에 견디다 못해 국경을 넘은 탈북시민 40만 명과, 소련식 강제노동수용소에 억류된 정치배반자가 20만이라고 한다. 이토록 자기 백성을 짐승보다 못하게 학대하는 군주는 지구상에는 없으며, 이런 비인간적이고 난폭한 군주를 세계 사람들은 폭군이라고 부른다. 분명히 그것은 민주주의 고상한 이념을 모독하는 행동이 아닐 수 없다.

민주주의 시민의식: 한반도의 남쪽에 어렵게 심어진 민주주의도 파란만장하게 60돌을 지나고 있다. 남침으로 시작한 동족

끼리의 전쟁 그리고 아직 끝나지 않은 전쟁을 가슴에 껴안으면서도 열 번이나 새 대통령을 선출하여 민주주의라는 이름을 고수하려고 노력하고 있다. 세습 인민주의 통치하에 있는 북한사람들의 민생에 비하여 남한은 민주주의가 뜻하는 자유, 평등 그리고 민생복지가 많은 신생국들이 부러워하는 수준으로 변화하고 있다. 그러나 민주화라는 고함소리는 끊임없이 들린다. 시청앞 광장에 진을 친 데모꾼만이 아니고 국회의 정치인들, 노조원들, 교수와 교사들, 심지어는 장례식의 조문객들까지, 헐벗고 배고파 떨던 40-50년 전 옛날 모습과 민주주의는 다를 바 없는 듯하다.

완전한 민주주의는 세상 어디에도 아직 존재하지 않는다는 이유는, 아마도 민주적인 정치체제를 부양해 가는 국민들에게 민주시민의식이 결핍되어 있기 때문이 아닐까한다. 시민의식이란 국민 개개인의 일상생활에서 실행되어야하는 인간의 존엄성, 즉 '네 이웃을 내 몸 같이 사랑'(마 19:19)하는 것과 같이 우리가 서로 평등하게 자유와 정의를 신념으로 하고 인간존중을 나누는 일이다.

인간 존엄의식은 남의 자유를 나의 자유처럼 존중할 수 있는 자질과 능력이다.(롬 12:10) 사실 민주주의 장점은 평화를 사랑하는 사람들이 서로가 '합력하여 선에 이르는'(롬 8:28) 것이기 때문에 민주 시민의식은 남의 자유뿐만 아니고 의견과 생각까지도 나의 것처럼 존중해야 한다. 이렇게 생각하면 존엄의식은 국가 입법기관에서는 물론 가정에서부터 시작하여 교회와 같은 공동체에 이르기까지, 두 세 사람이 모이는 곳에는 반드시 있어야 할 민주시민의 기본자세다.

민주화의 전제조건은, 민주 시민의식을 국민 개개인이 민주적 생활을 도덕적으로 성장시켜 자신의 가치관을 만들어 가는 일이다. 민주화를 방해하는 요소들 중에는 독선주의나 배타주의 같은 유교의 계급의식이 있다. 국민 개개의 마음에 이웃을 적대시하는 증오심이나 개성 없는 그른 편견을 지닌 무리가 있으면 민주화는 결코 성장할 수 없다. 왜냐하면 민주화는 소수가 다수의 결정에 순종함으로서만이 가능하기 때문이다.

민주주의는 국가와 민족이 언제나 우선 되어야하며 그 앞에 어느 것이라도 양보하고 희생하는 국민의식이 있어야한다. 지역감정, 당파의 이익 등으로 국민이 분열되어 서로 비방하며 소란을 피우는 불안전한 사회에서는 성장하지 못한다. 민주주의는 '평화의 아들'이라는 말을 믿었던 몇몇의 한국 대통령들은 국력을 높여 북한으로부터 오는 위협을 최소화함으로써 민주주의를 성장시키고자 노력하였다.

나는 민주주의 정치체제보다는 민주적(Democratic)이라는 의식에 더 매력을 느낀다. 왜냐하면 민주적이란 고립되어 있는 '단독'이 아니고 '여럿이 나란히 함께' 있는 것과 같기 때문이다. 여럿이 모여 함께 생존해야하는 인간사회는 나와 내 이웃이 동등한 입장에서 서로 존중함으로써 나름대로 각기 행복을 찾게 된다. 국가적인 문제만이 아니라 작은 사회집단이나 가정 또는 신앙의 공동체인 교회에서도 민주적이란 원리가 매사에 고려된다면, 우선 독제적인 강압이나 편견이 배제될 뿐 아니라 실용적이고 보다 능률적인 결과를 얻게 될 것이다.

민주주의는 기독교의 평등사상에 의해 만들어진 국민의 복지를 위해 운영되므로, 모든 인간은 동등하게 법 앞에서는 평등하나 사악하고 잔인한 행위와 거만한 행동과 같은 불의에 대해서는 신의 처벌을 감수해야한다. 이웃사랑을 삶의 규범으로 가르치는 교회야말로, 인간의 존엄성과 자유와 평등을 위한 민주주의적인 삶의 행동을 실천할 수 있는 이상적인 공동체다.

제12장 나눔과 자선은 기독교의 뿌리

선한 일을 행하고 선한 사업에 부하고
나눠주기를 좋아하며 동정하는 자가 되게 하라 (딤전 6:18)

자선의 근원: 대가를 조건으로 하지 않고 선의를 베푸는 인간적인 은혜를 '자선'이라고 한다. 기독교인의 자선은 조건 없이 주는 것으로 주님이 삶과 가르침 그리고 죽음으로 보여주신 사랑을 본받아 우리도 선행하는 것이다. 성 어거스틴(St. Augustine)은 '자선이란 덕행(德行, Virtue)으로 이것을 우리가 완전히 행함으로 하나님과 떨어질 수 없는 관계에 이른다'고 했다. 중세기의 이태리 출신 종교철학자 성 토마스(St. Thomas Aquinas)는 자선의 덕행은 기독교의 뿌리라고 했다.

우리의 신앙생활에 있어서 자선보다 고귀한 인간의 순수한 믿음의 자세는 없을 것이다. 고대 그리스문화에서 불리는 아가페(Agape)라는 말은, 기독교인들에게는 주님 스스로가 보여준 조건 없는 사랑이며 이와 같이 우리도 서로 사랑하라는 뜻이다. 사랑이 인간을 하나님으로부터 떠나 살 수 없는 깊은 관계를 만들어 준다면, 자선은 인간들이 서로 의지하면서 화목하게 살도록 도와주는 접착제이다.

구약시대부터 세상에는 두 종류의 가난한 사람들이 있었다. 첫째는 구걸하면서 사는 게으른 거지들이고, 둘째는 일은 열심히 하나 벌이가 변변치 못해 늘 물질적으로 가난하게 사는 사람들이다. 성경에 나오는 가난한 사람들은 신체적으로 나약하거나 장애가 있는 가여운 사람들이 많다.

국가적으로 구제 사업이 없었던 시대에도 고아, 과부, 장애인들은 사회로부터 불쌍히 여김을 받았지만 거지는 사람들로부터 빈축을 받았다. '가난한 자는 역사와 함께 있을 것'(신 15:11)이라는 모세시대의 기록처럼, 세상에 불쌍한 사람들이 늘 존재한다면 우리 사회에서 그들에게 은혜를 베푸는 착한 마음을 지닌 자선가들이 많이 나와야 할 것이다.

나눔이란 힘든 문제: 자선을 '마음의 태도'라고 한다면 나눔(Sharing)은 '실행'이다. 신앙생활에 있어서 가장 힘들고 어려운 인간적인 문제를 나는 '나눔'이라고 생각한다. 피땀 흘려 번 재물을 남에게 대가도 조건도 없이 그냥 준다는 것은 인간이 지닌 이성으로서는 쉽지가 않다. 주는 것이 얼마나 힘든 문제이면 예수님도 부자가 하나님의 나라에 들어가는 것이 낙타가 바늘귀로 들어가는 것보다 더 어렵다고 했을까?(누 18:25). 그래서 성 어거스틴은 나눔을 성스러운 인간의 덕행이라고 했는지도 모른다.

인간의 삶을 윤택하고 즐겁게 하는 복은 '마음에 가난'(마 5:3)이 있어야 한다. 마음의 가난은 인간의 본성에 속한 '정'으로 인간다운 인간을 만들어주는 요소다. 정(情)은 헐벗고 굶주린 사람 혹은 병들어 무력한 무리들을 도와주려는 마음이 우리 안에 깊이 자리한 것을 뜻한다. 우리가 알고 있는 삭개오는 그러한 인정을 지닌 여리고(Jericho)의 부자이자 세관장이었다. 손님으로 오신 예수님께 약속하기를 자기 소유의 절반을 가난한 사람들에게 나눠줄 뿐만 아니라, 토색한 것이 있으면 4배로 갚겠다(누 19:8)고 신약성경은 기록하고 있다.

의무교육제도가 없었던 18세기 영국과 미국의 자선학교 (Charity School)는, 가난한 가정의 자녀 교육을 위해 개인적인 기부금으로 만들어진 학교들이다. 한국 땅에 새 학문이 시작되어 우리민족을 개화시킨 학교들도 미국의 기독교인들의 나눔으로 만들어졌다. 선교사들의 출입으로 서양문화의 도입과 동시에 신분제도를 고수하던 유교사상이 허물어지면서, 교육의 투자가치가 급속도로 높아져 많은 사립학교가 설립되고 또 다른 한편으로는 독지가들에 의한 장학재단까지 만들어졌다.

한국 사회에 깊이 뿌리 내린 나눔의 정을 실생활로 입증한 사람은 많다. 공부를 못한 것이 한이 되어 평생 피땀 흘려 저축한 돈을 불우학생들에게 근면의 용기를 준 이름 없는 자선가들이 있으며, 학생봉사기관을 만들어 운영하는 자선단체들도 있다. 학교나 교회 그리고 부족한 예산으로 운영하는 정부는 정부대로 각종 복지사업을 확대해 오고 있다.

한국에 한때 '가난한 마음'을 지닌 대통령 박정희가 있었다는 것은 참으로 다행한 일이었다. 마음 깊은 곳에 나라와 민족을 사랑하는 가난한 마음이 그에게 없었더라면, 세계 119위에서 있었던 가난한 분단국가를 9번째의 부강한 나라로 만들 수가 있었을까? 그리고 30년 동안 매고 다니던 허리띠 하나를 달랑 두른 채 내가 새로운 세상을 향해 떠날 수가 있었겠는가? 그는 해외를 떠돌고 있는 과학자들을 초청해 가난한 조국을 위해 함께 일하자고 했었다. 과학기술만이 빈곤을 퇴치한다는 그의 신념은 아프리카에서 일하다 휴가차 귀국한 나도 연구실에서 나오도록 했다.

한국의 제10대 대통령 이명박도 이 시대의 많은 젊은이처럼 가난했기에 눈물을 흘렸고, 근면과 절제를 하는 동안 가난한 마음을 얻었기에 오늘의 영광을 얻었다고 생각한다. 그는 가난으로 성장한 모든 사람들이 부러워하는 삶에서 가장 어려운 일을 실행한 한국의 '삭개오'라고 생각된다.

이명박은 331억 원으로 '재단법인 청계'를 설립하면서 이렇게 말했다. "지독하게 가난한 집안의 자식이 대통령이 되기까지 대한민국이 기적의 역사를 만들어내지 않았다면, 또 그 역동적인 과정에서 많은 분들의 따뜻한 손길을 받지 못했다면 오늘의 저는 없었을 것입니다. 새벽마다 늘 이웃과 저를 위해 기도하셨던 어머니의 숭고한 사랑이 없었다면, 야간 고등학교라도 꼭 가야한다고 저를 이끌어주셨던 중학교 담임선생님, 주경야독의 고등학교 시절, 시장가에 좌판을 놓고 장사할 수 있도록 허락해 준 가게 아저씨, 일용직으로 일하는 저에게 책을 주시면서 대학 입학시험을 보라고 강하게 권유하셨던 청계천 헌책방 아저씨, 막상 대학에 합격하고도 등록금이 없자 등록금을 미리 당겨서 마련해 주면서 환경미화원으로 일할 수 있도록 대학 4년간 일감을 주셨던 이태원 재래시장의 상인들…….

자선법인체: 한국에도 널리 알려지고 있는 자선재단(財團, Foundation)이란 규모가 확대된 나눔이다. 작은 집단에서의 나눔은 이웃의 불행을 가엾게 여기는 베푸는 온정으로 흔히 한두 차례면 끝이 난다. 하지만 재단을 통해 베풀어지는 자선은 장기적이며 규모가 커서 전문가에 의해 체계적으로 운영된다. 문헌상에 알려진 최초의 재단은 주후 387년 아테네(Athens)에 설립된 프라도 아카데미(Plato's Academy)인데, 900년이나 계속되면서 많은 나라에 문예부흥을 일으켰다.

자선재단은 중세 기독교회들 혹은 서유럽의 상인(17-8 세기)들에 의해서도 설립되었다고는 하나, 일시적인 변통으로 자선하는 소규모조직이었다고 한다. 아마도 국가적인 규모의 첫 재단은 1846년 스미손(James Smithson)이 설립한 스미스소니언(Smithsonian Institution)일 것이다. 1905년에는 카네기재단(Carnegie)이 3억 5천만 달러로 창설되었고, 1902년부터 활동하기 시작한 록펠러재단(Rockefeller)의 규모는 10억 달러다. 그리고 세계에서 가장 큰 규모의 재단인 포드(Ford)는 1936년 이래 매해 수백만 달러를 세계 여러 지역에 온갖 목적으로 사용하고 있다. 재단마다 설립취지에 따라 특별한 목적을 지니고 있는데, 예를 들자면 최근에 창설한 게이츠(Gates)는 말라리아 퇴치를 주목적으로 하며 골프 황제 타이거 우드(Tiger Wood)는 청소년골프운동 장려를 목적으로 한다.

자본주의체제가 성장함에 따라서 10억 달러를 초과하는 자선단체 수가 세계적으로 늘어나고 있다. 재단의 후원은 기본자금을 운영해가면서 자선사업을 수행해 자금지원은 미봉책이 아니고 지속성을 지닌다. 재단을 효과적으로 운영하는 재단마다 삼중의 즐거움을 경험하는데, 즉 재단창시자, 도움을 받는 사람개개인, 그리고 그들이 거주하는 사회와 국가가 그 혜택을 받는다.

나눔의 기본 법칙: 밭과 집을 팔아 사람의 필요에 따라 나누어 가면서 살던 초대교회에도, 아나니아 (Ananias)와 그의 아내 삽비라(Sapphira)와 같이 '성령을 속인'(행 5:3) 사람들이 있었다. 그것을 보아도 인간의 소유욕은 나눔이라는 덕행을 쉽게 감당할 수 없게 하는 것 같다. 얼마나 신뢰성이 있는 통계인지는 모르나, 한국인의 기부참여율은 55%로 미국에 비해 30%가 낮고 사람당 기부금액은 만 9천원으로 미국인(113만)에 비해 10%도 되지 않는다고 한다.

한국은 동족끼리 전쟁이 계속되는 나라로 자본주의 경제체제를 견지하면서 경제성장을 하고 있다. 하지만 민주화의식 그리고 사회불안요소 등을 감안할 때 한국의 기부참여율은 결코 낮은 것은 아닌 것 같다. 오늘을 사는 우리는 설움과 한이 많았던 조상의 후손들로, 국내외로부터 많은 도움과 격려를 받아 오늘같은 부강한 나라에 이르게 됐다. 우리들의 마음속에는 고난의 눈물이 있기에 생존의 불안요소가 해소되면 기부참여율도 점차로 상승하리라고 본다.

나는 아프리카와 동남아 열대 미개발국에서 근 30년을 지내고 오지 마을의 가난한 사람들의 삶을 보면서, 내 나름대로 생각한 나눔에 법칙을 정리해 본 적이 있다.

1) 첫째 법칙: 나눔은 절제로부터 시작한다. 먹을 것 다 먹고 입을 것 다 입고난 후에는 자선을 할 수 없다는 것이 어머님들이 가르쳐 주신 교훈이다. '과수원집 주인은 성한 과일은 먹을 수 없다'고 나의 어머님은 늘 말씀하셨다. 교회들도 경쟁적으로 각기 자기 성장에만 치중하다 보면 아무리 헌금과 모금을 한들 늘 부족해 나눔을 위한 여력은 언제나 부족하다.

2) 둘째 법칙: 장기적으로 꾸준히 체계적으로 지속해 끝을 보아야하다. 가장 효과적인 자선은 사람을 키우는 힘든 일로 오랜 세월이 걸리기 때문이다. 따라서 나눔의 덕행은 합력하여 선을 이룬다(롬 8:28)는 교훈을 받아, 개별적인 작은 나눔을 모아서 조직적인 자선단체로 만들어 가야 한다. 일시적인 고식책(姑息策, Palliative)은 정부소관이나 오히려 명예를 좋아하는 위선자의 자선행위로 끝나기 쉽다. 한국의 기독교 교단이나 교회들에 의해 파송되어 동남아 곳곳에서 개별적으로 일하는 선교사들 대부분은 시한부 활동을 하는 느낌이 든다.

3) 셋째 법칙: 나눔은 동정이 아니고 투자다. 지혜로운 나눔은 게으른 거지에게 던져주는 일회로 끝나는 것이 아니라, 장래의 생산자를 육성하는 자본의 투자와도 같은 것이어야 한다. 따라서 나눔은 주는 측과 받는 측의 합의에 이루어지는 합자(合資) 회사와 같은 것이다.

4) 넷째 법칙: 명예와 이익을 위한 나눔은 존재할 필요가 없다. 왜냐하면 명리(名利)를 좇는 과욕은 마음의 가난을 파격적으로 멸시하기 때문이다. 지구촌 곳곳에는 '주고받는 규범'을 무시한 이유로 인간다운 존경은 물론 삶 전체를 망친 한때의 지도자들이 많다. 잘 알려진 필리핀 전 대통령 마르코스(F. Marcos)가

집권 20년 동안 미화 수백억 달러를 축적해 미국으로 도피한 1986년, 그 나라 총인구의 54%가 농촌 극빈자였다. 한국에도 과욕으로 가족들과 더불어 유치장 출입을 한 대통령들이 있는가 하면, 뇌물법의 심판을 받다가 자신의 수치에 못 이겨 스스로 목숨을 포기한 대통령까지 있다.

명예와 이익에 눈이 멀면 나눔은 고사하고 흔히 말하는 '쓰레기 인간'으로 전락하게 된다. 진정한 나눔은 마음으로 실행되는 인간이 할 수 있는 덕행 중에 가장 어려운 것이지만 기독교인의 뿌리인 것만은 부인하기 어렵다.

제13장 인생은 만남의 연속

군주는 민심을 만남으로 성군이 되는데 반하여
세속군주의 폭군은 혈육의 만남까지도
차단함으로 장기 집권을 하려 한다

필연적인 만남: 인간의 일생이란 별의별 사람들을 좋든 싫든 여러 장소에서 만나, 웃고 울며 한세상 사는 것이 전부다. 한 쌍의 성숙한 남녀가 만남으로 우리는 세상에 태어나 처음으로 부모를 만났다. 성장하면서 동기간들을 만나고 이웃과 친구, 친척들을 만나고 학교에서는 학우들과 은사들을 만난다. 성인이 되어 생업을 찾아 사회에 나가면 낯선 사람들을 만나 협조 혹은 경쟁을 하면서 살아간다. 이렇게 한 인생은 타의 혹은 자의로 여러 사람들을 만나지만 잘못된 만남으로 고독한 신세가 되기도 한다. 행복과 고뇌의 인생 모두 만남에 있으니 한번쯤은 살아볼 만 하고 재미나는 삶을 꾸려볼 만도 하다.

내 인생이 만남의 연속이었기에, 2008년 나는『인생은 만남의 연속』(2008년)이라는 제목으로 책을 출판한 바 있다. 나는 시골에서 태어나 조실부모한 탓에 우여곡절이 많았던 소년시절을 보냈지만, 우연치 않은 만남들로 동족끼리의 전쟁에서 살아남아 자유의 나라에서 만학까지 할 수 있었다. 또 그러한 만남으로 인해 여러 지구촌에서 색다른 사람들과 함께 하고 싶은 일을 마음껏 하면서 젊음을 보낼 수 있었다.

인간은 누구나 일생을 통해 행복한 삶을 크게 좌우하는 세 번의 만남이 있다고 한다. 첫째는 세상에 자기를 존재토록 한 부모님과의 타의(他意)적인 만남, 둘째는 자기와 함께 백년해로를 만들어갈 배우자와의 자의(自意)적인 만남, 그리고 셋째는 생업전선에서 이해관계의 만남이다.

나는 만남이란 비슷한 자품(資稟), 즉 사람 된 도리와 타고난 성품을 지닌 사람들이 서로 좋아하고 이해하는 인간의 맑고 깨끗한 행위라고 믿는다. 성품이 안온하고 얌전한 사람은 자상하고 온순한 성격을 지닌 사람을, 선한 마음을 지닌 사람은 정직한 사람을, 게으른 사람은 건달을 좋아하게 된다. 가르치기를 좋아하는 사람들은 학교에서, 예능에 뛰어난 사람들은 연기장에서, 벼슬을 탐내는 사람들은 정가에서, 물욕이 있는 사람들은 장사판에서, 건달은 주먹 판에서, 일하기 싫어하는 사람들은 놀음판에서, 각기 자기가 좋아하는 사람들끼리 끊임없이 만나며 산다.

현대사회는 농경사회와 달리 다양한 취미나 소질을 지닌 사람들을 만날 수 있는 범위가 넓어 삶의 폭까지도 넓어질 수 있다. 반면에 여러 배경과 모양의 사람들이 우리 주변에 수없이 존재함으로 만나는 시간과 장소에 특별히 조심해야한다. 사람을 보는 식별력(識別力, Discernment)이 없으면 만나서는 안 되는 불행한 만남을 포함해, 정가(政街)에 나서서는 절대로 안 되는 정상(政商)모리배까지도 무분별하게 만나게 된다. 전자는 이혼으로 분열하는 가정을 말하며 후자는 국가민족의식이 없는 정치꾼을 의미한다.

신기한 만남: 권세나 귀품을 지닌 사람들은 자기들의 형편과 비슷한 사람들끼리 이해타산에 맞추어 남몰래 어두운 밤에 만난다. 이런 끼리끼리의 만남으로 연고주의가 형성되는 사회에서는 뇌물문화가 쉽게 만들어진다. 이러한 만남은 조선조 500년에 있었듯 해방 후 반세기가 넘도록 한국에서는 변한 것 없이 지금도

존재하고 있다.

다행히도 만남은 공평하게 일생을 통해 누구에게나 기회가 주어지는 듯싶고, 착하고 성실한 사람들은 떳떳하고 자연스럽고 즐거운 만남을 좋아하게 마련이다. 만남에는 인간의 지식으로는 이해되지 않은 초인간적 만남으로 삶이 변화되는 경우도 흔히 있다. 누군가 예정한 것이 아니면 불가능한, 결코 우연한 만남은 아니라고 믿게 만드는 신기한 만남들이다. 갈릴리(Galilee)호수의 어부형제인 베드로(Peter)와 안드레(Andrew)는, 예수를 만남으로 '사람을 낚는' 예수님의 제자로(마 4:19) 평생 복음을 전파하며 살았다.

그리스말을 하는 유태인(Hellenists)들에게 예수를 믿게 했다는 이유로 기독교인들을 핍박하며, 스데반(Stephen)을 돌로 쳐서 죽이기까지 한 유태의 율법박사(Rabbi)인 사울(Saul)은 다메섹(Damascus)으로 가는 노상에서 주님이 부르는 소리에(행 9:5) 복음을 영접했다. 바울(Paul)이라는 이름으로 다시 태어나 주님의 충성된 사도(使徒, Apostle)로서 수많은 고난을 감수하며 한 세상을 살다갔다. 그의 끈질긴 전도여행을 통해 이방인(異邦人, Gentiles)들을 위한 교회들이 동서에 설립되었고 기독교는 한 유태교종파(Jewish Sect)가 아니라 오늘과 같은 세계적인 종교로 전파되었다.

아일랜드 출생 희극작가이자 웃음의 철학자로 잘 알려진 싸우(George B. Shaw, 1856-1950)는 가난하게 태어났다. 어머니를 따라 영국까지 왔으나 학교진학을 못한 채 낮에는 일하고 밤에는 글을 써서 23세부터 출판사에 보냈지만 수입이 연 10실링을 초과하지 못했다. 하지만 그는 1925년 당당히 노벨문학상을 받았는데 그 이유는 그의 나이 39세 때 한 잡지(Saturday Review)사의 편집장인 해리스(Frank Harris)를 만났기 때문이다. 그를 만난 후 극장평론(劇場評論, Theatre Critic)을 하게 되고 자기

작품들이 희극으로 공연되는 기회가 주어졌다.

앨라배마에서 태어난 47세의 아프리칸 아메리칸 여성 라이스(C. Rice)박사는, 한때 백악관에서 이라크전쟁을 치루는 대통령과 국무장관 그리고 국방장관 사이에서 일하는 조용한 권력자로 정평이 나있었다. 그녀가 막강한 부시대통령의 오른팔이 된 것은, 1984년 스탠포드(Stanford)대학에서 있던 한 강연장으로부터 시작되었다. 소련학(Kremlinology)을 전공한 라이스는 세계적인 무기 제한(Arms Control)에 관해 당시 백악관 국가안전보좌관(Brent Scowcroft)과 맞서 심각한 토론을 벌인 것을 계기로 대통령에게 소개된 것이다. 그 일로 크렘린(Kremlin)이 무너질 때 백악관에 등용되어 소비에트(Soviet)와 동유럽 문제를 주관했고, 나중에는 국무장관으로 임명되어 세계 여러 나라의 수상들과 만나는 유일한 흑인 여성이 됐다.

누구나 일생을 걸쳐 상정(想定, Imagine)치 못했던 만남이 알게 모르게 있었다고 본다. 나도 18살 때 야학에서 첫 번째 만남이 있었다. 당시 숙부님 댁에 얹혀 머슴 아닌 머슴 일을 하고 있던 나는, 가난 때문에 학교에 진학하지 못하는 청소년들을 위해 열린 야학에 나가고 있었다. 1949년 추수가 끝난 어느 날 저녁 야학에서 농업은행 서기로 일하는 김복동 선생을 만나게 되었다. 그는 나에게 북조선 중앙은행에서 국비강습생을 모집하는데 한 번 응시해 보라고 했다.

다행히 심사를 포함한 모든 수속절차가 무사히 끝나자 나는 6.25가 도발하던 해인 1950년 정월 초, 식구들이 아직 잠자리에 있던 추운 새벽 가출 아닌 가출을 감행했다. 평양에서 3개월간의 훈련을 마치고 나니 원산 중앙은행에서 군부대와 국영기업체의 자금조달을 담당하는 중책 회계원으로 발령을 받았다. 이 일은 내가 인민군입대에 면제되는 계기가 됐는데, 고향에서 내 또래 사람 중 나만이 유일하게 전쟁에서 살아남았다.

만남의 정: 모든 만남은 크고 작은 인연과 추억을 만들어주니 좋다. 이런 인연은 자석처럼 당기는 힘으로 전환되고 그 힘은 정을 유발시켜 또 다른 만남의 기회를 만들어 준다. 미국의 큰 자선가로 알려진 두 갑부 버핏과 게이츠의 처음 만남은 10시간이나 계속되었다. 사전에 계획한 30분의 20배가 되는 긴 만남이었다. 그 말은 서로에게 당기는 힘이 그만큼 있었다는 뜻이기도 하다.

어둑어둑한 시각이 되면 이별을 경험한 사람들은 만남에 대한 갈망이 커지고 더욱 그리움에 젖는다. 만나고 싶은 사람을 만나지 못하면 사모(思慕, Longing)라는 병에 걸려 생기를 잃게 된다. 이것이 인간과 다른 동물들과 다른 점이다. 한반도는 만나야 할 사람들이 만나지 못해서 생긴 병으로 알게 모르게 신음하는 사람들이 유난히 많은 특별한 곳이다. 38선 이북에 있는 고향을 불가피하게 떠났으나, 반세기가 넘도록 간절히 만나고 싶은 가족들을 만날 수 없는 불행한 실향민들이 많다.

지구의 70억에 가까운 사람들 중 유일하게 이들 실향민만이 같은 혈육끼리도 마음대로 만날 수가 없다. 뿐만 아니라 그렇게 흔한 전화목소리 한번 나눌 수 없다. 내가 이민생활을 하고 있는 미국 북 캘리포니아 샌프란시스코 근처에는 300개에 가까운 이민교회가 있다. 주일이면 만남을 갈망하는 사람들이 교회에 모여 고국에 대한 망각과 단념이라는 약물로 사모의 병을 달래고 있다.

만남으로 만들어 가는 것이 인생인데 누가 무슨 권리로 혈연간의 만남마저 무력으로 금지시킨단 말인가? 감옥에 갇혀있는 살인범에게도 만나고 싶은 사람을 만나게 하고, 수십 년 만남을 방해하던 베를린장벽도 무너져 만남을 그리워하는 사람들이 웃는 얼굴로 오고가고 있다. 한때는 수많은 목숨을 희생시키면서까지 전쟁하던 나라들도 서로 화해하고 함께 잘 살자고 경제협력까지

하고 있는 좋은 세상이다. 인생에 있어서 만남은 필연적인 천리(天理, Natural)로 이런 만남을 방해하는 처사는 틀림없는 하늘의 노여움을 받는 죄가 될 것이다.

남남끼리 만남일지라도 성숙한 인선(仁善, Benevolence)을 지니면 서로 덕이 되지만, 혈연일지라도 인성을 잃으면 반목의 대상이 되는 것이 만남의 속성이다. 세상 사람들이 자유를 좋아하는 이유는 만나고 싶은 사람을 언제나 어디서나 만날 수 있기 때문이다. 그러나 짐승들처럼 자유의 진가를 모르거나 인성이 결핍되어 있으면 아무리 귀한 만남의 기쁨이라도 영영 느끼지 못할 것이다. 서로 인간됨을 존중하는 인성이 갖추어지면 미국의 도시에서와 같이 문화적 배경이 다른 다양한 인종끼리도 자유롭게 만나가면서 웃으며 지내는가 싶다.

제3부 인생의 등불 : 훈계와 교육

제14장 기독교인의 절제

무정하며 원통함을 풀지 아니하며 참소하며 절제하지 못하며
사나우며 선한 것을 좋아하지 아니하며 (딤후 3:3)

절제란: 검소함을 토대로 꾸려가는 절제생활(節制生活, Temperate Living)에는 알뜰한 마음가짐이 우선이다. 그것은 시대와 환경에 알맞게 조절하며 방종하지 않도록 자기 욕망을 제어해가며 사는 것을 의미한다. 절제에는 크게 두 종류의 의미를 내포하고 있다. 첫째는 일반적으로 알려진 절식이나 절욕(節慾)으로 소비생활에 있어서 적당한 억제를 뜻하며, 둘째는 온당한(Moderates)의식으로 냉정하고 온전한 마음으로 사는 것을 말한다. 우리에게 절제가 필요한 것은 인간에게는 다른 생물들과는 달리 욕심이라는 것이 있어서 식욕을 포함해 만족한 선이 분명치 않기 때문이다. 아프리카의 맹수일지라도 배가 부르면 더 이상 약자의 사냥을 하지 않지만 사람은 그렇지 않다. 그래서 포식 혹은 과식과 같은 말이 생겼을 것이다. 인간의 욕심은 한이 없는데 반해 그 욕구를 채워줄 여건이 늘 보장되어 있지 않기에 절제는 불가피하다.

요즘 미국신문에는 100년이 넘도록 상승일로에 있었던 GM자동차 회사가 도산 일보직전에 있다고 야단법석이다. 이 회사가 최초로 만든 자동차(Oldsmobile)한대를 구입하는 데는 무려 47개월간 일을 해야만 했으나, 한 세기가 지난 2000년에는 5개월 정도 걸린다는 '미국경제 발전 100년사'(1900-2000)의 도표를 본적이 있다.

세계경제는 큰 전쟁을 수차례 치루면서도 계속 성장했으며, 지구상의 많은 후진국들도 그 영향을 받아 개발도상국으로 입지를 세워가고 있다. 발전하며 성장해가는 과학기술은 60여 년 전에 분단된 나의 조국 한반도 대한민국에까지 스며들었다. 우리는 이제 국내총생산(GDP)은 세계에서 9번째, 인터넷과 휴대전화 소지자는 세계 1위 그리고 행복지수는 26번째를 차지하는 경제 강국으로 등장하게 됐다.

경제성장은 풍요로운 생활여건을 가져다주는 대신 많은 생태계 파괴를 가져왔다. 우리가 말하는 자원의 고갈과 환경오염이 바로 그것이다. 이외에도 경제성장은 민족의식이나 윤리도덕성을 포함해 가치관, 종교관, 국민정서, 준법정신 등 여러 면으로 사회생활을 혼돈케 하고, 또 인성(人性)까지도 잃게 한다. 예를 들면 지능지수(IQ)가 세계 1위인 한국은 이혼율과 교통사고율이 세계 1위, 그리고 흡연인구는 세계 2위에 이어 음주인구도 미성년에서부터 중고등부 여학생 그리고 부녀자들에 이르기까지 그 범위가 확산되고 있다. 얼마나 한국 사회에 사치와 부패가 만연되어 있는가는 시가로 2억 원짜리 시계를 생일선물로 주고받는 기업인과 공직자가 있다는 것만으로도 쉽게 짐작이 간다.

2007년부터 시작한 경제 불황이 지구촌 곳곳을 휩쓸어 일터와 집을 계속 잃고 있다. 개발도상국은 물론 선진공업국도 공포에 떨고 있는 이때야 말로 우리 모두가 절제생활을 한번 고려해볼 필요가 있다고 생각한다. 국가나 사회 그리고 사람들의 처지에 따라서 다를 것이나, 절제란 소비생활의식을 대표하는 것으로 지금이야말로 우리 모두 선조들처럼 검소하고 절약하는 생활로 돌아가야 할 때다.

알뜰한 마음: 기독교인이 절제생활을 해야 하는 첫 번째 이유는 알뜰한 마음을 지니기 위해서다. 알뜰한 마음이란 불충분한

것일지라도 함부로 쓰지 않고 아끼고 저축해서, 더 소중한데 사용하는 인간의 지혜다. 풍부한 것일지라도 아껴 쓰지 않으면 남을 도와줄 것은 언제나 불충분하다. 사도 바울이 언급한 것처럼 선한 일을 하려면 절제가 필요하다.(딤후 3:3) 자기 것을 알뜰하게 관리하지 못하는 사람은 남의 것도 소중히 생각하지 못한다.

검소한 생활만이 우리인간은 교만에 빠지지 않고 겸손한 마음을 지킬 수 있게 한다. 내게 있는 것을 모두 내 것으로 여기고 수돗물처럼 펑펑 쓰다보면, 우선 소유하고 있는 것에 대한 고마움을 잃게 된다. 땀을 흘려가며 정성으로 번 것일수록 알뜰하게 쓰게 되고 감사하는 마음이 생긴다. 그와 반대로 불로소득, 즉 '거저 얻은' 것을 소비하다보면 고마움을 알 수가 없다.

소비생활의 의식만으로도 한 인간의 됨됨이와 한 사회가 얼마나 건전한지를 알 수 있다. 모자라는 것도 아까운 것도 없이 흥청망청 써버려도 남는 것처럼 산다면 문제가 아닐 수 없다. 음식도 술도 절제 없이 먹고 마시고 취해서 자신도 모르게 남을 비방하면서 사는 것을 생활처럼 여기며 산다면 심각한 문제다. 국민의식 속에 알뜰한 마음이 있다는 것은 내일을 염려하며 책임을 느끼는 희망적인 인간의 생활 자세다.

온당한 삶: 비록 자기의 소유물이라도 사리(事理)에 어긋남이 없고 합당하게 사용하면서 사는 삶이 지혜로운 절제생활이다. 갖춘 것이 별로 없는 사람이 체면을 따라 남과 비교해서 살다보면 심리학에서 말하는 '열등의식'이 생긴다. 바깥 치장에 치중하다보면 온당한 생활대신 낭비생활로 바꾸어져, 뱁새가 황새걸음을 따라가는 격이 된다. 은행돈으로 집과 자동차를 몇 개씩 살 수 있는 사회지만, 절제되지 못한 생활을 계속하다보면 언젠가는 파산이 찾아오게 된다.

미국 소도시의 단독주택에는 대체로 2-3대의 자동차를 주차

할 수 있는 차고가 붙어 있다. 집집마다 1-2대의 자동차는 늘 길가에 서있는데, 차고에는 월부로 구입한 최신제품들에게 밀려 옛날 물건들이 그 자리를 차지하고 있기 때문이다. 유행 따라 살아야하는 현대인의 모습이기도 하다. 2008년부터 시작한 세계적인 금융파동과 경제 불황은 미국시민들에게 온당한 삶을 촉구하고 있다. 그 증거로 소비수준은 낮아졌지만 저축이 급격히 증가했다는 보도다.

검소한 삶: 널뛰는 것처럼 오르내리면서 성장하는 것이 경제라고 하지만, 최근에 보는 경제공황은 무섭다 못해 공포를 느끼게 한다. 전염병처럼 지구촌 곳곳에 전파되어 은행의 돈은 바닥이 나고, 회사들은 빚진 돈을 갚지 못해 파산하여 무더기로 실업자가 속출하고 있다. 저당 잡힌 주택들이 무자비한 입찰을 거쳐 헐값으로 팔려나가는 등 좋은 소식은 하나도 없다. 나라마다 적절한 부양책을 만들어 자금을 지원하지만, 가진 자나 없는 자나 할 것 없이 모두가 허리띠를 줄이면서 경제가 다시 회복되기를 기다리는 인내만이 남아 있다.

경제 불황은 정가의 실책도 특정한 몇몇 기업인들의 실수도 아니다. 원망하는 사람도 원망할 사람도 없어야 하는 소비자 모두의 잘못이다. 10여 년 전 아시아를 휩쓴 IMF라는 강풍이 연고주의경제에 경고를 했다면, 최근의 공황은 검소한 생활의식을 잃은 세계사람 모두에게 새로운 생활철학을 가르치는 것 같다. 하늘 높은 줄 모르고 오를 줄만 알았기에 빌린 돈으로 사들인 대궐 같은 집에서 호의호식하든 가정들은 물론, 은행돈에 얽힌 빚더미 기업체들이 자산을 뺏기는 유질(流質, Foreclosure)을 당하고 있다. 기업성장은 돈 많은 소비시장에 의존하는데 그 시장을 구성하고 있는 소비자들에게 돈을 빌려주는 은행들이 바닥이 났기 때문이다.

국가와 기업체들 그리고 그 조직들을 운영하는 사람들 모두 남의 돈으로 분수없이 호사하고 사치스러운 생활을 해 오고 있는 것이 바로 그 원인이다. 세계경제대국이라는 미국의 경우, 2009년 초 민주당정부가 시작할 때 나라 빚은 국내총생산(GDP)의 40.8%, 그리고 2008년 말 지불기간이 넘은 크레디트 카드 연체총액은 6,040억 달러였다. 지난 8년간(2000-07) 미국가정의 부채총액은 13조 달러에 도달했다는데 그 금액을 가구당 계산하면 약 3만 2천 달러다. 이에 비해 한국인의 빚은(2009) 가구당 421,4만원(4만 2천 달러) 그리고 일인당은 146,2만원(약 1만 5천 달러)나 된다고 한다.

제2차 대전 후 네 번째(1975, 1982, 1991, 2008)로 다시 찾아온 이번 경제공황은 미국시민들에게 삶의 가치관을 새롭게 해주고 있다. 지난 수개월동안 저축률이 1%에서 4%로 급증하는 반면, 설문조사에서 크레디트 카드를 지참하지 않겠다는 소비자가 63%에 이르렀다. 응답자의 88%는 더 많은 저축을 위해 자녀들에게 주는 용돈뿐 아니라 외식과 휴가도 줄이겠다고 한다. 이런 것이 바로 실용주의 사회 미국인들이 지닌 절제의식 아닌가 싶다.

공존(共存)의식: 사람들은 누구나 물질적으로 풍부하고 정신적으로 행복해 지기를 원한다. 극빈자들은 먹을 것을, 하루하루를 사는 사람은 부자가 되기를, 그리고 부자는 거물급 갑부가 되어 더 호강하고 더 사치스러워 지기를 원한다. 이러한 욕구를 충족시켜 주는 것이 경제활동인데 여기에는 자본, 기술, 노동 외에도 에너지와 같은 수많은 천연자원을 투입하게 된다.

인간의 유일한 서식처인 지구의 자원은 태양에너지를 제외하고는 모두 한정되어 있는데 반해 두 에너지법칙에 의해 제재를 받는다. 첫째는 자원의 고갈이고 둘째는 한번 써버린 자원의 폐기물이다. 세계 사람들 모두가 염려하고 있는 물과 대기오염, 온난화 현상도 그 폐기물문제에 속한다. 나는 나의 저서『신음하는 지구촌』(1994)에서, 제한된 자원으로부터 얻은 것을 필요이상 소유하는 사치스러운 인간의 행위를 '생태학적인 죄'(Ecological Sin)라고 정의한바 있다.

경제활동이 크면 클수록 자원의 고갈과 쓰레기는 예외 없이 많아진다. 이 두 종류의 피해를 총괄해서 인간 스스로가 만든 재해, 즉 인재의 범죄는 미개발국에 비하여 경제대국이, 농촌에 비하여 도시가, 노인에 비하여 젊은이가 그리고 저소득층보다는 부자가 더 많이 범한다. 왜냐하면 그들의 소비량이 크기 때문이다.

인구증가와 무절제한 소비생활이 계속된다면 언젠가 경제성장은 자동적으로 '환경의 저항' 이라는 지구의 한계(적재량, Carrying Capacity) 때문에 할 수 없이 멈추게 된다. 따라서 인간에게 남는 것은 자의적으로 절제생활을 하면서 경제성장을 지혜롭게 늦추어가는 것뿐이다. 그 시기를 놓치면 인간사회는 타의적으로 중단을 당하게 되고 결과적으로는 환경의 저항으로 불화와 붕괴를 맞게 될 것이다. 무분별한 소비의식이 기독교인들에게 주는 또 다른 경고는 내가 많이 소비할수록 이웃이 소비할 물량이 적어진다는 사실을 깨닫는 일이다. 왜냐하면 지구의 적재량은 한계가 있기 때문이다.

농경사회에서 살아온 우리 선조들은 대야에 물을 담아 손을 씻고 세수를 한 후 발을 씻었으며, 그 물에 걸레를 빨아 마루를 닦은 다음 마당에 뿌려 먼지가 안 나도록 했다. 나는 이렇게 알뜰하게 자원을 이용하는 것이 지혜로운 기독교인들의 알뜰한 절제생활이 아닌가 싶다.

제15장 의구심과 학구적 태도

그러나 내가 주께 질문하옵나니 악한 자의 길이 형통하며
패역한 자가 다 안락함은 무슨 연고니이까 (렘 12:1)

'왜'라는 질문: 눈에 보이는 세상의 모든 것들은 쉬지 않고 변한다. 눈에 보이는 건물, 신문잡지에 선보이는 온갖 신제품들 그리고 아이들이 좋아하는 완구와 약국의 감기약까지도 어제가 멀다고 새것으로 변해 간다. 우리의 생활신조와 가족제도까지도 알게 모르게 변질되고 있다. 이 모든 새것들은 '왜'라는 마음의 의문을 기초로 후손들이 만들어낸 것들이다.

이렇게 변하는 원인은 인간만이 지닌 지혜에 더해 얻어진 숙련이 결합해서 만들어진 기술 때문이다. 지혜와 숙련이 있어 인간은 조물주의 뜻대로 만물을 다스려가면서 스스로가 번성해 간다. 따라서 기술은 인간 고유의 것으로 개개인이 획득하고 사회적으로 확보해서, 천재와 인재의 역경을 극복하며 오늘 같은 찬란한 인간문화를 만들어왔다.

과학이나 기술을 체계적으로 따지고 보면 왜라는 물음으로 시작한다. 인간에게만 주어진 호기심은 알고자하는 학습행위를 유발시켜 왜라고 물으며 배우고 익혀나가는 동안 이치를 깨닫게 된다. 인간은 이렇게 수동적으로 배우고, 익히고, 반문하며, 모방하던 위치에서 배우고 물었던 것에 대해 비판하는 능동적인 행위로 변해 필요에 따라 취사선택하며 새로운 의미를 만들어 간다. 다시 말하자면 학문은 질문하고 반문하며, 혹은 선배들의 경

험에서 얻은 지식을 쌓아가며 결국 자기 자신의 만족으로 새로운 것에 도달하게 된다.

새로운 것이란 알고 보면 옛것에 왜라는 의문과 반성을 기초로 만들어진 것이다. 전통이란 고수(固守)해야 하는 것으로 생각할지 모르지만 그것에 의심하고 왜로 반문하지 않는다면 새것도 개혁도 생각할 수 없다. 그래서 어느 학자는 '창조는 전통의 아들이며 전통은 창조의 어머니'라고 했다.

창조란 어제까지 없었던 새로운 생각이나 물건을 만들어서 새로운 문화를 추구해 나가는 것이다. 대체로 학구적인 사람들은 심리학적으로 매우 비동조적이고 관례의 풍습을 좋아하지 않는다고 한다. 이들은 추상적이고 복잡하고 애매한 사고를 기피하지 않고 도전하는 용기 있는 사람들로, 삶의 목표가 자신의 안위가 아니어서 명분이나 권위에 대해서도 순종하거나 예속되기를 싫어한다.

왜를 싫어하거나 허용하지 않는 사회나 조직체가 발전성장을 위한 새것이 없는 이유는 개성을 지닌 사람들은 환영받지 못하기 때문이다. 그런 환경에서 왜라는 반문은 집권자로부터 빈척(擯斥)을 당하고 순종하는 사람만이 신복자로 살아남는다.

왜(Why)라는 질문: '왜'라는 단어는 기사를 쓰는 사람들이 뉴스를 보도할 때 반드시 기반으로 해야 하는 여섯 가지 기본요소 중 하나다. 즉 육하원칙 중 하나로 의문을 나타낼 때 혹은 원인을 알고 싶어 할 때 쓰는 말이다. 우리는 일상생활에서 경험하는 일들 가운데 상식적으로 믿었던 일들이 생각대로 잘 안되거나 빗나갔을 때 흔히 왜라고 의문을 표시한다. 왜라는 말은 질문, 의문, 격분, 의분 혹은 환성을 대신할 때도 있고, 때로는 인재나 천재(天災)가 그 원인을 추구하는 동기로도 사용된다.

성장하는 청소년 중에도 "왜요?"라는 질문을 유난히 많이 하는 학생이 있는가 하면, 한 학기 한 학년이 다 지나가도 질문 한 번 안하고 학교를 다니는 아이들도 있다. 가르치는 사람의 입장에서 보면 어느 문제 하나 그냥 넘어가지 않고 "왜요?"라고 질문하는 학생은 귀찮은 존재일지 모른다. 하지만 무엇을 더 깊이 그리고 정확히 알고자하는 추구심이 강한 젊은이들의 힘으로 나라는 발전한다. 질문 없는 학생들은 교사가 가르치는 대로 순종하여 암기만 잘하면 우수한 학생이 되나 그러한 제자들은 평생을 살아도 선생의 지식을 넘지 못하게 된다. 선생의 지식수준에 머물게 된다면 그 제자들이 만든 인간사회는 발전을 못하고 그것으로 침체하게 된다.

정가의 공인들이나 관료들 혹은 기업의 경쟁자들 사이에서 선배보다 특출한 후배들이 있다면 그들은 틀림없는 경계의 대상이 된다. 그러나 세상의 모든 부모와 스승들은 자녀나 제자들이 자기들보다 월등하게 앞서가기를 바라면서 고심한다. 새것은 옛것으로부터 태어나므로 옛것에 의심하고 반문하지 않는다면, 참다운 새것은 물론 개혁도 변화도 없고 인간사회는 발전하거나 성장하지 못한다.

사과가 익으면 나무에서 떨어지는 것을 본 사람은 영국 사람들뿐만이 아니고 동양 사람들 중에도 수없이 있었을 것이다. 그들 모두는 사과가 나무에서 떨어지는 것을 당연히 여기며 의심의 여지는 없었을 것이나 뉴턴(Isaac Newton)은 달랐다. 이 평범한 사실에 '왜'라고 반문해 1687년 '만유인력의 법칙'(Law of Gravitation)을 발표했다. 왜라는 질문이 귀찮은 질문일지라도 세상이 전진하고 발전하는 데는 불가피한 절차다.

'왜'가 없는 사회: '왜'라는 낱말이 존재하지 않는 조직체는 자기 혼자만이 옳다고 생각하는 독선자의 집권으로 이루어진 사회다. 개개인의 의견이 무시되거나 인정받을 기회가 주어지지 않는 사회다. 내가 성장한 농경사회에서도 온 식구들이 같은 밥상에 모여 앉아 음식을 나누었지만 식탁에서 대화는 용납되지 않았다. 저녁식사 후 늘 있는 대화에도 어린이들은 대화에 참여하지 못했다. 그것이 '불변의 예의'로 그 사회에 살던 사람들은 누구 하나 왜라는 질문 한마디 못하고 성장했다. 그 탓인지는 알 수 없어도 우리세대의 한국사회에는 '이야기 문화'가 없었다. 마음 문을 열고 흥미 있게 이야기를 나누는데 모두 인색하다. 한국에 토론문화가 성숙하지 못한 탓에 민주주의가 성장하는데 많은 세월이 요구된 것은 아닌가 싶다.

유교사회에서는 일반가정의 부녀자는 물론 농사나 장사를 하는 사족(士族)의 아낙네들도 사대부 문전(門庭)에서와 마찬가지로 동등한 처지로 나누는 대화가 없었다. 물론 왜와 같은 물음은 당연히 있을 수가 없었으며 시어머니의 절대적인 지배하에 있던 며느리의 처지도 그러했다. 그들에게 허락된 것은 대꾸도 조건도 없이 다만 순종하는 것뿐이었다. 그렇게 나의 어머니와 누님 그리고 많은 부녀자들 모두 생각에 왜라는 의문 하나 품지 못하고 한 세상을 살다 가셨다. 다시 말하면 한 인간의 인격이 고스란히 박탈당한 채 새것 없는 세상을 살다갔다는 뜻이다.

식민지치하에서는 물론 공산주의를 포함한 세습군주전제에서는, 봉건사회의 전체주의 체제처럼 개개인의 의사표시나 대화는 전혀 용납되지 않는다. '아랫것'들은 '윗사람'에게 무조건 복종하면서 살아야했다. 그런 집단조직이나 정치체제에서 해방된 사회가 오늘 세계의 많은 사람들이 즐기는 민주주의 정치체제다.

성군과 폭군차이도 백성들의 생활 속에 얼마나 '왜'가 허용되었느냐에 달렸다. 의사소통 속에 당연히 있어야만 하는 '왜'는 보잘것없는 낱말이지만, 그 사회에서 허락된 자유의 존재를 뜻하기 때문이다. 교사에게 질문을 많이 하는 학생이 귀찮은 존재이듯, 독선적인 집권자는 왜라는 의문을 허락할 수 없다. 그래서 그들은 왜를 엄청나게 좋아하는 지식인들을 싫어하며 배척할 수밖에 없다. 그런 지식인들을 싫어하는 조직체가 우리 주변에도 있는데 바로 세습공산주의 권위독재정체와 사이비종교단체(Cult)다. 이런 사회에서 왜라는 말은 용서 없는 추방의 대상이다.

'왜'가 허용된 사회: 우리의 삶에는 보통 상식으로는 이해가 안 되는 일이 종종 발생한다. 사랑하는 사람이 어느 날 불치병이라는 진단을 받는다든가, 혹은 번성하던 사업이 하루아침에 파산을 당하는 등 예기치 못한 일은 늘 일어난다. 그때는 왜 이런 일이 나에게 생기는지 의문을 품게 되고, 그 원인이 무엇인지 정확히 알아보려고 갖은 애를 쓴다. 이것이 바로 사람의 마음을 움직이며 진실과 정의를 추구하려는 생각을 품게 만드는 인간만이 지닌 호기심 혹은 추구심이다.

중세 천년 동안 기독교 교리에 봉건적인 교육을 받으면서, 높고 두터운 성벽 안에서 안일한 잠에 취에 있던 온 유럽 사람들 가운데도 왜라는 자문을 한 사람들이 있었다. 독일의 종교개혁자 루터(Martin Luther)가 로마 천주교회에서 판매하는 '면죄부'에 대해 왜라는 질문을 못하고 무심했다면, 1517년 비텐베르크(Wittenberg)성벽에 항의문을 붙이지 못했다면, 어떻게 종교개혁은 성사될 수 있었겠는가? 그에게 왜가 없었다면 우리는 지금도 교회를 위해 존재할 뿐이고, 인간의 모든 행동은 교회의 감독과 지시를 받고 있을 것이다. 국가 원수는 교황의 지배를 그리고 국가는 교회의 지배를 받고 로마교회의 '면죄부'를 계속 구매하며 신앙생활을 하고 있었을지도 모른다.

이탈리아의 콜럼버스(Christopher Columbus)는 유럽 사람들에게 탐험, 개척 그리고 식민지정책의 길을 최초로 고취시킨 사람이다. 그가 경외서(經外書, Apocryphal)에서 암시하는 지구는 둥글다는 상상에 빠졌던 덕분에 아메리카라는 신대륙을 발견한 위대한 탐험가가 되었다. 사가들에 의하면 그는 항해를 시작하면서 스페인어를 배우기 시작했다는데, 독창적인 성품을 가진 그가 지닌 풍부한 상상력이 그를 그곳으로 이끌었으며 그가 발견한 신대륙은 수학의 지식이나 지도가 아니라 예루살렘에서 존경받았던 선지자 이사야의 말씀에 의한 것이었다.(사11:10-12)

나는 1970년대 초 WHO의 일로 동쪽 아프리카 탄자니아에서 4년을 지낸 적이 있다. 적도 남쪽에 길게 뻗어있는 그 나라의 가장 큰 두 도시, 다르에스살람(Dar es Salem, 탄자니아의 옛 수도)과 탄가(Tanga)는 인도양을 끼고 예쁘게 자리를 잡고 있었지만 야자나무가 없는 것이 특징이었다. 많은 관광객이 사파리와 마사이족이 사는 것을 구경하러 이 나라를 찾아왔지만 누구도 왜 이 도시들에 야자나무가 없느냐고 질문하는 사람은 많지 않았다.

사실 거기에는 큰 이유가 있었는데 기원은 북쪽에 위치한 탄가에서부터 시작한다. 1920년대 초 영국군이 이 도시에 주둔하고 있었는데, 말라리아환자가 하도 많이 발생하자 균을 옮기는 모기를 피해 저녁이면 군인들을 배에 태워 먼 바다에서 밤을 지내도록 했다. 한편 영국 본토로부터 말라리아 전문가(Dr. W. H. Haworth)를 초청해 방제작업을 실시했으나 사정은 변하지 않았다. 전문가는 고심 끝에 야자나무의 수관(樹冠, Crown)에 고인 빗물에 모기가 발생할 것이라고 생각했다. 그가 현지인 보좌관에게 야자나무 꼭대기의 수관을 조사해 보라고 하자, 전문가의 생각대로 수관에는 크고 작은 장구벌레가 번식하고 있었다. 그는 즉시 야자나무를 벌목시키고 이 사실을 영국의 유일했던 열대의학 학회지에 발표하여(1924) 많은 전문가들의 주목을 받았다.

이로 인해 다르에스살람의 전문가와 보좌관 세프(Sefu)는 함께 승진하여 같은 일을 계속했는데, 어느 날 아침 영국총독(British Tanganyika Territory)의 부인이 뜰에 나와 아침커피를 마시면서 궁금증을 가졌다.

"왜 저렇게 아름답고 키가 큰 야자나무들이 자취를 감추고 있지?" 그녀는 집에 돌아온 후에도 총독에게 같은 질문을 하며 실험의 재확인을 요구했다. 다음날 특별 조사반이 구성되어 별도로 야자수 수관들을 조사한바 장구벌레가 발생하는 야자나무는 찾아볼 수 없었다. 이 조사로 매우 난처해진 전문가는 우간다(Uganda)로 피했다가 자동차 사고로 사망했고, 그 소식을 전해들은 보좌관은 자기 상관을 즐겁게 해주기위해서 거짓으로 장구벌레를 잡아보였었다고 고백을 했다고 한다.

자정을 위한 '왜': 자정(自淨)이란 개개인이 자체 내의 나쁜 부분을 자력으로 없애는 일이다. 그것은 마치 종교인들이 생활을 고백 혹은 회개하듯, 어떤 잘못도 숨기거나 지나치지 않고 왜로 반문하여 올바르게 고쳐나가는 것이다. 그래서 왜라는 질문은 자문의 수단으로도 우리의 삶속에 늘 함께 있어야 한다.

나는 지난 연말 10년 만에 내가 난민생활을 했던 제2의 고향인 서울을 방문했다. 친척과 친지들을 만났고 촛불광장과 청계천에도 가 보았으며 옛날 다니던 교회에서 주일 예배도 드렸다. 곳곳마다 눈에 보이는 모습들은 모두 크게 변했으나 내게 아직 변하지 않은 것이 있더냐고 묻는다면, 나는 서슴없이 흥청망청한 생활상이라고 말할 것이다.

내가 본 한국사회의 모습은 반세기 전과 조금도 다름이 없어 보였다. 세계가 경제 난국에 봉착해 한국수출산업도 타격을 받아 일자리가 없어져간다고 야단을 하면서도, 의중에 왜라는 자문으로 해결책 모색은커녕 남의 탓으로 원망만 하고 있었다. 더러는 한국의 불황을 마치 미국 쇠고기가 한국 '촛불 병'을 만들었다고 믿듯 미국 탓으로 생각하는 지식인들도 있었다.

흥청거리는 삶을 '왜'라는 말로 자문해보면 근검한 생활이라는 답을 얻게 된다. 제2차 대전의 패망국인 일본과 독일은 부지런하고 소박한 국민성으로, 절약과 저축을 하며 전쟁이 남긴 황폐와 수치로부터 속히 회복하고 경제 선진국으로 등장하였다. 경제개발을 이룬 오늘날에도 국민들은 근검절약으로 자본을 비축해가고, 오늘날 세계화는 소비시장을 만들며 사치생활로 유혹하지만, 독일을 위시한 유럽의 여러 선진국들과 일본 국민들은 지금도 다름없는 근검한 생활을 견지하고 있다. 이것이 발전한 선진국과 우리가 다른 점이다.

오늘의 우리가 세계적인 경제공황을 당하는 중요한 이유는, 소비자들 분수에 맞지 않은 사치생활로 만들어진 '거품경제' 탓이다. 소비자들이 아무 꺼림이나 분수없이 마음대로 사치에 도취해 흥청망청 살면, 소비생활에 균형이 깨지는 한편 부정부패가 급증할 수밖에 없는 사회로 몰락한다.(계 18:3) 왜 우리 국민은 구습에 대해 의문과 반성을 못하는 것일까? 사회에서 '소금과 누룩이 되어야 하는' 교회는 지금이야말로 근검의 철리(哲理)와 바울이 사도들에게 가르친 절제(행 24:25)에 대해 과외수업을 해야 할 때라고 생각한다.

제16장 말의 미덕과 특혜

의인의 입은 지혜를 말하고 그 혀는 공의를 이르며
그 마음에는 하나님의 법이 있으니
그 걸음에 실족함이 없으리로다 (시 37:30-31)

말의 미덕(美德): 말이란 여러 낱말을 모아 하나의 문구를 만들어 생각하는 뜻을 소리로 전하는 인간만이 할 수 있는 의사소통 방법이다. 다른 동물들도 소리와 행동으로 의사교환을 하지만 인간에 비하면 매우 소극적이며 한정되어있어서 말은 인간에게만 주어진 고유한 보배다. 우리인간은 태어나서 수개월이 지나면 울음과 웃음에 더해 말을 이해할 수 있고 의사표시까지 하게 된다. 몸이 자라면서 마음을 글로 옮겨 쓰고 읽고 하면서, 자기 의사를 제대로 표현할 수 있는 어른이 되고 사회생활을 이어간다.

인간이 사회적인 동물로 끝없이 생육번성하면서 아름다운 문화를 만들어 행복하게 살 수 있는 것도 말이 존재하기 때문이다. 입으로 말을 하고 귀로 들으면서 머리로 이해하는 이야기의 나눔이 있어 서로 돕고 아끼고 사랑하면서 공생을 할 수 있다. 말은 눈으로 미처 표현하지 못하는 것까지 다정하게 귀를 통해 상대방의 가슴 속으로 다가간다. 얼마나 복되고 다행한 일인가!

그러나 아무리 향기가 나는 말이라 해도 사람의 의중에 있는 감정 모두를 정확하게 대신하지 못해 가끔 본의 아니게 잘못 표현하거나 잘못 전달되는 경우가 있다. 오해가 생기면 가정과 친척들뿐 아니라 친구와 이웃 간 그리고 나라의 공물(公物)로 사는 정치인들까지 분쟁하게 된다. 남에게 덕이 안 되는 험담이나 뒷말의 화살은 돌다가 자기가슴을 향해 다시 돌아온다. 이스라엘의 선지자는 교만한 말을 하는 혀에는 재갈(Bridle)을 입에 물일 것이라 했다.(왕하 19:28)

품위 있는 말은 자신의 인격을 나타내고 솔직하게 진실을 말하면 인성과 덕을 갖춘 성숙한 인간으로 살 수 있다. 그래서 선생님들은 다정하고 향기 나는 예쁜 말을 하고 말의 예절을 지켜 성숙한 사회인이 되도록 학생들을 지도한다. 말의 본질을 무시하고 입에서 나오는 대로 남을 비판하거나 책임질 수 없는 말을 하면, 자신을 부정적인 사람으로 만들뿐 아니라 상대를 씁쓸하게 한다. 말은 우리의 일상생활에 기쁨도 슬픔도 줄 수 있기에 인간 고유의 보배를 다듬어가면서 잘 사용해야 한다.

말의 음성(音聲, Phonetic)은 그 모양이나 형태를 눈으로 볼 수 없지만 매우 개성적이며 유전적이다. 아들의 음성이 아버지를 닮는다든가 혹은 형제들의 음성이 비슷한 것은 음성기관(인후, 구강, 비강 등)이 유전되는 것으로 당연한 일이다.

말은 민족을 하나로 묶는 띠와 같고 민족혼(民族魂, National Spirit)을 이어가는 어머니이기도 하다. 남양의 섬나라 인도네시아는 바하사(Bahasa)를 국어로 하여 600여 부족을 통일시켰고, 인도는 힌디(Hindi), 중국은 만다린(Mandarin), 동 아프리카의 탄자니아는 스와힐리(Swahili)를 언어로 통일시켰다.

말은 민족의 흥망성쇠(興亡盛衰)를 거치면서도 후손들을 지키면서 번영 성장해 나간다. 주전 1000년부터 유럽 일대에서 쓰였다는 영어(인도-유럽 어족, Indo-European)는 후손들의 진취적인 발전성장으로, 지금은 6대륙의 작은 마을에까지 스며들어 어린이들에게까지 과외공부로 가르치는 국제어가 되었다. 이와 반대로 국력이 쇠약해지면 그 민족의 언어는 지구상에서 모습을 잃게 된다. 우리 이웃인 여진족(女眞族)이 12세기에 세웠던 금나라의 여진문자가 바로 그 대표적인 예이다. 지구상에는 매해 일곱 개의 언어가 알게 모르게 자취를 잃고 있다는 보고가 있다.

언어는 문화의 한 부분이지만 문화는 언어를 통해 세대를 이어가면서 함께 변해간다. 언어 속에 담긴 낱말, 말투, 어의, 모양 등 모두가 각계각층의 사회 속에서 문화와 더불어 다른 형태로 바뀌어 간다. 이조시대의 언어가 신분제도에 따라 다르듯이, 한반도의 분단 반세기 세월 속에 남한과 북한의 말도 점차 달라지고 있다.

인간만의 특혜: 말을 글로 옮겨 쓰기 시작한 것은 약 5천 년 전이라고 한다. 인류역사의 대부분을 말만으로 의사소통을 하면서 지내왔다는데 지구상에는 현재도 글 없이 말로만 사는 부족들이 많다. 사람은 매일 평균 150마디의 말을 주고받으며 평생 말수는 5백만이 된다고 한다. 오늘날 우리는 통신기술이 만든 디지털문화 속에 살지만, 아직 말만큼 우리의 감정을 자세히 전달하는 쉬운 방법은 없다.

우리는 말로 언제나 쉽게 표현할 수 있어 말이란 무한정하다고 느끼지만, 사실 한 마디 한 마디 만들어 세상 밖으로 나오기까지는 여러 단계의 준비가 필요하다.

물리적으로 음성(Phonetics)이 만들어지려면 우선 몸에 쉴 새 없는 호흡작용으로 흡입되는 산소가 생리적 활동을 하여 이산화탄소로 변해야한다. 폐에서 배출되는 탄소는 호흡기관에서 시작해 좁은 후두(喉頭, Larynx)를 지나면서 진동으로 생기는 소리가 말로 만들어진다. 말은 성도(聲道, Vocal tract)를 통해 입 밖으로 나오는데, 목구멍이나 후두의 크기는 물론 입안, 코, 혀, 이 그리고 입술의 영향을 받아 여러 가지 소리가 만들어 진다.

마음에서 우러나는 감정이나 생각의 뜻을 소리에 접지시켜 만들어 지는 낱말을 가진 점은 동물과는 다른 인간 고유의 특혜다. 낱말이 문법적으로 배열되면 의견이 되어 대화의 매개체(媒介體)역할을 한다. 이렇게 음성에서 말이 생겨 전하는데도 언제나 신경계의 조직적인 충동은 있어야 한다. 말의 뜻이 효과적으로 전해지기 위해서는 주어진 사회에 널리 유행하는 어의(語義, Semantics)를 충분히 고려해야한다.

같은 어의를 지닌 말이라도 지리적 문화적 차이에 따라 조금씩 다른데, 이것이 우리가 알고 있는 사투리 혹은 방언이다. 섬나라 인도네시아에는 울창한 열대림, 섬들을 둘러싼 바다, 높고 깊은 산과 강 그리고 오랜 식민지 정책으로 촌락과 촌락이 지리적으로 격리되어 600개에 가까운 방언을 쓰고 있다. 국제어로 사용되는 영어도 스코티시(Scottish English), 인도(Indian English), 홍콩(Hong Kong Chinese English, 호주(Australia English), 미국남부(Southern American English), 한국(Korean English) 등 수많은 종류로 나뉘어 있다.

말은 생각하는 것을 대신해 밖으로 나타내는 것으로 그 뜻은 말 하는 사람과 듣는 사람에 따라서 다를 수 있다. 특히 문화적 지리적 배경이 다를 때 그러하다. 비엔나 출신 철학자 Ludwig Wittgentein에 의하면 말은 애매할 뿐 아니라 현혹시키거나 반항적일 수도 있다며, 그는 사실과 부합시켜 논리적인 해석으로만이 참뜻을 이해할 수 있다고 보았다. 또 말은 한번 입 밖으로 나오면 돌고 돌면서 부풀어 올라 크게 변질되는 경우가 있다. 그래서 '발 없는 말이 천리를 간다.'는 속담도 생겼을 것이다.

말의 힘: '말 한 마디로 천 냥 빚을 갚는다.'는 속담처럼 말에는 힘이 있다. 말은 실망하거나 약할 때는 힘을 주고 슬플 때는 위로를 준다. 마음에 번민이 있을 때는 등불처럼 마음을 밝혀주기도 한다. 말은 우리에게 용기와 즐거움을 줄뿐 아니라 마음

에 쌓였던 오해와 불만도 해결해준다.

나는 지난 주말 방문한 아들네 식구들과 함께 '아가씨를 부탁해' 라는 비디오 드라마를 밤늦도록 보았다. 큰 기업주의 외동손녀와 그녀의 약혼자인 부잣집 도련님 사이에 끼어있는 그녀의 집사와의 사랑이야기였다. 아가씨는 집사에게 "나는 당신을 위해 병든 할아버지, 대기업의 상속권 그리고 도련님까지도 버릴 준비가 되어있는데, 왜 당신은 나를 떠나가려고만 하느냐?"고 항의했다. "공주님은 버릴 것이 여럿이 있지만 나는 버릴 것이 없어 이 한 몸이라도 버려야 하기 때문입니다."라고 집사가 대답했다. 이 말로 공주는 마음깊이 묻어둔 집사의 사랑을 다시 깨닫게 된다. 얼마나 멋진 말의 위력인가!

가을 햇빛으로 잘 익은 사과는 지닌 색깔만으로도 짐작할 수 있듯 사람은 그 입에서 나오는 말로 사람됨을 알 수 있다. 사람들은 그래서 말을 '인격과 마음의 대변자'라고 부르고 있다.

제17장 골프의 교훈

네가 낮춤을 받거든 높아지리라고 말하라
하나님은 겸손한 자를 구원하시느니라 (욥 22:29)

골프운동: 골프는 넓고 넓은 뜰에서 작은 공을 지팡이 같은 막대기로 때려 날려 보내는 운동이다. 다른 많은 운동과는 달리 움직이지 않고 정지되어 있는 공(중량 1.62 온스에 직경 최소 1.68 인치)을 치는 것이므로 정확하게 그리고 멀리 때려 보내는 것이 이 운동의 묘기다. 골프운동의 유래는 네덜란드라는 말도 있으나 문헌상으로 알려진 바로는 15세기경 영국의 스코틀랜드에서 시작된 것이며, 런던지역을 포함해 영국전역으로 확산되기 시작한 것은 1700년대라고 한다. 미국에 골프가 17세기에 소개된 이후 여러 지역에 확산된 것은 1888년 뉴욕 주에 성 안드레(St. Andrew's Golf Club)클럽을 스코틀랜드인 존(John Reid)이 창설해 조직적인 운동경기로 발전시켰다고 한다. 그래서 존은 '미국골프의 아버지'라고 불린다.

사도바울을 통해 그리스도의 복음이 널리 이방인에게 전파된 것처럼, 영국의 골퍼들이 접하는 곳마다 골프운동은 시작되었다. 교인들이 모여서 신앙의 공동체인 교회를 설립하는 것같이 골퍼들이 모여 클럽을 만들었는데, 인도에는 1829년, 호주에는 1870, 태국에는 1890년, 중국에는 1896년, 일본에는 1914년부터 시작되었다.

지난 반세기에 걸쳐 경제개발 교류가 세계적으로 계속된다고는 하지만, 골프는 아직도 미국과 같은 몇 나라를 제외하고는 다른 운동종목들과는 달리 대중적인 야외운동으로 일반화 되지 못했다. 아마도 큰 이유는 골프는 운동과 묘기가 함께해 상당한 인내심이 소요될 뿐 아니라, 골프장을 가기 위한 필수로 자동차는 물론 많은 시간과 만만치 않은 운동비용 탓이 아닌가 생각한다. 그래서 골프는 시작부터 서구자본주의 사회의 부르주아(Bourgeois)적인 사치스러운 운동으로 알려져 있다.

한국에서 이 운동은 6.25 전쟁 후 미국 군인들에 의해 차차 알려지기 시작해, 경제성장과 더불어 활기를 띠며 남한의 좁은 땅 곳곳에 골프장이 만들어지고 있다. 박 세리를 위시한 한국 골퍼들이 미국의 여성프로시합에서 우승하자, 골프는 한국 사회에서도 인기 있는 운동으로 등장했다. 2009년 한국에서 골프운동을 관람한 총인구는 2천6백만에 이르렀다는 보도가 있다. 골프는 이처럼 앞으로 한국에도 경제성장과 더불어 많은 젊은이들이 좋아하는 운동이 될 것이라는 전망이다.

골프에서 얻는 교훈: 골프의 승리자는 주어진 환경조건하에서 공을 멀리 그리고 정확히 날려 보내는 사람이다. 목적을 이루려면 반드시 명심해야할 몇 가지 기본자세가 있는데 이런 절대적인 자세는 우리의 삶에도 보탬이 된다. 골프는 인생살이와 같아서 기본자세가 얼마나 잘되었느냐에 따라 골프를 더 즐길 수 있다.

1) 겸손한 자세: 골퍼가 지켜야할 절대적인 기본자세는 머리를 숙이는 겸손한 자세다. 우선 골프채의 머리가 공을 제대로 때리려면 겸손(잠 16:19)한 마음가짐으로 허리를 약간 구부리고 또 머리를 숙이고 눈은 공만 쳐다보아야 한다. 골프에 있어서 이것은 절대적인 자세로 인간에 있어서는 성숙한 인품과도 같다. 논밭에 쭉정이 이삭처럼 머리를 들고 공을 치기도 전에 눈으로

공이 날라 가는 것을 욕심스럽게 먼저 쳐다보면 만족할만한 샷을 얻을 수 없다. 자기의 할 도리는 안하고 얻어지는 결과만 가지고 따지는 교만한 인생의 모습과도 같다.

2) 과욕: 욕심이 생기면 미몽에 빠져들어 어둠속을 헤매다 죽음에 이르는 것처럼(약 1:15), 골프에서도 욕심은 가장 무서운 금물이다. 마음에 소심이 변하여 흑심이 솟아나면 본인도 모르게 손, 팔 그리고 목과 허리에 힘이 들어가 골프공은 기대와는 달리 짓궂게 행동한다. 우선 골프채를 위로 올렸다 공을 때리는 행동이 본래의 궤도를 떠날 뿐 아니라 머리를 들게 되고 속도까지 빨라지는 연쇄반응이 일어나게 된다. 친 공은 거리를 잃을 뿐 아니라 방향이 빗나가서 엉뚱한 곳으로 떨어지는 경우가 흔히 있다.

3) 유순한 마음: 골프채를 잡을 때도 지나치게 꽉 잡거나 반대로 너무 허술하게 쥐면 좋은 결과를 기대할 수 없다. 백성을 유화하게 다스리는 성군의 유화정책처럼 적절하게 골프채를 잡는 것이 바람직하나, 그와 반대로 백성을 탄압하는 독재집권자같이 지나치게 꽉 잡으면 공은 가학(加虐)의 압력에 반항한다. 스윙도 버드나무가 봄바람에 날리듯 부드럽고 자연스럽게 하는 것이 좋다.

4) 스마트: 골프는 주변 환경을 적절히 참작해야 한다. 골프장에는 자연적인 장해물외에도 인공적으로도 만들어진 많은 방해물을 고려하여 피해 가는 것이 지혜로운(욥18:18) 골퍼다. 때로는 바람과 공기의 습도도 무시할 수 없는 대상이다. 그래서 골퍼는 공을 잘 때리는 묘기와 스마트한 지혜가 필요하다.

5) 정직성: 골프는 다른 운동과 달리 반칙을 쉽게 할 수 있는 운동이다. 넓은 뜰에서 혼자 걸어가면서 공을 치는 것이므로 떨어진 공을 움직여서 좋은 자리로 옮긴다던가, 몇 번 친 타수까지 속이는 경우도 흔히 있다. 경기에 있어서 반칙이 고의든 아니

든 알려지면 실격이 되는데 반해 고의의 반칙은 스스로 양심과의 다툼으로 결국 더 큰 피해를 본다.(잠 14:1) 왜냐하면 인생의 삶처럼 골프는 정신적인 경기이기 때문이다.

골프에 담긴 인생: 골프의 한 코스는 18홀(구멍)로 구분되어 있는데, 한 홀을 5년으로 생각하면 90 세로 끝내는 한 인생과도 같다. 한타 씩 치면서 가다보면 한 홀이 끝나고 또 새 홀이 기다린다. 한 타가 잘 안 되었으면 다음 타에 기대를 걸고 잘되면 더 잘해 보려고 전심전력을 다 하면서 한 홀을 끝낸다. 그렇게 다음 홀로 옮겨가다 보면 종착지인 18번째 홀의 그린에 도착하게 된다. 골프에 있어서 한 타는 인생의 한해와 비슷하며 생각대로 잘 안된 한 타는 다시 되 돌이킬 수 없는 흘려보낸 아쉬운 세월과도 같다.

매 홀마다 길이와 모양을 비롯해 나무, 냇가, 호수, 웅덩이, 벙커(모래땅의 장애구역)와 같은 별별 장해물과, 바람의 속도와 방향, 잔디와 그린의 상태 등의 변수가 수없이 많아 차분히 생각하면서 운동을 진행해야한다. 마치 인생의 고해와 같다고나 할까, 그래서 골프는 정신운동이라고 한다. 시작은 좋았다가도 형편없이 끝나거나 그와 반대의 경우도 있어 인생의 삶처럼 처음과 끝이 늘 순조롭게만 보장되지 않는다. 마음을 집중해야하는 한 타 한 타의 골프는 어찌 보면 조심해야하는 인생의 하루하루와도 같은 것이다.

우리 인생살이와 같이 골프도 기본훈련과 연습을 잘 해서 시작하면 어려운 난관과 장애물에 봉착해도 스스로 쉽게 헤쳐 나올 수 있다. 기본이 허술하면 골프가 보여주는 예술과 같은 아름다운 자세를 포함해, 골프가 지닌 신사적 예의도 느끼지 못해 묘미를 잃고 만다. 이와 반대로 기본이 잘되어 있으면 두고두고 자기 게임을 스스로 다듬어가며 즐길 수 있다.

인생에도 사람답게 사는 도리가 있듯, 골프에도 반드시 갖추고 지켜야할 기본적인 자세와 규율과 예의가 있다. 나는 이 구비조건을 '골프의 기본교과'라고 부른다.

1) 규율과 절차: 모든 운동경기가 그러하듯 골프에도 엄격한 규율과 절차가 정해져 있는데, 그것은 넓고 넓은 광야와 같은 뜰에서 혼자서 하기 때문이다. 혼자하든 혹은 여럿이 어울려하든 누가 보든 안보든 규율은 엄수해야한다. 골퍼가 지켜야할 예의는 법을 지킴으로 사회질서가 유지되는 것처럼 다른 골퍼에게 방해가 되어서는 안 된다. 골프는 신사의 나라에서 시작한 신사적인 운동이다. 골퍼는 준법정신으로 사는 법치국가의 시민다워야 한다.

(2) 기본자세: 움직이지 않는 공을 치는 아주 간단한 운동이지만, 멀리 그리고 정확하게 날려 보내야 하기에 기술적인 두 가지 기본자세에 익숙해야한다. 첫째는 휘두르는 골프채가 공을 놓치지 않도록, 눈이 공으로부터 떠나지 않게 허리와 머리를 끝까지 숙여야 한다. 둘째로는 팔과 허리 그리고 몸의 동작이 리듬을 맞추어 공을 내려치는 타이밍이다. 골퍼마다 골프실력은 여기서 말하는 두 가지 기본자세가 한계점을 결정한다고 믿고 있다. 타이밍은 '합력하여 선을 이루는'(롬 8:28) 것과 같은 것이다.

(3) 정신적 조건: 무엇보다 골프는 상대적이 아닌 자기만을 믿어야 하는 정신적인 운동이다. 인생에 있어서와 같이 정신적인 집중력, 자신감, 그리고 자제 조정을 하는 긍정적인 평온한 심적 자세를 가져야 한다. 이것이 모든 골퍼들에게 잘 알려진 자신감(Confidence), 집중력(Concentration). 조절(Control)로 3C이다. 마음을 강하게 그리고 담대히 한다면 공은 '좌로나 우로 치우치지 않는다.'는 뜻이다.(수 1:7)

운동의 특성: 1990년대 초에 활발하게 펼쳐진 세계화운동과 더불어, 골프운동도 자본주의와 민주주의 혜택을 입고 급속도로 확산되고 있다. 골프운동이 지닌 특성은 앞으로도 계속 경제개발과 성장에 큰 보탬이 되며 사람들이 좋아하는 운동으로 남을 것이다. 큰 이유는 다음과 같다.

1) 지역사회개발: 유흥지, 공업단지 등 지역사회개발에 있어서 골프는 불가피한 촉진매개로 작용한다. 산업, 금융 및 문화가 세계화시대로 접어들면서 골프도 기업과 무역의 강풍을 타고 지구촌 곳곳에 확산되어 가고 있다. 많은 개발도상국들도 외화를 벌어들이는데 가장 효율적인 관광업으로 풍치(風致)지역에 골프장을 겸한 휴양지를 만들어 관광객과 기업을 유치하고 있다.

2) 광고효과: 프로들의 경기도 국내에서부터 시작하여 지역적으로 그리고 세계적으로 확산되어 가고 있다. 여러 국제적인 기업들까지 광고효과를 얻기 위해 크고 작은 경기를 후원하고 있다. 비대해져 가는 경기와 골프인구의 급증으로 인한 골프용품(의복, 모자, 구두, 장갑 등)과 신제품 장비(골프채, 공, 카트 등)를 생산 판매하는 기업 등, 오늘날 골프관계 기업들은 그 자체로 하나의 대기업으로 성장하고 있다.

3) 평생운동: 골프는 파란 하늘 밑에서 신선한 공기를 마시며 푸른 풀밭을 천천히 걷는 운동이다. 한번 익혀두면 걸음이 멈추는 날까지 계속할 수 있어 시간의 여유가 많은 노후생활에 매우 이상적이다. 골프가 대중화 되어있는 미국과 같은 나라의 골프장들은 연중 은퇴한 노인들의 '파고다공원'이다. 만일 미국에 골프장이 없다면 그 많은 그리고 점차적으로 증가하는 노인들이 어디에서 무엇으로 그들의 넘쳐나는 여가시간을 보낼 수 있을 것인가?

4) 매혹적인 운동: 한번 재미를 붙이면 매주 3-4회씩, 평생 계속해도 좀처럼 권태가 생기지 않는 운동이다. 옛날 스코틀랜

드와 영국왕실이 골프를 널리 보급시키고 장려한 것만 보아도, 이 운동이 얼마나 사람의 마음을 끌어들이는 매력이 있는가를 짐작할 수 있다.

5) 관광여행 활력소: 많은 골프장은 경치가 좋은 유흥지에 있다. 노후에 골프를 겸한 명승지를 여행하면서 새로운 곳에서 낯선 사람들을 만날 수 있는 좋은 운동이다.

6) 자신과의 도전: 골프는 대부분의 다른 운동과는 달리 상대적인 운동이 아니므로 남녀노소 혹은 잘하고 못하는 실력과는 상관없이 누구와도 함께 할 수 있다. 여름방학 철에는 백발할머니와 증손자가 나란히 걸어가면서 공치는 모습도 종종 볼 수 있다. 잘못해도 흉이 안 되므로 누구와도 함께 할 수 있을 뿐 아니라 혼자서도 계속할 수 있어 골프는 인간에게 친한 동무가 될 수 있다.

제18장 기독교인의 노후준비

아브람이 여호와의 말씀을 좇아갔고 롯도 그와 함께 갔으며
아브람이 하란을 떠날 때 그 나이 칠십 오세였더라 (창 12:4)

어떻게 키웠는데: 효심(孝心, Filial Piety)이 극진했던 농경사회의 유교문화에서는 노후대책이 그렇게 문제되지 않았다. 하지만 오늘의 산업사회가 만들어낸 핵가족제도에서는, '내가 너를 어떻게 키웠는데'라는 이유로 노후문제를 자녀들에게 의존할 수 없게 되었다. 아들을 낳아 노후생활을 의탁하다가 사후에는 제사까지 잘 얻어먹으려던 유교사상의 실효성이 점차 희미해지고 있다.

노후대책이 본인의 책임으로 변해가는 것은 천륜(天倫, Natural Law)이다. 생물계에서 어버이가 자식에게 베푸는 사랑과 수고는 얼마가 되던 책임인데 반하여 자식이 갖추어야하는 효행은 자발적인 인륜의 도리에 불과하다. 그래서 선진국 사람들은 오래전부터 노후대비책을 젊은 시절부터 하나씩 준비한다. 유교문화의 화려한 꽃이 만발했던 고려시대에도 고려장이라는 수치스러운 효행이 있었는데, 하물며 오늘날 핵가족사회에서는 더욱 노후문제를 자식들의 효심에만 의존할 수 없다.

은퇴생활은 한 인생에 있어 성장기와 성년기에 이어 마지막 노후의 삶을 보내는 일이지만, 젊은 세월에 비하면 좋은 점이 많다. 우선 80세까지 산다 해도 성장기에 비해 그렇게 짧은 것도 아닐뿐더러 입학시험 같은 고역도 없다. 생업전선에 경쟁대상도

없으니 남을 간섭할 일도 욕심을 품고 설칠 일도 없다. 조급한 행동은 물론 남을 헐뜯거나, 시기, 질투와 같은 인성을 저버린 행동도 할 필요가 없다.

자기가 좋아하는 것을 하고 싶을 때하고 하기 싫으면 쉬엄쉬엄 놀면서 해도 이렇다 저렇다고 잔소리 하는 사람이 없어서 좋다.

노년기는 부모에 얹혀살던 성장기와 젊은 날에 있었던 고달프고 분주한 삶에서 벗어나, 세상을 떠나가기 전에 아쉬움 없이 즐거운 시간을 갖도록 창조주가 인간에게만 특별히 허락한 시간이 아닌가싶다. 우리가 세상에 태어난 것이나 세상을 떠나는 것 모두 원해서 이루어지는 것은 아니지만 우리에게 노년기가 있다는 것은 참으로 감사한 일이다. 타의적으로 시작은 했지만 나름대로 열심히 살아온 한 삶을 정리할 수 있는 마지막 기회이기 때문이다. 우리의 지혜는 미지의 마지막 시간을 보다 더 효용 하는데 있다.

노후생활이 주는 또 다른 즐거움이 있다면, 고달프고 어려웠던 과거, 젊은 날에 있었던 절망과 슬픔, 옹졸했던 언행들, 수치스럽고 용서받지 못할 잘못까지도 한 가닥 추억으로 만들어 준다는 것이다. 세월은 속절(俗節)없다고 하지만, 한때는 죽어도 용서할 수 없을 것만 같았던 원한까지도 무마시켜준다.

노화(老化, Senescence): 구약성서에 기록된 이삭은 180세로 일생을 살았지만(창 35:28), 통계학자들이 계산하는 인간의 평균수명은 70세를 넘어 오늘에는 80세를 초과하고 있다. 65세 이상의 고령인구는 지난 20년 사이에 계속 증가해, 미국에서서는 총인구의 10.5%에서 12.5%로 그리고 2030년에는 인구 5명 중 한사람이 될 것이라고 한다. 한국의 고령인구도 같은 20년 사이에 2.3배로 증가하여 2000년에는 총인구의 7.4%로, UN의 세계

고령화기준인 7.0%를 넘었다. 2020년에는 15% 그리고 30년 후에는 37%에 도달해 일본과 미국수준을 초과할 것이라고 한다.

건강한 몸으로 태어났지만 긴 세월을 살다보면 조직과 기관이 낡아져 이불을 덮어도 따뜻함을 못 느끼며(왕상 1:1), 거동이 불편할 뿐 아니라 걸음마저도 지팡이(슥 8:4)의 도움을 받게 된다. 나이가 들면 몸 안의 세포들은 재생이 둔해지고 또 활성을 잃어 쇠약해지면서 신진대사가 떨어지고, 에너지공급에 차질이 생기면 면역성도 저하된다. 그 탓으로 암, 뇌혈관질환, 폐렴과 치매증 등이 더 빈번히 찾아온다. 한국고령인구의 약 9%가 치매환자인데 반해, 65세미만 미국노인은 1%, 75세미만은 10% 그리고 85세는 50%에 달하고 있다.

몸이 약해지면 마음도 따라서 위축된다. 젊은 날의 용기, 모험, 야망의 초석인 기력(氣力, Vitality)이 시들어져서 정신적으로는 공격적인 태세에서 소극적인 방어자세로 변해간다. 자신감, 확신 그리고 신뢰감마저 잃게 되며, 그것을 보완하기 위해 과거한때 소유했던 직위나 재물의 노예가 된다. 과거에 집착하게 되면 변화하는 시대에는 관심이 없으며 또한 매사에 부정적이다. 더 나아가서는 새것을 부정하고 옛것만을 합리화하다가 마침내는 습관적인 독선자가 되거나 사회로부터 소외당하게 된다.

이렇게 인간도 다른 동물들과 다름없이 세월과 더불어 삶의 활기와 활동능률이 서서히 떨어져간다. 이러한 자연현상을 생물학적으로 보면 세대교번(世代交番, Alternation of Generations)을 위한 불가피한 창조주의 뜻이라고 하겠다. 나비가 날개를 달고 꽃을 찾아 날아가기 위해서는 조용한 번데기시절을 겪어야하는 것처럼, 인생도 육체 및 정신적으로 변화되는 노화현상에 대하여 나름대로 마음의 준비를 해야만 한다.

은퇴생활의 준비: 무엇을 언제 어떻게 준비해야하는지는 사

람마다 꿈꾸는 은퇴생활에 따라서 다를 것이다. 약 20년의 은퇴생활에서 얻은 나의 경험을 토대로 생각한 바는 다음의 세 가지다.

1)9988 234 생활: 언제부턴가 한국들은 99세까지 88(팔팔)하게 살다가 23(이삼)일 아프다 죽(4)었으면 하는 소망이 유행처럼 돌고 있다. 88하게 산다는 것은 20-30대처럼 철부지처럼 씩씩하게 시간을 보낸다는 뜻도 된다. 그러려면 우선 젊은 날의 기억들로부터 자유로워져서 새로운 추억을 만들어 갈 수 있어야 한다. 초라해지고 쇠약해진 현재의 모습을 젊은 날의 화려한 것들과 비교하면 팔팔해질 수가 없다.

연약한 모습에서 노인으로 멋을 잘 갖추려면 음료수 7-up을 기억하며 다음 7종목의 몸가짐에 숙달되라고 한다.

① Clean up (몸은 깨끗이)
② Dress up (옷은 단정히)
③ Shut up (귀는 기울이고 입은 꼭 필요한 말만 하고)
④ Show up (여러 모임에서 여러 사람들을 만나고)
⑤ Cheer up (어울려서 명랑하게 웃고 지내며)
⑥ Pay up (인색하지 않게 베풀 것이며)
⑦ Give up (양보하고 포기할 줄 알아야한다)

2) 경제적인 독립: 은퇴기의 돈은 젊은 날에 비해 더 귀한 물질로, 이상적인 노후생활을 좌우하는 가장 중요한 수단이다. 그래서 노후생활을 위한 저축은 빠를수록 좋으며, 또한 저축한 것은 지혜롭게 절제하고 관리함으로 자녀와 사회 그리고 국가에 짐이 되어서는 안 되도록 비축해야 한다. 특히 팔팔하게 살다보면 99세보다 더 오래 살수도 있고, 또한 이삼일(2~3)만 아픈 것이 아니라 여러 해 병원출입을 해야 할 경우도 대비해야한다.

한국인이 암에 걸릴 확률은 20%이고 죽기 전 평균 11년간은 의사의 손길을 거친다는 조사보고가 있었다.

한국 사회에서 언급되는 여유 있는 노후생활의 조건은 ① 기본자금으로 국민연금 ② 비상보조자금으로 퇴직연금 ③ 취미활동 자금으로 개인연금이 마련되어야 한다.

내가 은퇴할 무렵에 미국전문가들이 계산한 노후자금은 ① 은퇴 전 수입의 약 3분의 2정도의 고정 수입 ② 부모와 자녀들을 포함한 가족부담이 없고 ③ 주택을 포함한 월부금의 부채지불로부터 해방되어야 한다는 것이었다.

3) 시간의 효용(效用): '세월에는 장사가 없다'는 옛 말처럼, 노후생활은 시간의 잔인한 위세로 인해 나도 모르는 사이에 스스로 비참해진다. 재물로도 살 수 없는 것이 시간인고로, 우리가 할 수 있는 것은 오직 흘러가는 시간을 효과적으로 사용하는 데 '일석이조 법칙'의 지속성을 고려하면 된다. 누구나 노후생활이 시작할 때는 하고 싶은 일들이 많지만 흔히 지속을 못하고 중도에 흐지부지하고 만다. 지속성이 있는 일석이조 활동을 묻는다면 나는 다음과 같이 말하고 싶다.

① 여행: 사람들은 낯선 곳에서 지내는 시간들을 좋아한다. 새로운 곳에서 낯선 사람들을 만나다 집에 돌아오면 비록 시간이 짧다 할지라도 오래된 느낌을 준다. 우리 이웃에는 조선족을 위해 매년 중국선교여행을 하시는 장로님 부부가 계신다. 한 달을 떠났다 돌아오면 두세 달이 지난 기분이든다고 했다. 비록 짧은 기간 아들 집에 다녀와도 같은 기분이 든다.

나는 여행사에서 알선하는 여행은 하지 않는다. 왜냐하면 이왕에 돈을 쓰는데 여행할 지역의 지리와 명성명물을 스스로 공부하기 위해서다. 비행기와 차편 그리고 숙소 등을 사전에 충분히 조사하고 비교해서 신중히 정하는 것부터 나에게는 여행의 시작이다. 귀가해서는 여행에서 쓴 경비계산을 하면서 추억을 만들어 간다. 여행은 싫증이 좀처럼 안 나는 부지런한 사람들만이 느낄 수 있는 즐거움이다.

② 골프운동: 15세기 영국(Scotland)에서 시작했다는 골프는 날이 갈수록 좋아하는 인구가 급증해 관광지와 유흥지 혹은 지역사회개발에 없어서는 안 되는 운동종목이 되었다. 인구 6만에 불과한 내가 사는 도시 주변에도 시에서 운영하는 골프장을 합해 골프장이 여섯 개나 있다. 골프운동은 넓은 뜰에서 신선한 공기를 마시며 푸른 풀밭을 걷는 운동으로, 한번 익혀두면 걸음이 멈추는 날까지 계속할 수 있어 고령자에게 적합한 운동이다. 그래서인지 미국의 많은 골프장은 하나 같이 고령인구가 웅성거리는 서울의 파고다공원과도 같다.

골프는 혼자서 그리고 낯모르는 남녀노소와도 함께 할 수 있어서 좋다. 약 20리쯤 되는 거리의 한 코스를 돌면서 공을 때리는데 팔과 허리를 2-3백쯤(연습 포함)흔들다 보면 적지 않은 운동이 된다. 그리고 최소한 4-5시간이 소요됨으로 시간이 풍부한 노후생활에는 이상적이다. 같은 골프장에서 매주 3-4번 반복해도 싫증이 안 나는 평생 운동이기도 하다. 명승지를 찾아 골프여행을 할 수 있다면 일석삼조가 되는, 세상에 이보다 더 이상적인 노후생활은 없을 것이다.

③ 증권 투자: 사람도 세월에 지쳐서 둔감하고 태만해지면 앞서가는 문물에 어두워진다. 시시각각으로 변해가는 국내외의 정세보다 오락이나 유흥에만 관심을 갖게 되면 시대성을 잃는 낙오자가 되기 쉽다. 이러한 낙오현상을 멀리하는 길이 있다면 증권시장에 취미삼아 투자하는 것이라고 생각한다. 물질이 가는 곳에 마음도 있다는 말처럼 투자는 나태한 소극적인 자세를 흔들어 적극적인 생활로 활성화 시켜준다.

피땀이 묻은 소중한 돈이 투입되므로 우선 컴퓨터를 익히게 되고 국내의 정치경제뉴스를 입수하게 된다. 한편 조석으로 신문과 TV를 통해 증권시장의 동향을 어쩔 수 없이 나름대로 공부하게 된다. 이렇게 하다보면 나태했던 모습은 사라지고 20-30대처럼 활발해진다. 또한 나도 모르는 사이에 정치경제전문가가 되는 느낌이 들고, 기다리다 보면 푼돈은 물론 동시에 여행자금까지 마련하게 된다.

이상적인 노후생활은 결국 미지의 남은 시간을 아껴가면서 즐겁게 팔팔하게 보내는 것이 전부라고 생각한다. 시인 반병섭 목사의 시 '그대, 나이를 먹어보게'의 시구이다.

그것도 팔순을 넘고 망구(望九)의 언덕에 올라보게
아침 일지기 면도하고 빨간 넥타이매고
교회에 가는 주일이 얼마나 신나는가를!

제19장 과실나무가 주는 교훈

강 좌우에 생명나무가 있어 열두 가지 실과를 맺히되
달마다 그 실과를 맺히고 나무 잎사귀들은
만국을 소성하기 위하여 있더라 (계22:2)

나무의 열매: 사람이 먹을 수 있는 나무의 열매를 총칭해서 과실 혹은 실과라고 한다. 구약성서 창세기의 기록(창 2:3)으로 보아, 나무의 각종열매는 농업이 아직 발달하기 이전 원시인들이 쉽게 구할 수 있는 음식물이었을 것이다. 온대지방에서 우리가 흔히 먹는 나무의 열매는 둘로 구분할 수 있다. 첫째는 감이나 사과와 같이 씨를 둘러싸고 있는 과육(Flesh)이며, 다음은 밤이나 호두와 같은 견과(堅果, Nuts)들이다. 다른 말로 감은 씨방(Ovary)이라면 밤은 단세포(單細胞, Singled-cell)로 만들어진 씨 알맹이 자체다.

과일마다 특색이 있고 사람의 건강에도 좋다고 해서, 도시사람들이 더 많은 과실을 소비한다는 통계다. 나도 남들처럼 과일을 매우 좋아한다. 내가 태어난 고향은 38선 이북 원산에서 가까운 따뜻한 해변에 위치하여 온갖 과실나무가 사람들보다 먼저 봄을 맞이하는 곳이었다. 아버지가 9살 난 나에게 물려준 유산이 바로 작은 과수원이기도 했다. 어머니가 세상을 떠난 1946년 봄과 여름이었다. 중학교에 진학을 못한 나는 아버지가 6년 전에 심으신 과실나무그늘에 앉아, 창조주가 나에게 허락한 눈물 모두를 흘려버린 느낌이라 나는 과실나무와 깊은 인연이 있다.

이런 인연 때문인지는 몰라도 우리부부는 과실나무를 심어 가꿀 수 있는 뜰이 있는 시골집을 구해서 은퇴생활을 시작했다.

과실마다 맛이 다르듯 과실나무마다 좋아하는 지질과 기후, 꽃의 색깔과 향기 또는 피는 계절, 열매를 맺는 방법 혹은 열매가 자라서 성숙해져가는 과정 등이 매우 다양하다. 더욱이 최근에는 원예기술의 발달과 더불어 새 품종(品種, Variety)이 속출해서 과일시장이 더 화려하다. 실과나무로부터 가르침을 얻으면서 피곤하고 어려운 삶에 보탬이 될까 싶어 내가 좋아하는 과실종류 증 셋을 택해 보았다. 감, 대추와 밤은 내 고향마을에 있던 가정에서 제사상에 빼놓을 수 없는 삼색과일이기도 하다.

감나무(Persimmons): 미 대륙에도 감나무는 분포되어 있지만 동양(중국, 한국과 일본)에서와 같이 인기 있는 과일은 아니다. 아마도 감이 지닌 떫은(Astringent)맛 탓일 것이다. 비타민A 함유량이 높고 내한성(섭씨 −19도)이 비교적 강한 동양품종이 미국에 수입된 것은 9세기이후 유럽 다음이라고 한다. 그러나 캘리포니아 시골집 정원에서나 가끔 보이는 정도다. 감나무 꽃은 보잘것없지만 늦은 가을 잎이진 후에 햇빛과 푸른 하늘에 매달린 주황색 열매는 꽃 이상으로 아름답고 평화스럽게 보인다. 내 집 뒤뜰에 심은 네그루의 후유(Fuyu)라는 품종은 내가 어릴 때 먹었든 감처럼 떫지 않은 단감이다. 후유 감으로 곶감은 만들 수 없지만 냉동해서 보관하면 감 아이스크림으로 연중 어느 때나 두고두고 꺼내 먹을 수 있다.

감은 다른 많은 다년생식물과는 달리, 씨를 심어도 같은 종류의 감 대신 먹을 수 없는 '고욤'이라는 아주 초라한 열매가 생긴다. 오늘날 우리 모두가 즐기는 감은 그 고욤나무를 자르고 감나무가지를 접하여 만든 품종들이다. 이러한 원예기술을 '접'(接, Grafting)이라고 한다. 접했다는 것은 '저가 내 안에 그리고 내가 저안에 있음'으로만이 많은 열매를 맺는다는 성경말씀과도 일치한다.(요 15:5) 고욤나무는 감나무를 떠나서는 감나무라는 존재는 물론 열매조차 맺을 수가 없다.

고욤과 감나무와의 만남은 변화를 의미한다. 달라진 것은 썩어질 씨로 된 것이 아닌 거듭난 뜻이기도 하다.(벧전 1:23) 고욤과 감나무의 관계가 우리인생에 주는 또 다른 교훈이 있다면, 우리 인생도 고욤처럼 보잘것없고 미천하게 태어났지만, 접이라는 길고 고달픈 교육과 훈련으로 거듭난다면 감처럼 인간다운 인간이 된다는 뜻이기도 하다. 달라진다는 것은 거듭난다는 의미를 지니고 있어서 좋다.

대추나무: 중국원산지에서 4천년이상 자라온 대추나무(Chinese Jujube)의 열매는 한약제로서도 잘 알려져 있다. 우리집 뒤뜰에도 두 그루를 심었는데 여러 특성을 지니고 있다. 우선 생존력이 강하여 사막지역처럼 메마른 토질이나 물이 부족한 곳에서도 잘 자랄 뿐 아니라, 강직하여 병충해를 잘 피해 간다. 잎은 실루엣(Silhouette) 그림처럼 온 여름을 장식하다가, 가을이 짙어지면 맑은 노란색으로 변한다. 익어가는 대추는 짙은 자주색으로 푸른 하늘과 조화되어 한 폭의 그림이 된다. 그래서 미국에서의 대추나무는 관상수로도 심는다.

대추나무가 인간에게 주는 교훈은 강한 생존력만은 아니고 열매의 특이한 성숙과정이다. 보잘것없는 작은 노란색 꽃이 헤아릴 수 없이 닥지닥지 많이 피지만, 꽃마다 반드시 열매 하나를 맺어 아무리 비바람이 치고 폭풍이 불어도 그냥 꽃으로 피었다가 꽃으로만 지는 경우는 없다. 나는 대추열매가 성숙해 가는 것을 보면서 누가(Luke)가 사도행전에 기록한 사도바울의 끈질긴 세 차례에 걸친 이방인을 위한 전도여행이 생각났다. 감옥에도 여러 번 갇히고, 감당하기 어려운 수 없는 매를 맞아 죽을 뻔 했고(고

후 11:23), 갖가지 위험에다 굶기도 하고, 춥고 헐벗은 고난(고후11:27)에도 굴복하지 않으며 교회들을 위해 한 세상을 산 그의 집념이 떠오른다.

나도 세상에 태어났으니 대추나무 꽃처럼, 삶을 통해 나와 내 이웃에게 덕이 되는 작은 일이라도 한 가지 할 수 있으면 얼마나 좋을까 생각해 본다. 한번 시작한 사역들을 비난, 공포, 아픔과 목숨으로 바꾸기까지 하면서 이룩한 그 끈질긴 생애, 그래서 우리 모두가 사도바울을 존경할 수밖에 없게 되는 것이다.

밤나무(Chestnut Tree): 밤나무는 온대지방 전역에 분포되어 있으며 동양에서는 중국과 한국이 원산지로 기록되어 있다. 보릿고개의 굶주림을 경험한 대통령이 한국에 있었기에 유실수(有實樹)를 장려하여 한반도의 남쪽 야산에는 유난히 밤나무가 많다. 옛날에는 밤꽃이 남자들의 정액냄새와 비슷하다고 양향(陽香)이라고 해 6월 늦게 밤꽃이 필 무렵이면 부녀자들은 외출을 삼하고 몸가짐을 조심했다고 한다. 서양에서도 밤꽃은 남자의 향기를 뿜는다고 보는데, 밤나무의 번식은 반드시 밤 종자로 이루어진다. 또 여러 나무가 함께 있어 꽃가루받이, 즉 수분(受粉, Pollination)이 잘된다.

밤은 견과로서 추운 겨울철까지도 두고두고 먹을 수 있는 과일이다. 내 고향 뒷동산에는 오래된 키 큰 밤나무들이 줄을 서서 봄이면 꽃냄새로 꿀벌들을 모은다. 가을철이면 사람들을 불러서 밤을 따게 하고 아이들에게는 새벽잠을 깨워 밤사이 땅에 떨어진 밤알맹이들을 주어가게 했다. 은퇴 후에 나는 골프장 풀 속에 떨어진 골프공을 찾을 때면, 어릴 때 고향에서 새벽잠을 마다하고 즐겁게 밤을 찾아다니던 생각이 나곤 한다.

우리가 밤나무로부터 얻을 수 있는 삶의 교훈은 땅속에 심어진 한 알 밤의 역할이다. 밤도 다른 많은 식물들과 다름없이 땅속에서 뿌리를 내리고 싹이 나서, 줄기와 가지와 잎이 되어 성숙한 나무를 이룬다. 그런데 다른 식물과는 달리 밤은 땅속에 들어갔던 최초의 씨인 밤이 썩지 않고 그대로 남아 있다고 한다. 싹튼 나무가 아름드리가 되도록 오랜 세월이 흘러도 그 씨 밤은 심어진 그대로 자기가 출산한 나무뿌리 밑에서 생밤 모습으로 오래오래 붙어 있다는 것이다.

이러한 묘한 밤의 생리는 인간에게 있어서는 오늘의 내가 조상들에 의해 보호된 것처럼, 나의 후손대대는 내가 지켜야하는 책임이 있다는 교훈이 된다. 기독교인에 있어서 씨 밤은 나와 주님과의 헤어질 수 없는 영원한 관계를 의미하는 것이며 하나님이 우리와 함께 계시는 임마누엘(Emmanuel)인 것이다.(마 1:23)

제20장 다툼과 분열의 치유 약

의논이 없으면 경영이 파하고
모사(謀事)가 많으면 경영이 성립하느니라 (잠 15:22)

의견의 대립: 봉건시대의 제후(諸侯, Feudal Lord)나 조직폭력배의 수령, 혹은 북한 같은 세습군주정치체제의 폭군 같은 독재자들은, 절대자로 존재하기에 의견을 모아 방법을 선택하는 절차를 거치지 않을 것이다. 한국 속담에 '아는 길도 물어 가라'는 말이 있다. 생각을 남들과 나누면서 조언을 얻는 행위는, 우리인간은 불완전한 존재라고 스스로 인정하는 인간다운 겸손한 자세다. 구약시대의 다윗(대상 13:1)이나 히스기아(대하 30:2)와 같은 옛날 유다 왕들도 천부장(Leaders), 백부장(Captains) 혹은 방백(Princes)과 회중(Congregations)들과 의논해가면서 정사를 처리했다.

원시수렵시대의 사람들은 모름지기 수령(Chief)의 의견대로 언제나 순종하고 따랐을 것이나, 오늘날 인간들은 저마다 나름대로 독특한 의견들이 있어 그 뜻을 따라서 무엇이든지 성취하고자 한다. 아무리 좋은 의견도 여럿이 있으니 때로는 상반되어 대립되는 경우도 생긴다. 인간은 지능이 있는데다가 한통속 집단을 이루는 사회적 동물이다. 하루하루의 삶에 상반된 의견과 생각이 드는 것은 당연하며 이러한 대립은 자유와 평등이라는 환경에서만 가능하다. 1789년의 프랑스혁명이나 그로부터 150년이 지난 1948년 세계국가들의 동의하여 공포된 UN인권선언(人權宣言, Declaration of Human Rights)도 인간의 기본 권리로서의 자유와 평등이 아니겠는가?

다툼, 분쟁과 분열: 사람들이 각기 자기의 의견이 옳고 다른 사람들의 것보다 더 좋다고 왈가왈부하며 지나치게 주장하다보면 다툼이 생긴다. 아침 뉴스에서 본 한국의 세종 시 건설문제가 바로 그런 다툼을 몰고 온 듯싶다. 의견의 대립은 크고 작건 간에 절충 혹은 타협이 아니면 치유될 수 없다. 좋은 약은 어느 한 좋은 의견에 치우치지 않고 이것과 저것을 취사선택하여 더 좋은 의견을 창출해 내는 것이다.

미국국회의 양원제도가 바로 새로 창출한 더 좋은 의견이라 하겠다. 미국이 연방제를 만들어 국회의원을 선출하는데 한 쪽에는 주의 크기와 상관없이 각주를 대표로하는 일정한 당대표를, 다른 한 쪽에서는 인구비례로 의원을 세우자는 의견이 대립해서 심각한 다툼이 생겼다. 여기에서 타협이라는 약으로 치유된 것이 양원제도이다. 즉 상원(Senate)은 각주마다 주의 크기에 상관없이 2명의 대표를, 그리고 하원(Representative)은 인구비례로 의원을 선출하는 제도가 생긴 것이다.

다툼이 타협이라는 약으로 치유가 안 되면 충돌로 변해 흥분과 격분이라는 돌풍이 생겨 전체가 손해를 보거나 혼란을 맞게 된다. 한국의 전형적인 돌풍은 촛불시위에 이어 경찰과 맞서 맥주병과 화염병을 던지거나 쇠몽치로 자동차를 부수는 참사를 만드는 일이다. 더러는 자기가 근무하는 국회의사당을 부수며 오늘이 세상의 마지막 날 인양 죽기 살기로 격분한다. 결과적으로 이득은 없고 모두가 피해만 얻는다. 흥분과 격분을 자제 못하는 공인의 자질도 문제지만, 사회적인 견지에서는 민도에 그리고 국가적으로는 살기 좋은 나라에 먹칠하는 범죄인이 되고도 남는다.

다툼이 절충이나 타협으로 해결이 안 되면 분열이 발생하여 분파가 생긴다. 하나가 쪼개져 여러 개로 갈라지는 데는 한국 사람들에 비할 민족이 지구상에는 없을 것이다. 이조 500년의 조정의 신하들이 늘 갈라져 있었고, 일본이 국토와 민족 모두를 뺏어갈 때, 애국지사들과 그들의 단체들이 독립운동을 할 때, 식민지생활에서 해방을 맞아 자주독립 국가를 수립해야 할 때도 다를 바가 없었다. 심지어는 지구상에서 유일하게 국토와 민족까지 두 토막으로 나뉘어 사는 민족이 바로 우리들이다.

분열은 정치적인 집단에만 있는 것은 아니다. 한국의 많은 종교단체와 개신교 교회들을 위시해, 서너 사람이 모인 장소와 조직체는 예외 없이 분열로 끝을 맺는다. 한국민족의 고질병인 분열은 유전적인 것도 같다. 이 질환은 한반도 안에서 뿐 아니라, 내가 지내온 동남아의 큰 도시마다 예외 없이 한국교포들의 조직에서도 같은 증상을 보였기 때문이다. 얼마 전에도 미국 남 캘리포니아 로스앤젤레스에서 가장 오래된 한인교회가, 교회운영에 의견차이로 분쟁을 일으켜 경찰이 출동해 교회주변을 감시한다는 기사가 여러 신문의 일면을 장식했었다. 분열은 교회뿐 아니라 각 도시 한인회를 비롯한 단체들도 마찬가지다. 아마도 한국 민족에게는 분쟁과 분열을 주관하는 특별한 유전인자가 조상으로부터 전해오고 있음이 틀림없는 듯싶다.

생물체의 세포분열이나 교회분열은 나쁜 것만은 아니어서 하나가 둘로 나누어지는 성장과정이기도 하다. 하지만 인간의 조직체는 분열을 하면 힘을 잃게 된다. 분열이 나라에 생기면 황폐해지고, 마을과 가정에 생기면 모두 무너진다는 예수님의 말씀(마12: 25)은, 우리 인간들에게 합심(마 18:19)과 합력(롬 8:28)의 중요성을 강조하고 있다.

말과 생활풍습이 다른 583개 부족으로 구성된 섬나라 인도네시아는, 350년의 네덜란드 식민지생활에서 독립될 때 분열을 가장 무서워했다. 그 탓인지 합중국(United)이 아니고 공화국(Republic)체제로 정부를 수립하고 국가 슬로건을 '통일'(Unity in Diversity)로 하였다, 그리고 배우기 쉬운 바하사 인도네시아(Bhasa Indonesia)라는 말을 국어로 채택해 의무교육을 실시하기 시작했다. 그 덕분인지 2억이 넘는 많은 인구가 6천여 개의 섬에서 가난하게 살아도, 지금까지 부족 간의 분쟁 혹은 국토분단과 같은 정치적 혼란은 아직 심각하게 발생되지 않고 있다.

타협의 결핍: 미국 선교사로 전라도 순천에서 출생한 3대째 선교사인 요한(John Alderman Linton)은, 세브란스병원 국제진료센터 소장이다. 그는 어느 연설에서 이렇게 지적했다. "한국인들은 국회나 어떤 회의에서든지 대화와 타협을 잘 못한다"

사람들이 타협과 절충을 잘 못하는 이유는 '남을 낫게 여기고'(빌 2:3) 겸손한 마음으로 양보하는 것이 아니고 운동경기에서 패배하는 것으로 생각하기 때문이다. 수단방법을 가리지 않고 어느 경쟁에서도 승리, 아니 일등만을 목적으로 한다면 양보와 같은 타협은 존재할 수가 없다. 양보대신 질투와 음모같은 비인간적인 수단으로도 공격할 것이다.

분열과 분쟁은 내가 역사책에서 배운 한국의 정사방법이다. 어찌 보면 가난한 부모가 가진 작은 논밭 하나를 여러 자녀들이 서로 더 크게 가져보려고 물고 뜯으며 싸우는 식이다. 유럽의 백인들처럼 배를 만들어 새 천지를 찾아 나서는 모험과는 다른, 아주 옹졸한 인간의 소극적인 행동이 아닌가 생각된다.

경쟁의식 외에도 다른 이유가 분쟁과 분열에 있다면 모름지기 일시적이고 개인적인 이해관계일 것이다. 다시 말하면 분쟁의 원점이 눈앞에 있는 개인의 이득에 속해 있으면 '죽기 아니면 살기 식'으로 분노와 격분이 더 노골화되어 입에서 나오는 말도 정도를 넘고 소리도 하늘을 찌르게 된다. 세종 시 건설문제로 현재 절정에 달하고 있는 정당간의 분쟁을 지켜본 국민은, 누구나 한번쯤은 대관절 무엇이 그들을 그토록 격분시키는가를 생각할 것이다. 사람의 의중에 사욕이 움트면 진실과 허실 그리고 대의(大義, Great Cause)나 중요성의 수위조차도 분간이 안 된다. 정당이나 정치인들의 정치적 노선이 다르거나 얻어지는 정치적 이득이 다른 탓이거나, 충청도 도민의 복지만을 위한 것이기 때문이거나, 대한민국의 원대한 장래를 보는 눈이 다르기 때문이거나 등등.

남의 의견을 반대하는 것이 얼마나 미련하고 어리석은가는, 한국의 고유문자가 처음으로 임금에 의해 창제될 때 있던 신하들의 반론으로도 쉽게 이해할 수 있다. 얼마나 자기 생각만 옳고 남의 의사를 무시 했으면, "모든 계층의 백성들이 쉽게 배워 일상생활에 사용할 수 있고 또 우리말에 알맞은 우리고유의 문자를 만들겠다."는 세종대왕의 의사에도 반대하고 상소(1442년 2월)까지 했을까? 가장 단호하고 격렬했던 보수파 신하 중 한 사람인 최만리가 왕에게 제출한 상소문은 다음과 같다. (한글, 문화공보부, 해외공보관, 1982).

우리나라는 중국을 종주국으로 받들고 있어 중국과는 이씨왕조가 설립된 이래 같은 문자를 쓰고, 같은 길을 따르고 있는 이 마당에 적당한 근거 없이 새로운 문자를 발명 한다면 이는 중국에 대한 우의를 범하는 것입니다.

예로부터 중국의 지배권에 있는 세상 어느 곳에서도 단순히 민족의 특성과 통용어가 다르다는 이유만으로 중국문자와 별개의 문자가 발명된 적은 없었습니다. 몽고, 일본 그리고 티베트가 고유의 문자를 가지고 있다하나 그들은 모두 야만인으로 멸시받고 있습니다. 우리 관습이 중국의 관습에 필적하다고 생각되는 이 시점에, 우매함으로 인하여 우리의 미덕을 버린다면 이는 우리 문화를 퇴보시키는 것이 아니겠습니까? (일부 생략).

이 얼마나 옹색하고 졸렬한 생각인가? 아마도 그들은 자기들의 의견이 절대적인 것으로, 다른 입장에서 다르게 생각해볼 여지가 전혀 없는 완벽한 것으로만 믿었던 것이 틀림없다. 그들의 의중에는 보수파의 승리만 있을 뿐, 인간의 생각은 한계가 있는 불완전하다는 생각을 해 본적도 없는 의기가 당당한 석학들이 아니었을까 생각된다. 타협이나 절충이 우리 삶에 필요한 보다 큰 이유는, 우리 인간은 어디까지나 불완전하기 때문이다. 여기에 우리가 합심과 합력하는 길을 배워야 하는 이유가 있다.

타협으로 분열을 억제할 수 있다면, 그것은 모든 의견에서 공통된 대의를 찾아서 이견(異見)을 좁힐 뿐 아니라 새로운 획책(劃策, Scheme)을 창출해 내는 것이다. 여기에서 대의란 의중의 수위를 의미한다. 한글창제가 민족과 국가의 원대한 장래를 위한 대의라면 세종 시 건설수위는 어느 당파나 충청도 도민이 아니라 대한민국 전체라고 생각해 볼 수 있다. 4대강 살리기 사업의 대의도 같은 뜻으로 생각하면 더 좋은 획책이 생기게 될 것이다. 의견에 상방이 생기면 먼저 대의를 설정하는 이유는, 우리의 신앙생활에서 "먼저 그의 나라와 그의 의를 구하라."(마 6:33)는 예수님의 말씀과 같은 것이 아닐까 생각한다.

제4부 기독교인들에게 필요한 삶의 태도

제21장 한반도의 유민과 이산가족

제22장 현재도 진행 중인 동족싸움

제23장 가난한 목숨들

제24장 거짓이 범람하는 사회

제25장 인질로 잡힌 북의 실향민들

제26장 탈취와 수탈이 만든 후진국의 빈곤

제21장 한반도의 유민과 이산가족

하나님은 우리의 피난처시여 힘이시니
환난 중에 만날 큰 도움이이시라 (시 46:1)

한국의 유민: 지리적으로 멀리 흩어져 사는 가족들을 우리는 '이산가족'이라고 부른다. 국제인도법 상 일반적으로 말하는 이산가족은 전쟁이나 무력충돌로 인한 분산된 경우를 뜻한다. 국제인도법회의(1976)는 분산된 가족들이 다시 만나고 싶어 하는 소원은 '가족의 욕구'인 동시에 '가족의 권리'라고 규정하고 있다.

한반도에 자리 잡은 우리민족은 수천 년 긴 세월을 농경사회에서 비교적 폐쇄적으로 침체생활을 해왔다. 따라서 쇠약했던 우리 단일민족은 북에서 내려오는 대륙세력과 바다를 건너오는 해양세력의 끊임없는 침략을 받으며 타의적으로 흩어져 살 수밖에 없었다. 유민(流民, Displaced People)이란 침략군에 항복한 자와 노예, 전쟁포로들, 해적들에게 끌려간 자와 종주국에게 조공(租貢)과 더불어 바쳐진 양민들, 생계의 안전을 위해 고향을 스스로 떠난 소작인들과 유학생들이다.

한민족이 고향을 등지고 대대적으로 가까운 만주대륙에 옮겨가기 시작한 것은 삼국시대부터가 아닌가 싶다. 대한적십자사의 이산가족백서(1976년)에 언급된 남북이산가족은 1천만 명과 해외이산가족 2백만 명을 합하면 1천 2백만 명이 된다. 고향산천을 떠나야했던 숨은 사정은 불가피하거나 자의적이거나 사람마다 사정이 다를 것이다. 『고향을 떠난 사람들』(2002)이라는 나의 저서에서 나는 사람들이 고국을 떠난 동기를 다음과 같은 다섯 가지로 요약해 보았었다.

1) 흉년, 조정과 관리의 행패 및 외세의 침략 때문에
2) 일본인에 논밭과 나라를 빼앗긴 분노로
3) 일본의 강제적인 징병, 노무 공출로
4) 국토 분단과 동족상잔으로
5) 자의(自意)적인 이민으로

고향을 등진 사람들: 대한적십자사(1976)에서 언급한 한반도의 1천 2백만 명이라는 이산가족은 엄격히 말하면, 한반도를 떠나 지구촌 여러 지역에 분산된 한민족 전체를 포함한다. 고향을 등진 실향민 가운데 타국의 낯선 생활에서 겪어야 하는 수난의 시간을 피해 갈 수 있던 사람은 누가 있었겠는가? 세월과 더불어 생활이 현지에 동화되어가는 동안 고향을 그리던 옛 모습은 하나씩 사라지고, 대신 새 세대가 새로운 피를 이어가고 있다. 하지만 새 세대의 몸속에 흐르는 피라고 달라질 수 없으며, 생소한 말과 풍습으로 살아가야하는 실향민에 다름없다. 고향을 떠나온 세대가 모두 세상을 떠나버리면 이산가족이라는 말도 함께 사라져버릴 것이다. 대신 해외동포라는 말로 불리겠지만 그것도 본국에 남은 후손들이 나라를 잃지 않고 지켜갈 때만 가능할 것이다.

1998년 국회를 통과한 한국의 '재외동포법'에서 다룬 해외교포 숫자는, 중국에 220만, 옛 소련에 50만, 일본에 15만, 구 쏘련(서, 중 및 동 러시아)에 36만, 그리고 사할린에 4만 3천 정도다. 해외교포 중에도 특별히 '조선족'이라고 불리는 박복하고 불우한 이들은 고향을 영영 돌아가지 못하고 평생 고향을 그리며 살아가야하는 사람들이다. 불행하게도 그들은 애굽에서 종살이

하던 이스라엘민족을 인도한 모세 같은 지도자(출 6:13)가 없던 탓에, 고국으로 돌아올 기회를 영영 얻지 못했다.

한국적인 실향민: 우리민족이 당면한 비극적인 이산가족 이란 국토분단전후를 계기로 38선 이북의 고향을 떠나온 다음과 같은 가족들을 말한다. 1) 6.25 전쟁 전에 스스로 월남한 가족, 2) 전쟁을 계기로 월남한 피난민들, 3) 학대와 기아에서 견디다 성공적으로 도망해온 탈출자들이다. 이 분류에 의하면 나는 두 번째에 해당하는 실향민이다.

대한적십자사의 '이산가족 찾기 60년'(2005년 12월)에 따르면 넓은 의미의 이산가족은, 월남 실향민 40만 3천 5백 명, 미귀환 국군포로 생존추정 자 351명, 월북하거나 납북억류자 7천명 그리고 북한 이탈주민 7,523명이다. 하지만 좁은 의미의 이산가족은 나와 같은 전쟁전후의 월남 실향민들을 말한다.

북에서 월남한 피난민의 한 사람이던 나는 당시 이산가족들이 모여서 새 삶을 시작한 강원도 속초에서 2년을 살았다. 고향으로 돌아갈 날이 점점 희박해지자 그곳의 이산가족들은 전쟁 후에 흩어진 가족들의 생사만이라도 알 수 있을까 애를 태웠다. 속히 가족들을 만날 날을 기다리며 망향의 서러움을 달래며 하루하루를 보내던 심정을 시인 박 목월은 시로 그려주었다.

모든 길은 고향으로 통하지만,
어느 길로도 갈 수 없는 고향,
붉은 떼가 득실거리는, 죽음과 피의 국토에
아내를 두고 부모를 두고(중략)

1953년 7월 27일 휴전협정의 조인으로 대적행위나 무장행동은 형식적으로 중단되었지만, 날이 갈수록 남북 사이에 만들어진 장벽은 더 견고해져가는 느낌이다. 남북대화 중단에 이어 북한 정부의 비인도적인 행동(서울 평양간의 통로폐쇄, 휴전선 땅굴구축, 무장간첩의 남파, 국제회의에서 남북대결의 지향, 세습군주정치의 체제화 등)으로 이산가족에 대한 해결방안은 남한정부가 일방적으로 내놓을 수 있는 일이 아니었다.

한국에는 이들 실향민들에 대한 체계적인 통계조사를 실시한 바가 없어 관장하는 기관의 기준에 따라 매우 다르다고 한다. 그러니 법적으로 법무부에서 시행하는 가(假)호적(戶籍) 신고와 국가적인 인구주택 조사가 전부라고 하겠다.

1) 가호적 신고자: 1970년까지의 신고자는 546만 3천명이었다. 이북 5도위원회는 신고자 수에 인구 증가율을(40.3%, 71-96년)감안하여 1976년 말 실향민 1세대를 123만 명으로 추정하고, 2-3세대를 포함한 전 이북출신 가족 수를 767만 명으로 추정한바 있다.

2) 통계청의 인구조사 결과에 따르면 이북출생자의 수는1950년 전쟁 전의 28만 3천명이 전쟁 중에 45만 2천명으로 증가해 1955년에는 73만 5천명으로 증가했고, 1990에는 41만 8천명, 1995년에는 40만 3천명 그리고 2000년에는 35만 5천명으로 감소했다.

한국적인 비극: 지난 60년이 넘도록 세계 사람들의 화제 속에 특이하게 남아있는 한반도의 이산가족은, 성격상 국제인도법이 정의하는 이산가족과는 매우 다르다. 한반도의 이산가족은 나라의 분단과 동족끼리의 전쟁을 전후하여 공산주의 체제가 싫어서 스스로 자유를 택한 가족들이며, 또한 장기 세습군주정치 체제 밑에서 굶주림과 학대에 견디다 못해 사선을 넘어온 탈출자들이다.

한국의 이산가족들이 지닌 또 하나의 특징은, 다른 분단국가인 동서독일이나 세계 모든 나라의 이산가족과는 달리 반세기가 넘도록 헤어진 혈육들의 생사조차 모르고 살아간다는 것이다. 더욱 불행한 것은 우편왕래는 물론 달나라에도 오고가는 최신 전화통신 기술시대를 살면서도 안부소식조차 교환할 수 없다.

우리 민족이 단일민족, 단일 언어, 단일문화로 한반도에 오래토록 자리 잡은 것은, 우리가 정통적인 정서를 가지고 같은 혈육의 가족들과 오순도순 의좋게 살 수 있게 한 원동력이 되었다. 따라서 살면서 가족 간에 불화가 다소 있다 해도 헤어져서는 살 수 없고, 또한 강제로 헤어지지 못하는 것이 한민족의 특이한 상황이다.

생태계의 많은 동물들도 계절을 따라 먹이가 풍부한 양지바른 곳을 자유로이 찾아다니면서 번식하는 것이 바로 하늘의 순리다. 하물며 만물의 영장 인간에게 세상의 그 누가 혈연으로 맺어진 가족들의 자유로운 만남을 감히 금하고, 또 궁금한 소식과 안부를 차단할 수 있는가?

인간에게는 말을 하고 들어서 이해할 수 있는 특혜가 주어졌기에 정을 느끼지 못하는 다른 동물들처럼 '무정'한 존재로 만든다는 것은 천리에 반역하는 처사다. 자유란 인간에게 주어진 기본 권리이며 천리가 아닌가!

한반도의 이산가족들에게 무슨 큰 잘못이 있기에 안부소식 조차 교환 못하며 반세기를 기다리다 지친 채 죽어가야 하는 것일까?

혈육이 자신의 가족들을 만나고 소식을 궁금해 하며 대화를 나누고 싶어 하는 것은 인간의 기본 도리다. 그 누구도 어떠한 이유로도 방해할 수 없다고 믿는 것이 세상 사람들의 공통된 의견이다. 왜냐하면 정치까지도 인간을 위한 인간만이 할 수 있는 행위에 불과하기 때문이다.

제22장 현재도 진행 중인 동족싸움

너희는 보습을 쳐서 칼을 만들지어다
낫을 쳐서 창을 만들지어다
약한 자도 이르기를 나는 강하다 할지어다 (엘 3:10)

6월이 오면: 나는 반세기가 넘도록 한반도 밖에서 살고 있지만, 매해 6월이 오면 아직도 뼈저리게 기억나는 일 두 가지가 있다. 하나는 1950년 6월 25일 새벽에 북에서 도발했던 수치와 치욕으로 뭉친 동족끼리의 전쟁이다. 해방 후 국토가 두 동강이로 갈라진 후, 남쪽 사람들이 방심하며 늦잠을 자고 있던 일요일 새벽에 북쪽 인민군은 무력공격을 해왔다. 모두 선잠에서 깨어나 살아보겠다고 아우성을 치면서 도망 다니던 일이 바로 6월에 있었기 때문이다. 둘째로 기억나는 일은, 신록의 계절인 6월에 밤나무 꽃들이 양향(陽香)이라는 향기로 가난과 고난의 삶을 사는 나를 위로해 주었던 일이다. 보릿고개와 굶주림을 경험한 박정희 전 대통령이 야산에 과실수를 심어주었기 때문이다.

6월 25일에 시작한 북한 공산군의 무력 남침은 동족끼리 싸움에서 시작했지만 세계적인 전쟁으로 확산되었다. 그러기에 매해 6월 25일은, 오늘 대한민국에 사는 사람은 물론 앞으로 한반도에 태어날 사람들도 그 날을 잊어서는 안 된다고 생각한다. 그 전쟁은 세계 여러 나라의 수많은 젊은이들의 목숨을 앗아갔기 때문이기도 하지만, 어느덧 60년이란 긴 세월이 지나갔어도 오늘 잠시 조용하다고 전쟁이 끝난 것이 결코 아니기 때문이다.

휴전협정이 체결된 1953년 7월 27일까지 3년간에 걸친 전쟁으로 국토는 극도로 황폐해졌고, 백성들은 이루 말로 다할 수 없는 참상에 빠졌었다. 목숨을 잃은 사람, 학살당한 사람, 불구가 된 사람, 병든 사람, 실종된 사람, 집과 가산을 잃은 사람, 잿더미가 된 폐허 위를 서성거리던 굶주린 사람…….

아무리 오랜 세월이 흘렀다 해도, 어떻게 그 많은 죽음의 원성과 몸과 마음에 깊이깊이 새겨진 많은 상처들을 잊고 달랠 수가 있을까?

6월이 오면 우리 모두는 그 치열했던 동족끼리의 전투와 비참했던 많은 주검들을 기억하고 되새겨야 한다. 오늘의 대한민국은 국토의 ㎢ 당 참전군인 18.4명의 목숨을 바치게 한 것이며, 그것으로도 부족해 민간인 10명의 생명과도 맞바꾼 땅이다. 아마도 지구상에서 가장 비싸게 산 나라가 아닌가 생각된다.

1) 국군의 인명피해 31만 9천명(전사, 실종, 부상, 포로(8,358명)
2) 유엔군 병력 손실 15만 9천명(미군포로 3,193명 포함)
3) 북한 인민군의 피해 52만9천명(포로 111,754명 포함)
4) 중공군의 병력손실 90만(포로 20,720명 포함)
5) 남한 일반주민의 피해(통계연감, 1953도 제2회): 사망 244,635명, 부상 229,625명, 실종 303,212명, 납치 84,542명, 전쟁미망인 30만 명, 전쟁불구자 33만 명, 고아 10만 명, 결핵환자 100만 명
6) 월남한 북한동포: 889,130 명(대한적십자사 이산 가족백서, 1976)

반복하는 모습: 6.25 남침공격을 당한 것이나 일본에게 나라를 빼앗긴 것은, 모두 정가에 운집한 사이비 정치가들이 패거리가 되어 서로 헐뜯는데 여념이 없을 때 발생했다. 뜻을 모아 선을 이루어도 부족한 마당에 서로 중상모략으로 분열되어 쇠약해

지면, 또 다른 침략을 당하는 것도 간과하지 않을 수 없다. 이미 쓰라린 경험을 하고도 같은 실수를 되풀이 하는 바보짓을 영어로는 '스튜피드'(stupid)라고 한다. 이렇게 무방비(無防備)상태로 있다가 다시 당하면, 한때 우리 조상들이 일본사람들로부터 '죠셍징와 시카다가 나이'(조선 사람들은 구제불능)이라는 말로 조롱받은 것처럼 그런 말을 세계로부터 다시 듣게 될지도 모른다.

6월이 오면 우리는 쭉정이와 알맹이를 식별할 수 있는 능력이 있는지 스스로 점검해 보아야한다. 어린아이처럼 엄마의 치마폭에 의존하여 개성도 식별능력도 갖추지 못하고 살다보면, 사이비 애국자들의 요사(妖邪, Capricious)에 쉽게 말려들게 된다. 남침과 북침까지도 분간 못하고 혼동하는 사람처럼 되고 만다는 뜻이다. 전쟁터에서 아군과 적군을 구별 못하면 우방국과 적국의 식별이 불가능한 것은 당연하다. 독자적인 판단능력이 결핍되면 이상한 종교단체(Cult)나 유행에도 쉽게 도취되어 방향감각을 잃게 된다. 인권이나 기아와 같은 급하고 중한 민족적인 대의(大義)에는 무감각하면서, 군중심리에 매수되어 광우병 같은 일에 쉽게 흥분하여 촛불을 들고 길거리를 활주하게 된다. 지금은 미국 소고기도 잘 사 먹는다는데 이런 급하고 옹졸한 마음은 대체 어디서 오는 것일까?

6월이 오면 우리는 제2의 6.25가 얼마나 쉽게 도발할 수 있는지를 재인식하는 마음을 다져야한다. 북한의 세습군주체제는 국가의 주권이 세습적인 군주의 독단에 의해 운영되므로, 동족을 전멸시키는 전쟁이라도 어렵지 않게 결정할 수 있을 것이다. 아버지가 58년 전에 그러했듯 세습군주로서 그 아들의 야망에 따라서 제2의 6.25는 언제고 도발될 수 있다고 나는 생각한다. 조선시대에도 흔히 그랬듯 군주의 절대적인 위상을 위해 신하와 백성은 억울한 반역자가 되어 목숨을 값없이 내주어야 했다.

북한의 군주전제는 공산주의보다 인권을 더 무시하는 체제니 그런 주동자를 세계는 폭군이라고 부르는 것이다.

세습군주는 백성을 하늘로 알고 정치를 하는 것이 아니므로 자기백성이 헐벗고 굶주려 떼죽음을 당해도 무심하다. 오히려 백성들의 기아를 빙자하여 세계 여러 나라들의 동정을 얻으려고 한다. 세습군주로서 영영 생존하기 위해서는 결사의 자유는 물론 혈륜(血輪)의 만남까지도 불허하여, 500만 이산가족들을 오늘도 그리움을 안고 날마다 아프게 살아가게 한다. 만남이 금지된 사회에서 어떻게 인륜대사의 행복을 기대할 수 있으리오!

그럼에도 불구하고 한국 사회에서는 '반미는 애국이고 친북은 애족'이라는 엉뚱한 말이 인터넷에서 자유로이 오가고, 6.25는 남쪽에서 도발한 민족끼리의 싸움이라고 유인하는 말을 하거나 믿는 사람도 있다고 한다.

기억해야 하는 수치: 6.25는 한국인들에게는 잊을 수도 잊어서도 안 되는 영원한 수치스러운 동족끼리의 전쟁이다. 잊는 그날부터 그러한 전쟁은 되풀이된다. 왜냐하면 그 전쟁은 아직 계속되고 있기 때문이다. 그런 이유 때문에 참전국마다 한국전쟁의 기념탑과 박물관을 만들어 후세들에게 그 비참한 사실을 전하고 있다. 미국의 수도 워싱턴에도 한국전쟁박물관과 기념탑이 독지가들의 헌금으로 건축되었는데 거기에는 다음과 같은 명문(銘文)이 쓰여 있다.

> 알지도 못하는 나라의 만나본적도 없는 사람들을 지키기 위하여
> 3년간 전쟁에서 5만 명이 죽고 10만 명 이상이 다쳤다.

그 참혹한 전쟁이야기를 들어오기만 했지만, 출판업을 하는 이민 여성(김영란 대표)은, 6.25를 직접 겪은 분들의 이야기를 후세에 남겨야 한다는 목적으로 2008년 '역사는 말한다'라는 책

을 출간했다. 이 책에는 27명의 6.25참전 및 체험기가 당시의 참담한 사진들과 함께, 이민 후손들에게 대대로 6.25를 두고두고 기억해 줄 것을 부탁하고 있다.

미연방지: 전쟁은 무섭다. 죄 없는 양민들의 목숨까지 차별 없이 빼어가는 동족끼리의 전쟁은 더욱 그러하다. 전쟁을 미연에 방지하기위해서 우리는 늘 근신(벧전 5:8)하며 또 그때가 언제인지(막 13:33) 알지 못하니 늘 깨어 있어야한다. 그 준비로는 6월이 오면 왜 인민군에 의해 남침을 당했는지를 몇 번이고 꼼꼼히 반성해 보아야한다. 아직 끝나지 않은 한반도의 6.25는, 정가의 사람들이 방심하고 국민이 방관 방자할 때 도발되었기 때문이다. 1941년 12월 7일 진주만의 미국함대가 일본의 공습을 일시에 받았던 것과도 같은 이치다.

한반도에서 제2의 6.25를 피하기 위해서는 먼저 동족끼리의 싸움을 두려워하는 국민이 되어 전쟁을 준비하는 국가와 사회를 만들어 가야 한다. 전쟁을 두려워하는 마음과 생활태도를 저버리고 방심하면 경제적으로는 물론 군사적으로도 연약한 나라가 되므로, 제2의 6.25 뿐이 아니고 제3의 6.25도 불러들이는 기회를 만들어 주게 된다. 세계대전 후 수십 년간 그토록 무섭게 대립되어 무장하고 있던 동서진영도, 전쟁을 두려워한 탓에 전쟁을 치루지 않고도 상호교역을 하면서 지금도 행복하게 공존하고 있다.

한반도의 자유와 평화는 '보습을 쳐서 칼을 만들고 낫을 쳐서 창을 만드는'(엘 3:10)한편, 강하게 단련되어 침략자와 담대히 맞설 수 있어야 한다. 우리가 약하면 약할수록 더 많은 죄 없는 목숨이 무참히 참사를 당할 것이다. 전쟁을 준비하는 가장 큰 이유는 전쟁을 하지 않기 위한 유일한 방법이다. 우리가 방심하고 소홀히 하여 준비를 제대로 못하면 제2의 6.25는 어느 잠자는 주일 새벽에 다시 발생할지도 모른다. 6월이 오면 우리는 모두 '국군은 죽어서 말 한다'(모윤숙)를 정중하게 몇 번이고 경청하면서 전쟁을 막을 준비의 결단을 해야 한다. 그리고 사망의 잠을 서로 깨워주어야 할 것이다.(시 13:3)

산 옆 외딸은 골짜기에 혼자 누운 국군을 본다.
아무 말, 아무 움직임 없이 하늘을 향해 눈을 감은 국군을 본다.
엎드려 그 젊은 주검을 통곡하며 나는 듣노라!
그대가 주고 간 마지막 말을 …

나는 자랑스러운 내 어머니 조국을 위해 싸웠고
내 조국을 위해 또한 영광 스리 숨졌느니
여기 내 몸 누운 곳 이름 모를 골짜기에
밤이슬 나리는 풀숲에 나는 아무도 모르게 우는
나이팅게일의 영원한 짝이 되었노라.

바람이여! 저 이름 모를 새들이여! 그대들이 지나는 어느 길 위에서
고생하는 내 나라의 동포를 만나거든 부디 일러 다오.
나를 위해 울지 말고 조국을 위해 울어 달라고.
저 가볍게 나르는 봄 나라 새여 혹시 네가 나르는 어느 창가에서
내 사랑하는 소녀를 만나거든 나를 그리워 울지 말고 거룩한 조국을 위해
울어 달라 일러 다고.

조국이여! 동포여! 내 사랑하는 소녀여! 나는 그대들의 행복을 위해 간다.
내가 못 이룬 소원, 물리치지 못한 원수, 나를 위해 내 청춘을 위해 물리쳐 다오.
물러감은 비겁하다. 항복보다 노예보다 비겁하다.
둘러싼 군사가 다 물러가도 대한민국 국군아!
너만은 이 땅에서 싸워야 이긴다.
이 땅에서 죽어야 산다. 한 번 버린 조국은 다시 오지 않으리라.
보라! 폭풍이 온다. 대한민국이여!

제23장 가난한 목숨들

내 소유의 절반을 가난한 자들에게 주겠사오며
만일 뉘 것을 토색한 일이 있으면 사배나 갚겠나이다 (눅 19:8)

빈민의 유래: 부자와 빈민은 상대적인 말이나, 빈민(貧民)(Destitution)이란 의식주에 필요한 최소한의 기본량도 지니지 못한 사람들을 의미한다. 희랍문헌에서 말하는 빈민에는 두 종류가 있다. 첫째 (ptocheia, Poverty)는 구걸로 생계를 꾸려나가며 일을 싫어하는 거지들을 뜻하며, 둘째(penes, Poor)는 일은 열심히 하나 벌이가 넉넉지 못해 궁색하지만 고통을 참아가면서 악착같이 살아가는 사람들을 뜻한다.

고대 히브리어에서 말하는 빈민은 신체적으로 나약하거나 장애가 있는 가여운 사람들을 의미했다. 국가적으로 구제 사업이 아직 없던 시대에도 고아와 과부는 사회적으로 불쌍히 여김을 받았지만, 거지는 늘 미움의 대상이었다고 한다. 빈민은 지구촌의 마지막 날까지 우리 인간 역사와 함께 있을 것이다.(신 15:11)라는 성경의 이 말씀으로 보아 빈곤이 고질적인 것만은 틀림없다.(마 14:7)

언제부터 빈곤이 인류역사의 동반자가 되었는지는 정확히 알 수 없지만, 아마도 원시시대 수렵사회 때 싹이 터서 촌락사회(BC 만년)가 형성될 때 뿌리를 내린 것은 아닌가 생각된다. 그 당시 빈민이란 가족을 잃은 과부와 고아 그리고 여의치 않게 자기 부족으로부터 헤어진 이탈자들이었다고 한다. 구약성서가 보여주는 빈부의 형성은, 이스라엘 자손들이 애굽의 노예생활에서 탈출하여 가나안 땅에서 정착생활을 하며 시작된 듯하다.(삼상 8:11-7) 지체 없이 생겨난 사회 불의는 곧 무력을 겸한 권력층이 탄생하여 힘없는 사람들에게 무거운 멍에를 메게 한 것이다.(레 19:13)

약자의 형성: 군주체제는 유대 왕 다윗과 솔로몬에 의하여 깊이 세습화 되면서 강자와 약자가 더 확실히 구별되었을 뿐 아니라, 인간이 인간을 세상의 물건들처럼 팔고 살수가 있었다. 이리하여 부자는 더 강자가 되기 위해 약자를 억압하고 약탈하여 사회악을 만들기 시작한 것이다. 근세조선시대에 있었던 양반계급사회와 같은 것이라 생각된다.

약탈자들은 밤새도록 술에 취하며(사 5:11), 귀부인들은 팔목과 발목에 방울을 달고 귀와 코에는 쇠고리를 채우고 건방지고 교만한 삶을 누리며 사는 향락주의 층이 생겼다.(사 3:16-23) 이들은 백성의 권리를 빼앗고 과부를 털어먹고 고아들을 수탈하는 통치자들이었다.(사 10:1-3) 이렇게 사회가 정착되어 감에 따라서 폭력, 약탈, 착취 및 학대는 점차로 정당화되어, 오늘의 많은 개발도상국에서 보아오는 독재정치체제의 부정과 연고주의의 부패와 다를 바 없는 특수층이 생겨 빈민층의 삶은 더 비참해졌다고 본다.

이들 특수층의 수탈에 대립하고자 모세의 율법과 규례를 기반으로 약한 자를 위한 보호책이 만들어진 것이다.(사 1:16-7)

그 중 몇 가지를 열거해본다.

- 채권자 수탈 행세 금지
- 담보물 설정금지
- 과부와 고아의 학대금지
- 노예와 이민자 학대 금지

- 인권과 자유 보장
- 유괴(誘拐) 방지를 위한 율법 제정
- 분배에 관한 개혁정신

이외에도 탈취를 당한 약자와 가난한 사람들을 위해 지켜가야 할 모세의 율법과 공의로운 재판(신 16:18)까지 있었다. 약자의 하나님은 좌우로 치우치지 말고 엄숙히 지키도록(수 1:7) 했을 뿐 아니라, 그 후에도 많은 예언자와 선지자를 보내어 가난한 사람들에게 하나님 나라의 정의, 소망과 평화를 약속해 주신 것이다.

빈부의 격차: 창조주의 특별한 축복으로 인간은 번식과 행복이 보장되어 있다고는 하지만 우리 스스로가 꾸준한 노력과 수고가 없이는 성취하지 못한다. 이런 도전을 가능케 하는 것이 소위 말하는 의욕이라는 무한한 활력소인데 그것은 우리 인간에게만 주어져 있다고 본다. 인간은 그러한 힘을 바탕으로 연약한 생태계의 한 구성원으로 수렵생활을 해오다가 유목방랑생활에 이어 정착농경생활을 했다. 그리고 산업생활로 옮겨가는 과정에서 사람의 힘은 점차로 강해지고 자연의 의존자 위치에서 동반자, 소유권자 그리고 오늘과 같은 정복자로 전환되었다.

지혜와 의욕으로 사람들은 가문을 세우고 종가와 국가의 번성을 위해서는 많은 자녀가 있어야했으며, 더 넓은 땅을 늘리기 위해서는 이웃과의 싸움을 했다. 한편 부자가 되려고 치열한 경쟁을 하면서 물건을 만들어 파는 돈벌레가 되어 살아가며 축재를 하게 되었다.

싸움과 경쟁에서 승리하기 위해서는 힘 있는 과학기술, 무기와 무술 그리고 능률적인 경영능력이 필요하게 되었다. 18세기 영국에서 시작한 산업혁명은 우리 인간의 지혜와 욕망을 한없이 자극시켜 불과 2-3세기 동안 유럽과 북미의 촌락사회는 공업을 기반으로 부강한 국가들이 탄생하게 되었다. 그들은 지구촌 곳곳을 찾아다니면서 시장을 확보하고 과학과 기술을 계속 개발 성장시켜 인류문명에 기여하면서 자본주의를 탄생시켰다. 그리고 민주주의를 부강케 하여 세계화시대를 향하여 전진하고 있는 것이다.

제1차 대전이후 초고속으로 개발 성장된 과학기술은 북방의 산업선진국을 탄생시켜 기술혁명의 혜택을 아직 못 받은 남방의 미개발국과 분리되었다. 또 나라마다 물질문명의 혜택은 마치 소나기처럼 지역적으로 내려 부자와 가난한 무리가 구분되었다. 그리하여 날이 갈수록 가진 자는 더 부자가 되는 반면 가지지 못한 자는 더 비참해 지는 사회로 계속 변해가고 있다. 빈부의 사이에는 약육강식의 법칙이 따라 약자는 강자에 포탈의 대상이 되었으며, 심지어는 많은 민족들은 나라와 언어마저 빼앗기고 식민지통치를 받아야만 했다.

한편 사회복지사업도 세계적으로 증가 확장되어 가고 있지만, 비참하게 사는 사람들의 수는 예외 없이 세계 각 나라마다 날이 갈수록 현저하게 늘어가고 있다. 특히 세계인구의 55%(1990년)가 거주하는 아시아지역은, 세계은행(World Bank)이 집계한 총 세계극빈자 11억 3천만 중 8억이 빈곤층에 속하며, 그 중에도 70-75%는 하루에 미화 1달러미만으로 연명하는 굶주린 극빈자라고 한다.

경제협력개발기구(OECD)의 최근 집계에 따르면 2008년도에 개발도상국에 제공한 총 원조자금은 1천 198억 달러로 사상 최고기록을 남겼다. 이러한 경제원조는 계속되고 있지만 후진국의 경제성장에는 큰 도움이 못될 뿐 아니라 빈곤층의 생활에는 오히려 역효과를 남긴다는 의견과 논의가 전문가들 사이에 격렬하게 오가고 있다. 경제개발연구에 일생을 바친 바우어(Peter Lord Bauer)는 『개발에 의의』(Dissident on Development, 1972)라는 저서에서 '원조란 개발과는 무관한 낭비'라고 했는데, 최근에 출판된 『빈민자의 교훈』(Lessons of the Poors by Alvaro Vargas Llosa, 2009)에도 빈민자들에게 필요한 것은 사유재산을 소요할 수 있는 '자유와 보장'이라고 했다. 아마도 이것이 위에서 지적한바와 같이 개발은 '욕망의 자극'(Incentive)에 의한다는 말과 같다는 뜻이리라.

빈곤이란 쳇바퀴(Treadmill): 나는 『One Dollar A Day』라는 책을 저술하면서 '빈곤의 수레'(Poor to Poor Cycle)에 대해 정의한 적이 있다. 그 말은 가난하기 때문에 학교공부를 남처럼 제대로 받지 못해 늘 수입성이 낮은 일만 하다가 병이 들고, 결국에는 가난-무지-질병이라는 수레를 타고 쳇바퀴 안에 든 다람쥐처럼 제자리를 돌고 돈다는 뜻이다. 미개발후진국에 만연되어 있는 고질적인 빈곤을 뜻하며 그것은 조상으로부터 대대로 전해오는 선천적인 것이다.

특히 농촌영세민은 조상으로부터 한 평의 땅도 물려받지 못한 소작농가나, 땅은 물려받았으나 이미 협소해 질대로 협소해진 소규모의 경작지를 세대가 바뀔 때마다 새로 태어난 자식들이 나누어 가지면서 점점 더 가난해진 사람들이다. 한반도 역사를 통해 흔히 있었든 것처럼, 가뭄이나 장마로 흉년이 들면 굶주림을 참다가 고리대금의 올가미에 걸리고 다른 살길을 찾아 고향을 등지고 유민의 길을 떠나는 것이다.

더러는 자녀들의 장래를 위해 부업을 찾아다니지만 끝내는 비참해진 채 식솔들을 이끌고 도시로 이주하게 된다. 제2차 세계대전 후 세계각처에서 급성장한 도시인구는 농촌을 무작정 탈출한 농촌-도시 이주자들로, 결국은 도시에 이전해 '새마을'이란 신도시를 만들었다. 그것은 한국의 '달동네'나 인도의 '쥬기'(Jhuggy) 혹은 동남아 대도시주변에 난립하고 있는 '슬럼'(Slums)과 같은 빈민가(貧民街)이다.

이렇게 20세기 도시는 희망과 꿈을 지닌 다양한 사람들이 모여들어 천연색 인간시장을 형성하였는데, 일거리를 찾지 못한 실업자 수가 급증해지면 도시의 천연색은 조화를 잃게 된다. 인도네시아는 할일 없는 노동인구를 구제하는 부양책으로, 국도에서 지방도로까지 마치 시골 마을의 '달구지' 길처럼 사람의 손으로 만들고 있는 것을 목격한 적이 있다.

농촌빈곤이 경작지와 직접적으로 관계가 있다면 도시빈곤은 수익성이 있는 취업기회의 유무에 의존되고 있다고 하겠다. 1990년대 IMF폭풍이 휩쓸 때 아시아의 여러 나라에서 경험했듯이, 경제 불황이 오랫동안 계속하면 양산되는 실업자들 중 많은 수가 빈곤의 수레에 오르게 된다. 그 수레가 굴러가는 순간 가족들이 흩어지게 되고 사회적으로 혼동을 일으킨다. 가족으로부터 버림을 받은 한때의 가장, 어머니를 잃은 아이들, 이혼으로 생긴 고아들, 소년소녀가장, 노숙자, 독거노인, 거리의 천사들 모두 사회복지사업에 들어갈 새 식구들이다.

한번 빈곤의 수레에 오르면 내리기가 쉽지 않다. 왜냐하면 수레는 멈추지 않고 계속 굴러가기 때문이다. 해외원조금이나 독지가의 구호금 혹은 국가의 복지사업과 같은 일시적인 도움의 손길로는 빈곤의 수레에서 쉽게 내릴 수가 없다. 하나의 방법이 있다면 그것은 가난이 가져다주는 수모와 비참한 모습을 잊지 말고 기억하면서 절제하여 스스로의 힘을 키우는 일이다. 그들이 스스로 능력을 키울 수 있는 유일한 길은 근검과 절제뿐이라고 나는 생각한다.

제24장 거짓이 범람하는 사회

살인자들과 행음 자들과 술객들과 우상 숭배자들과
모든 거짓말 하는 자들은 불과 유황으로 타는 못에 참예 하리니 (계21:8)

거짓(Falseness): 거짓 '위'(僞)자로 시작하는 한자는 모두 사실과 다르다는 뜻이다. 한국말에는 '위'로 된 말이 수없이 많다. 위선(僞善)에서부터, 위서(僞書, 거짓문서), 위언(僞言, 거짓말), 위은(僞恩, 가장한 은혜), 위장(僞裝, 눈속임), 위조(僞造, 가짜), 위폐(僞幣, 가짜 돈), 위판(僞版, 가짜 인쇄물), 위필(僞筆, 남의 필적) 등 너무나 많다. 그 모두 우리사회에 오랫동안 존재해 온 말들로 선조들이 살아오면서 겪은 것들을 말로 만들어냈을 것이다. 거짓된 사회에서 속고 속으면서 사는 사회는 민도가 낮은 살기 어려운 나라다.

거짓은 국제간의 외교와 상거래에도 존재하는데, 적대국끼리 역(逆)정보(Dis-information)를 발설해 적군을 함정에 빠트리기도 한다. 내가 성장했던 고향사람들은 순박한 탓인지 거짓과 진실을 잘 분간하지 못해 쉽게 속아 넘어갔다. 일본식민지통치의 온갖 정책과 평등 그리고 공동분배라는 공산주의 이념까지 말 그대로 믿고 따르며, '왜'라는 질문한마디 하지 못한 채 고립되어 억울하게 살아가고 있다. 독립이 된지 60년이 지난 지금도 한국의 지식인들 중에는, 선군과 폭군 그리고 민주주의와 세습 군주체제의 장단점을 구분 못하는 사람들이 있다고 들었다.

현대사회는 점차 거짓으로 장식되어 가고 있다. TV를 비롯한 대중매체는 물론 사람의 마음도 거짓으로 물들어가지만 느끼지 못하고 살아갈 뿐이다. 거짓은 크고 작은 것에 상관없이 대인관계의 믿음을 잃게 하고, 나라와 지역사회 안에서는 신임을, 국제간에는 신용을 잃게 한다. 믿음을 잃었다는 것은 책임을 감당하지 않겠다는 뜻이 되니 인간사회에서 이보다 더 굴욕적인 수치는 없다. 이렇게 되면 친구를 포함해 사랑하는 사람 모두 떠나기 십상이다.

거짓의 간교: 이스라엘과 사도바울이 살던 시대에도 여러 종류의 거짓이 많았던 것 같다. 거짓선지자(마 7:15), 거짓그리스도(마 24:24), 거짓선생(벧후 2:1), 거짓사도(고후 11:13), 거짓형제(고후 11:26), 거짓말쟁이(요 8:44), 거짓증인(고전 15:15), 거짓증거(신 5:20), 거짓맹세(호 10:4), 거짓우상(렘 51:17) 등 매우 다양하다.

거짓 중에서 가장 쉽고 흔한 인간의 간사(奸詐, Cunning)도 거짓말이다. 2009년 8월 26일자 미국의 한 조간신문(Wall Street Journal)에는 네 살짜리 어린아이들도 매시간 네 번씩이나 가짓말을 한다는 기사가 났다. 이 사실은 지난 40년간 아동성장에 관한 1,500개의 연구논문을 분석하는 과정에서 얻은 것이라고 한다.

1969년 미국의 한 심리학자(Nathaniel Brandon)는 삶의 성공은 자부심(自負心, Self-Esteem)에 따른다고 했지만, 많은 연구조사에 따르면 학생들이 지닌 자부심은 성적, 반사회적인 생각, 음주 등과는 관계가 없었다. 오히려 탁월한 두뇌를 믿어 노력을 덜 할뿐 아니라 기발한 생각을 한다는 뜻으로 이해되었다. 거짓 중에는 선의의 것도 있다고 하지만 거짓에 익숙하다보면 거짓말쟁이가 되어 말의 신용은 물론 인격까지 잃게 된다.

인구가 증가하고 경제가 성장해서 생활이 윤택해질수록 우리

사회는 보다 지능적이고 간교한 거짓이 범람해 간다. 생활용품을 비롯해 의약품에 이르기까지 광고와 선전을 보면 어느 정도가 사실인지 구분하기가 어렵다. 심지어는 나라에서 봉급을 받고 살면서 거짓 때문에 TV와 신문잡지를 수시로 장식하는 정치인들의 말도 믿기 힘들다. 항간에 소란을 피우는 종교지도자들의 말과 행동도 다를 바가 없으니, 돌다리를 두세 번 아니 여러 번 두드려보고 건너야 할 때가 아닌가 싶다.

거짓언행 가운데 가장 빈번한 거짓말은 의식적으로 인간의 간사한 생각에서 행해지나, 때로는 귀와 입을 거쳐 오고가다보면 말이 거짓으로 변질되는 경우도 흔히 있다. 교회와 같은 지역적인 신앙공동체 안에서 흔히 볼 수 있는 일이다. 사실을 찾기 위해 소극적으로는 3자 대면을 하는가 하면 적극적으로는 전문가를 통해 물증으로 거짓의 가해자와 피해자 구분한다. 거짓을 피해가는 가장 현명한 방법은 이성적인 언행과 이성적인 판단이다. 이성이 결핍되면 거짓의 함정에 빠지게 된다. 거짓에 매혹되거나 거짓과 타협을 피하는 가장 근본적인 수단은 그들과 자리를 같이 하지 않은 것이다.(시 1:1). '까마귀 모인 곳에 백로야 가지 말라'는 선인의 경고도 있다. 그러면 까마귀가 없는 곳은 어디에 있을까? 거짓이 범람해가는 사회지만 비교적 안전한 곳은 크리스천들이 모여 예수님의 본을 배우는 교회가 아닐까 생각한다. 적어도 그들은 죄를 미워하며 선한 마음을 가진 사람들이 모였기 때문이다. 또 다른 곳이 있다면 정부기관인데 이 기관들은 공익을 위해 존재하며 국내외적으로 감시하는 규정들이 있기 때문이다.

순진한 사람들: 국가적인 입장에서 보면 거짓은 사회범죄의 원인이 되고 대인관계에서는 불신임을 주는 민도문제가 된다. 살기 좋은 사회는 거짓 행위를 미워하여 뿌리를 못 내리도록 하는 시민의식이 있는 사회를 말한다. 지역사회의 시민은 서로 신

뢰하고 믿으며 살 수 있도록 서로가 생활환경을 만들어 가야하며, 개인적으로는 속임수에 유혹되지 않도록 각자가 더 현명해져야할 것이다.

거짓이란 본의 아니게 행하는 경우도 있을지 모르나 대부분 자신에게 유익하도록 의도적으로 사실을 과장하는 경우를 말한다. 따라서 속이는 사람은 물론 나쁘지만 속임을 당하는 사람도 책임이 있는 이유는 속임수에 대한 식견이 없거나 빠져들지 않도록 조심하지 못한 탓도 크기 때문이다. 순진한 교인들이나 어리석은 사람들이 속임에 넘어가기 쉽다는 것은 당연한 일일 것이다.

내가 아는 권사님 한분은 이웃에서 누님 누님하면서 가깝게 지내던 사업가의 보증을 섰다가 남편이 남겨준 부동산 모두를 한 순간에 잃어버렸다. 한국은 유교사회로 친척, 이웃 그리고 친구 간에도 쉽게 돈을 빌려 쓰는 풍습이 전해오고 있다. 보석상을 경영하던 나의 숙부님은 돈을 꾸러오는 사람들에게 돈을 빌려주는 대신 적당한 액수를 주는 것으로 끝냈다. 돈은 빌려주면 친구도 돈도 모두 잃게 된다는 것이 그 분의 생각이셨다.

나는 젊은 시절을 거의 열대 후진국에서 보낸 탓인지는 몰라도, 공사를 불문하고 큰 문제는 눈으로 직접 확인하기 전에는 결정하지 못하는 버릇이 있다. 그래서 나에게는 한때 '돌다리 두번'이라는 별명이 있었다. 월남 전쟁 때 태국에서 경험한 일이다. 홍콩에서 사업을 한다는 한 젊은 한국인을 우연치 않게 만났는데, 그는 태국에 사업차 올 때면 나를 늘 찾아 주었다. 세월이 지나면서 우리 집에도 여러 차례 초대되어 가족들과 함께 즐거운 주말을 보냈는데, 한번은 나에게 호텔에서 도둑을 당했다며 집에 돌아갈 비행기 표를 구할 돈을 빌려달라고 했다. 수중에는 현금이 없으니 월요일이 되면 은행에 가서 변통해보자고 안심을 시켰다. 그날 밤 내게 두 가지 질문이 생겼다. 하나는 도둑이 비행기 표를 훔쳐서 무엇을 할까 하는 것이고, 둘째는 이 사업가에게 태국의 거래처보다 내가 더 가깝다는 말인가 하는 점이었다. 나는 이 두 질문의 해답을 제대로 찾지 못한 채 월요일 아침 대사관에서 근무하는 친구에게 그 이야기를 했다. 친구의 말이 그는 대사관에 있는 사기꾼 명단에 포함된 사람이라고 했다.

나에게 거짓을 피해갈 수 있는 묘책을 묻는다면, 아무리 하찮은 것이라도 길이 아닌 길은 선택하지 않는 지혜라고 말하고 싶다. 왜냐하면 내가 사는 세상에는 지름길이 없기 때문이다. 거짓은 동기가 별로 대수롭지 않은 작은 것이라도 그것이 올가미가 될 수 있기에 무조건 해서는 안 된다. 거짓의 결과는 어떤 경우든 덕이 되지 못하기 때문이다. 우리는 거짓을 미워하는 만큼 거짓유혹에 넘어가지 않도록 스스로 지혜로워져야 하며 거짓과 타협하지 않아야 한다.

순진한 사람들이란 대체적으로 세상물정에 물들지 않고 성격이 유한 사람들을 말한다. 확고한 개성이나 의지가 굳지 못한 사람들일지도 모른다. 이런 사람들은 남의 말과 행동에 쉽게 호응하며 자기 뜻대로 생각하지 못하고 쉽게 넘어가기 십상이다. 그래서 공산주의자들은 학식을 갖춘 지식인보다 순진한 무산계급의 사람들을 먼저 포섭한다는 것이다. 개성과 의지가 있다면 풍요롭게 사는 남한의 한국인들이 어떻게 배은망덕한 무리와 어울려서 맥아더(Douglas MacArthur)의 동상을 파괴하려는 옹졸한 생각을 할 수 있었을까? 국민들이 흑백을 분간할 수 있는 식별능력이 없다면 민주주의를 잘 키워가기는 어려울 것이다.

제25장 인질로 잡힌 북의 실향민들

인자야 네가 패역한 족속 중에 거하도다
그들은 볼 눈이 있어도 보지 아니하고 들을 귀가 있어도
듣지 아니하나니 그들은 패역한 족속임이니라 (겔 12:2)

이산가족: 한반도의 실향민들은 떠나온 곳으로 다시 가볼 수 없는 고향을 빼앗긴 이산가족(Displace Families)들이다. 우리민족이 당면한 비극적인 이산가족은 국토분단 전후를 계기로 38선 이북에서 온 실향민들로 다음과 같이 구분된다. 1) 6.25전쟁 전에 스스로 월남한 가족들, 2) 전쟁을 계기로 월남한 피난민들, 3) 학대와 기아에서 견디다 못해 도망해온 탈출자들인데. 그 중에 나는 두 번째에 해당하는 실향민이다.

휴전협정이 가결되고 만 18년이 지난 1971년 8월 대한적집자사는 남북적집자사회담을 제안하였다. 월남한 이산가족들의 가족 찾기와 만남의 국가적 사업이 비로소 시작되었다. 같은 해 9월 20일 역사적인 제 1차 남북적십자 예비회담이 판문점 중립국감독위원회 회의실에서 개최되었다. 그 후 생사 및 거처확인, 소식 통보, 서신교환, 면회, 상봉 등 의제를 논의하는데 모두 25차례에 걸친 예비회담으로 1년이라는 세월을 보냈다.

끈질긴 예비회담으로 1972년 8월에는 제1차 남북적십자 본회담이 드디어 평양에서 개최되었고, 1973년 7월까지 서울과 평양을 오가면서 7차에 걸친 회의가 있었다. 하지만 의제의 제1항인 '남북에 흩어져 있는 가족들의 주소와 생사를 알아내는 일'을

미끼로 북측은 남한 반공법과 국가보안법 등의 철폐만 계속 요구해 아무런 성과를 얻지 못했다.

한 해가 지난 1974년 7월에 새로 생긴 실무자회의는 1977년 12월까지 3년 5개월간 판문점에서 25차례에 걸쳐 이루어졌다. 남쪽에서는 '노부모문제 해결을 위한 제안'을 거듭 강조했고 북측은 남한의 '외세의존정책 포기, 인권탄압중지, 반공대결정책 중지, 전쟁정책 포기 및 무력 증강 중지, 조선정책 철회' 등의 문제를 제기해 결국 아무런 성과를 얻지 못하고 회담은 중단되고 말았다.

가족상봉: 남한의 한미합동군사훈련을 이유로 1977년 말 중단되었던 남북적십자회담이 7년 후인 1984년 11월 20일 판문점에서 다시 개최되었다. 서울 풍남동지역의 수재민에게 북측에서 보내온 수해물자를 주고받은 것이 계기였다. 그 후 수해물자를 위한 접촉은 본회담으로 이어져 11차례나 만나게 되었는데, 그 과정에서 1985년 9월 3박 4일의 역사적인 남북이산가족 동시방문(예술 공연단 포함)이 이루어졌다. 극적인 이 사건을 계기로 남쪽의 35명 이산가족과 평양을 비롯한 북에서 온 30명이 서울에 도착하여 도합 92명의 가족과 친척들이 상봉하며 재회의 감격을 나누었다.

이산가족이 평양을 방문한 이틀째에는 모란봉 경기장에서 학생 5만 명이 김정일 우상화 마스게임을 했고 거기에 동원된 주민 10만 명은 박수로 함께 했다. 그런데 남한의 방문단이 관람하지 않고 중간에 퇴장한 것이 문제가 되어 계속되어야할 이산가족의 동시방문은 더 이상 거론될 여지를 영영 잃고 말았다.

그러나 그 후 이산가족의 만남을 위한 노력은 계속되어, 1990년대에는 접촉을 위한 회담을 위한 여러 모임이 국내외에서 이루어졌다.

1) 1990년 9월에 시작한 남북 고위급회담(국무총리 급)이 8차(1992년 9월)까지 계속되는 동안 남북교류협력분과 위원회와 노부모 방문단을 위한 실무대표팀을 탄생시켰다.
2) 중국의 베이징에서 세 차례에 걸친(1987-88) 차관급회의는 북측이 요구한 비료 50만 톤을 수락하는 대가로 판문점에 이산가족 면회소를 설치할 것을 토의하였다.
3) 민간차원의 이산가족 교류를 위해 남측이 소요경비를 지원하기로 하였다.

정상회담: 분단 55년만인 2000년에 두 분단 정부의 정상인 김대중과 김정일이 만나면서 이산가족문제의 돌파구가 마련되었다. 그들이 만든 '6.15 남북공동선언'에 의거 남북장관급회담과 남북적십자사회담이 다시 열리게 된 것이다. 이 선언을 기반으로 우선적으로 합의를 이룬 것이 광복 55주년이 되는 8월 15일을 기하여, 15년 전에 한 번 있었던 이산가족의 동시방문이 허락되었다. 장관급 회담은 2005년 말까지 17차례 남북으로 오가면서 많은 의제로 시간을 보냈는데, 그 중에서 금강산 면회소 설치를 주선한 것은 세계가 주목할 만한 일이었다. 한편 적십자 실무접촉은 2001년 2월까지 동시교환방문을 두 번이나 더 성사시켰고, 또 이어서 9차례나 금강산면회소를 통해 순차상봉을 주선한 것이다.

2005년 6월 17일 대통령특사 정동영이 김정일과의 회담에서 합의한 화상(畵像)상봉은, 정보통신기술을 활용하여 거동이 불편한 헤어진 가족들 간에 음성과 얼굴을 화면을 통하여 상봉하자는 제도였다. 남측에서 시설비를 충당하여 60주년 광복절에 남북이 각각 20가족씩 화면을 통하여 상봉한 후 같은 해에 두 차례 더 그런 일이 있었다.

우리는 단일민족이라고 입을 모아 말하지만 흩어져 살아야

하는 이산가족들은 광복 60년이 넘도록 만남은 물론 생사를 확인하거나 안부를 전하는 매우 간단한 서신교환까지도 못하고 살아왔다. 남북적십자사는 국제사회의 눈가림으로 각기 이산가족의 인도적인 담화를 종종 발표하며 접촉을 해왔지만, 북측이 정치적 의제를 우선 과제로 고집해 회담은 명분뿐이었다. 한 가지 성사시킨 것이 있다면 1985년 9월에 있었던 선별된 이산가족이 서울과 평양에서 동시에 방문한 정도가 아닌가 생각된다.

남북 사이에 있었던 엇갈린 이산가족의 문제들이 풀리기 시작한 것은 남측의 '햇볕정책'이 시작되고 특히 두정상이 만난 2000년 후인 듯싶다. 대한적십자사의 '이산가족 찾기 60년'에 의해 이루어진 일은, 6.15 남북공동선언부터 2005년 말까지 총 12차례에 걸친 방문단 교환사업을 통해서 26,298명, 화상상봉을 통해서 2,338명, 두 차례의 생사/주소 확인사업으로 2,267명 그리고 600건의 서신 교환이 이루어졌다고 한다. 민간차원에서 교류도 활성화되어 생사확인 3,577명, 서신교환 10,099명, 제3국 상봉 1,516명, 방북상봉이 26명이라고 한다.

남은 이산가족: 앞으로도 이산가족문제가 지난 10년처럼 계속적으로 진행될지는 알 수 없는 미지수다. 대화의 환경을 좌우하는 변수는 여럿이 있을 것이나 나는 우선적으로 다음과 같이 셋으로 나누어 생각해 보았다.

첫째는 이명박 정부가 얼마나 지난 10년간에 했었던 것처럼 인내심을 가지고 북쪽의 변덕에 순응하면서 요구사항을 수락하느냐에 있다고 생각한다. 이산가족교류를 우선으로 하나씩 해결하는 과정에서 동결된 남북의 정치적인 문제를 해소해 보자는 남쪽의 정책은 더 이상 무모한 것 같다.

남쪽의 민주주의와 북쪽의 세습군주주의는 누가 봐도 완전히 상반되는 정치체제이다. 따라서 남북문제는 적대에서 평화적인 통일에 이르려면 수 없는 높은 산이 가로 막고 있는 것을 극복해야 한다. 그 중에 이산가족들에게 재회의 기회를 열어주는 과제는 남북 모두 인도주의적으로 반드시 성사되어야 하지만, 우선순위가 매우 다르기 때문에 회담마다 의제선정으로 많은 시간을 낭비하여 왔다.

지난 10년간 남북이 합의한 과제나 5.16 남북정상선언과 같이, 이전에 약속한 것은 군주에게는 그렇게 비중이 있는 문제가 아니다. 군주의 나라, 특히 폭군의 정치체제하에서는 한 집권자에 따라 의제가 조석으로 변할 수 있기 때문이다. 막대한 위세 때문에 백성들은 그 군주를 초인간적인 신으로 인정하고 순종하면서 살아야만 한다.

두 번째 문제는, 지난 10년처럼 새 정부가 국가재원을 이산가족문제에 사용할 수 있는 호응을 국민으로부터 받을 수 있느냐에 달려있다. 이산가족문제가 차지하는 남쪽의 우선순위를 잘 알고 있는 북측은 한 번의 상봉을 수락할 때 마다 최대한의 이득을 얻어내는 것을 당연시 해왔다.

국토가 분단된 지 60년이 되도록 외부세계와 담을 쌓고 군주체제를 유지하는 북쪽 철의 장막(Iron Curtain)은, 군주를 신으로 모시는 몇몇 신봉자들이 꾸려가는 나라다. 스스로 남쪽을 택하고 고향과 가족들을 떠난 사람들에게 재회의 기회를 주는데 아무런 뇌물도 조건도 없이 그냥 줄 이유가 없다고 생각하는 것이다. 왜냐하면 공산주의체제와는 전혀 다른 세습군주제도가 장기체제화 하는데 백성들은 인질 혹은 볼모에 지나지 않기 때문이다.

상봉 신청자(98,153명)중 지금까지 기회를 얻은 실향민(26,298명)은 불과 30%미만이지만, 기회를 얻기 위해 얼마나 노력을 해왔고 정부에서 사용한 국가재정이 어느 정도인지는 한번쯤은 생각해 볼 필요가 있다고 본다. 기록이 얼마나 신빙성이 있는지는 알 수 없지만 인터넷에 나타난 기록을 통해 본 두 '친북성 정부'가 북쪽에 전달한 정부자금은 어마어마하다.

*김대중 집권당시: 2조 7천 28억 원에 더하여 비자금 9천억 원.

*노무현 집권당시: 5조 7천 777억 원에 더하여 2007년 10월4일의 공동선언을 기하여 14조 8천억 원.

세 번째 문제는 세월과 더불어 흩어진 가족들의 수가 점차로 감소됨으로, 앞으로 수년 안에 상봉의 기회가 주어 진다해도 육체적으로 거동할 수 있는 수는 극소수에 이른다는 사실이다. 대한적십자사, 통일부 그리고 이북 5도위원회에서 공동으로 1988년 이후 운영 중인 이산가족정보센터에 신청한 이산가족은 12만 5천명이었으나, 그동안 사망자 2만 7천명을 제외하면 나머지 9만 8천153명(2005년11월 말])이 아직 흩어진 가족들의 행방과 상봉에 관심 있는 사람들이다. 당시 그들의 80%가 70세 이상이었고 60세 이상의 신청자를 포함하면 90%가 고령자였다. 수년 내에 남한에서 이산가족 찾기 운동은 더 계속할 명목을 모두 잃게 될 것이다.

이에 더하여 이산가족에 대한 인도적인 국민의 관심도 점차로 희박해지는데 우리는 이것을 '의식변화'라고 부른다. 미국에 사는 이민 2세와 3세가 그러하듯이, 남쪽에 사는 이산가족의 후세들에게도 북쪽은 단순한 부모님들의 고향에 불과한데 북쪽에는 그들을 알아보는 사람도 없고 또 알 만한 사람도 없다. 고향이 있다는 것은 그곳에 부모님이 생존해 계시기 때문일 것이다. 지구가 지구촌으로 변해가면서 애달프게 불러보던 고향은 옛날의 유행가정도로 남아있게 될 것이다. 우리의 '고향'이라는 말도 지구촌 곳곳에서 영어를 사용하는 것처럼 언젠가는 고유한 의미가 서서히 자취를 감추게 될 것만 같다. 그런데 60년 전에 시작한 이산가족들의 자취는 그럭저럭 없어진다 해도 점차적으로 늘

어나는 제2의 실향민, 즉 탈북자들의 망향은 누가 무엇으로 채워줄 수 있을까? 그들에게 고향방문의 기회를 주는 군주는 역사적으로 영원히 남을 선군이 될 수 있을 것이다.

제26장 탈취와 수탈이 만든 후진국의 빈곤

너희가 선을 미워하고 악을 좋아하여 내 백성의 가죽을 벗기고 그 뼈에서
살을 뜯어 그들의 살을 먹으며
그 가죽을 벗기고 그 뼈를 꺾어 다지기를
냄비와 솥 가운데 담을 고기처럼 하는도다 (미 3:2-3)

강자의 형성: 생물학적으로 보면 강자와 약자는 세상 밖으로 나오기 이전에 이미 만들어진 듯싶다. 나는 어릴 때 숙부 댁에서 부업으로 돼지 키우는 양돈을 도왔는데, 어미 돼지가 새끼를 낳으면 보통 열 마리를 낳았다. 같은 어미에서 같은 날 태어났는데도 놀랍도록 큰 것과 작은 것의 차이가 났고, 그 차이는 시간이 갈수록 눈에 띄게 나타났다. 어미젖을 먹을 때도 작은놈은 왕따를 당해 자기 몫까지 챙기지 못해 사람이 지켜 서서 도움을 주어야만 했다. 같은 가지에 달리는 과일에도 크고 작은 것이 있듯, 만물의 영장이라 불리는 사람의 경우도 다른 생물체와 다를 바 없어 선천적인 것과 후천적인 것이 있다. 세상에 태어나면서 강약의 형질(形質, Character)을 지닌 유전자가 관여하는데, 성장기를 통해 받는 내부와 외부에서 주어지는 영향에 의해 결과는 만들어진다. 후천적으로는 좋은 부모를 만나는 것으로 강자가 보장되는 것이다.

비약적으로 발전해온 과학기술은 봉건사회제도를 허물고, 세계 곳곳에 국민의 자유와 권리를 보장하는 민주주의적 정치체제와 개인의 욕망을 부추기는 자본주의 자유경제제도로 자리잡아

가고 있다. 침체되었던 아시아지역에도 지난 4세기동안 끈질긴 노력과 피땀의 결과 급속한 경제성장을 했다. 후진국에서 개발도상국이 되고 '아시아의 호랑이'라고 불리는 신생공업국들이 탄생하였다. 이러한 아시아의 경제적 기적은 유럽과 같은 성숙한 민주주의의 덕이라고 말할 수는 없지만, 의욕적인 경제개발정책과 사회 안전 혹은 공산주의를 적대시하는 정부의 자유주의 경제체제 결과로 생각된다.

아시아에 국제적인 경제개발성장과 더불어 걸음마를 시작한 민주주의 신생국 수는 1975년 이후 20년 간 8개에서 14개국으로 증가하였다. 하지만 아직도 몇 나라에서는 장기집권자가 철의 장막을 만들어 인권을 유린하고 경제활동의 자유를 통제해 국민들을 비참하게 만들고 있다. 한반도 이북 땅에 반세기동안 갇혀있는 사람들이 바로 그런 상태에 놓인 사람들이다.

나는 WHO에서 약 30년간 일하는 동안, 식민지로 있던 아프리카와 동남아시아 열대 후진국들의 빈민촌 사람들의 생활을 가까이에서 보았다. 그들은 모두 낙후된 마을에서 힘겹게 사는 사람들로 우리가 흔히 목격하는 도시의 거지들과는 근본적으로 다르다. 그들의 고난은 도시의 빈민들처럼 개인적인 실수나 가정의 실패로 된 것이 아니고 땀 흘리는 고된 노동을 싫어해서도 아니었다. 대부분 외부로부터 받은 집단적 수탈과 시대를 잘못 태어났거나 부모를 잘못 만난 탓으로 보였는데 그 요인들을 나는 이렇게 보았다.

식민지 수탈: 사람들이 배를 만들어 항해할 수 있게 되자 서구의 백인들은 아프리카(1488년)와 북미대륙(1492년)이란 큰 땅을 찾아가 물물교환을 하며 재물의 맛을 알게 되었다. 이들은 더 크고 많은 배를 만들어 잠자는 나라들을 찾아가 탈취하고 정복을 시작해 식민지를 만들어갔다. 역사가들에 의하면 1500년 포르투

갈(Portugal)에서 시작한 식민지 통치는, 레바논(Lebanon)을 기점으로 식민지 해방이 된 1943년까지 4세기동안 80여 국가가 지배를 받아왔다고 한다.

아시아에서는 일본과 태국을 제외한 모든 나라가 식민지생활을 한 것 같다.

우리식구가 두 번에 걸쳐 8년을 보낸 섬나라 인도네시아는 1602년부터 거의 350년간 네덜란드의 통치를 받았다. 그들은 식민지통치를 위해 총독부를 설치하고 세금을 걷었는데 지세(地稅)는 벼 수확의 40%에 달했다. 세금을 못 내면 쌀 대신 자국에서 필요한 담배, 설탕, 커피 등을 재배하게 했고, 농토가 없는 소작인들은 매년 66일을 총독부 농장으로 징발해 가서 보수도 없이 일을 시켰다. 이렇게 총독부가 착취한 수입은 한때 네덜란드 정부 총 세입의 32%에 달했는데, 반면 자바(Java)섬에서는 1843년부터 시작한 기근과 질병으로 수십만 명이 죽었다. 1966년 제2대 대통령 수하르토(Soeharto)정부가 시작될 때 이 섬나라의 인구 당 평균 수입은 미화 50불로 나이지리아와 방글라데시의 반에 불과했다.

착취를 생각하자면 인도네시아의 350년에 비해 한민족이 일본에게 당한 36년 수탈이 더 비인간적인 것처럼 느껴질 때도 있다. 일본의 식민통치는 양민들을 약탈, 부녀자 폭행, 살상과 방화 등에다 농사마저 다시 지을 수 없도록 만든 것이다. 그들은 양민들의 귀와 코를 잘라갔고, 도공과 자수기술을 지닌 여성들까지 자기 나라로 끌고 갔다.

토지조사라는 이름으로 허리에 권총을 차고 위협했으며, 손에 망원경을 든 일본고리대금업자 지주에게 땅을 빼앗긴 소작농이 전 농가의 60%에 달했다고 한다. 많은 사람들이 날품팔이 노동자가 되어 도시빈민이 되거나, 더러는 고향과 나라를 등지고 만주, 시베리아, 일본, 중국, 미국 등지로 기약 없는 방랑의 길을 떠나야했다. 1917-1927년 사이에 만주를 찾아간 유민인구는 67만 명이며, 토지수탈조사가 끝난 후 20년(1918-38)사이에 일본에 도항한 조선인 인구는 79만 명이나 되었다고 한다.

일본총독부에 의해 공출과 징용된 노무자 459만 명, 징병제에 의해 군인으로 끌려간 209만 명, 군속과 군 요원 30만 명, 그리고 정신근로법령으로 끌려간 조선 처녀들의 숫자는 그 수를 헤아릴 수가 없다. 광복 반세기가 넘도록 고국으로 돌아오지 못하는 그들은, 오늘도 어느 하늘아래 물질적 빈곤에 시달리면서 정신적으로 서글픈 나날을 보내고 있을지 생각할수록 안타깝기 그지없다.

신생 집권자: 인도의 다스굽다(Dasgupta)교수에 의하면, 세계대전 후 미개발국에 만연된 빈곤은 식민지통치에 이어 부패한 신생집권자들 때문이라고 했다. 집권자들이란 엄밀히 말하면 한때 나라를 되찾기 위해 독립운동을 하던 민족주의자기도하다. 1943년 레바논을 시작으로 2001년 티모르(Timor)에 이르기까지 85여 개국이 식민지통치로부터 독립되어 각 신생국에는 초년생 정치집권자들이 탄생했으나, 대부분의 백성들은 해방 전과 다름없이 비참하게 살고 있다.

"신생국의 정치가들에게 원리 원칙이 없을 때 백성들이 받는 고초는 식민지 통치와 다를 것이 없다." 는 인도의 민족해방운동가 간디(Mohamade K. Gandhi)의 말은 틀림없다.

아프리카의 옛 콩고는 1960년 벨기에로부터 독립하였으나 5년 만에 세세세코(Joseph Mobutu Sese Seko)장군이 군사혁명을 일으켰다. 1990년까지 단독통치 32년 동안 백성을 얼마나 착복했든지 외국신문이 보도한 그의 사유재산은 현금으로 미화 25억 달러 외에 유럽 6개국에 사놓은 부동산이 40억 달러라고 한다. 집권당이 허물어질 때 공무원의 월급은 미화 1-2달러였으나 자이르(Zaire)의 빚은 국민당 320달러라는 외국부채가 있었다고 한다. 풍부한 천연자원과 외국에서 받은 원조금으로 정치를 올바르게 했다면 오늘의 자이르는 최소한 동남아시아의 태국이나 말레이시아 정도로 윤택하게 되었을 것이다.

자기 백성들의 재물과 인권마저 유린한 것으로 잘 알려진 아시아의 독재자는 필리핀의 마르코스(Ferdinand Marcos)부부다. 장기집권 20년간에 걸쳐 미화 1,000억 달러의 재산을 축적하고 미국으로 도피했는데, 1986년 그 나라 총인구의 40%와 54%가 각각 도시와 농촌극빈자라는 UNDP의 보고서가 있었다.

장군출신 수하르토가 집권하던 인도네시아 정부는 1997년 외국은행에 상환하지 못한 부채 2,250억 달러 때문에 IMF에 430억불의 긴급자금지원을 불가불 요청하게 되었다. 그 일은 IMF가 대통령 일가에게 재산공개를 요구하는 계기가 되었는데, 국가적 경제적 파산은 국민들로 하여금 32년 간 집권해온 대통령에 대한 불신으로 붕괴되고 1998년 새 정부가 들어섰다. 그 때까지 이 섬나라는 정치적 폭동, 빈부간의 충돌, 중국인 상가의 방화와 약탈 등으로 온 도시와 마을이 조용한 날이 없었다. 물가는 하늘 높은 줄 모르고 치솟아 화폐가치는 종잇장에 불과했다.

장기집권의 부패상을 매일 폭로하는 신문 기사를 요약하자면 우선 집권하는 기간 60만의 양민이 이유 없이 행방을 감추었다. 수하르토 개인 은행 구좌에는 현금이 3백만 달러, 7개 재단(Foundation)에 축적된 자산이 5,300만 달러, 가족들이 축적한 재산은 모두 650억 달러였다. 그가 하야(下野)할 수밖에 없었던 1997년, 그에게는 대학졸업을 못 한 네 아들과 자부 한사람, 국회의원인 이복동생, 장관직에 있는 딸 그리고 대통령 경호 책임자에는 삼성 장군인 사위가 있었다.

대통령 부인은 국영 석유회사(Pertamina)에서부터 상가, 호텔, 골프장, 고가도로 운영권과 심지어는 작은 외국융자 프로젝트 '이동식직업훈련'에 이르기까지 이권을 챙겼다. 그래서 그 부인은 '마담 티엔 퍼센트'(Madame Tien Percent)라는 별명까지 얻었다. 1996년 그가 뜻밖에 세상을 떠나게 된 큰 원인도 자녀들 간의 이권분배 분쟁 때문이라는 신문 기사도 있었다.

외국 손님들이 사용하는 자카르타 비행장은 큰아들이 지은 것이며, 돈을 바꾸는 환전소는 다른 아들과 딸의 소유, 크로브(Clove)담배는 둘째 아들이, 비행장에서 호텔로 타고 가는 택시는 복지 장관으로 있는 딸과 셋째 아들이, 고가도로는 장관 딸이, 자동차 경기장은 넷째 아들이, 손님의 숙소인 호텔과 170상점을 지닌 상가 쇼핑몰 그리고 발리(Bali)로 가는 여객기와 휴가를 보낼 유흥지, 골프장 등은 대통령 부인 마담 티엔의 것이라는 보도가 있었다.

수하르토는 32년 간 장기집권을 하면서 세상에 없던 정치체제를 하나 창설했다. 나는 나의 저서 『One Dollar A Day』(1999)에서 그 체제를 '연고자본주의'(Crony Capitalism)라고 명명했다. 친지, 친척 그리고 동기들이 서로 이권을 나누어 갖는 매우 편리한 생존방법이다. 당시 인도네시아의 2억 인구 중 2천5백만 명은 하루에 미화 1달러였다. 32-57%는 수도시설 없이 살고 있었고 36-64%는 화장실 없이 지내는 극빈자들이었다. 초등학교 졸업을 못한 아동 수는 전국적으로 65%(1,400만 명)인데 반해 대학 졸업생의 13.4%는 일정한 직업이 없었다. 이러한 인도네시아정부의 부정부패가 세계 사람들에게 낱낱이 알려질 때 요나단 파워(Jonathan Power)씨는 자카르타의 영자신문(Jakarta Post, 1997. 3. 22)에, 세계의 많은 신생 독재자 중 자기백성을 착취하지 않은 사람은 한국의 박정희 대통령과 칠레의 피노체(Pinochet)뿐이며 두 명 모두 군사적으로 집권했지만 자기 백성을 위해 노력한 사람들이라고 했다.

폭군(暴君): 내가 열대 후진국들에서 본 빈민들은 물질적으로 궁핍해서 구질구질하게 사는 것 뿐, 기름진 음식은 못 먹어도 허기 때문에 나무껍질이나 풀뿌리를 찾아다니는 정도의 빈곤은 아니었다. 지구상 많은 빈민들 중에 비참한 삶을 이어가는 백성들은 아마도 내란이 계속되는 아프리카의 몇 지역과 38선 이북에 있는 나의 고향 사람들일 것이다. 그들은 굶주릴 뿐 아니라 자유까지 빼앗겨서 먹을 것을 구하러 나다닐 수도 없는 구속된 환경에 처에 있다.

세습군주체제는 국가의 주권이 세습적인 군주에 의해 단독으로 운영되어 백성을 중히 여기는 민주주의와는 달리 자기 백성들이 굶어 떼죽음을 당한다 해도 무심하다. 그 뿐 아니라 오히려 이를 핑계로 외부로부터 동정을 받으려고 한다. 현재 지구상에서 유일하게 이런 군주체제를 견지하는 무리는 북한뿐인데, 백성들의 의식주 염려는 고사하고 장기집권을 위해 인권을 포함한 결사(結社)의 자유는 물론 혈육의 만남까지도 강제로 차단하고 있다. 그런 군주이기에 사람들을 그를 폭군이라고 부르는 것이다.

폭군치하에서 지난 반세기동안 얼마나 많은 무고한 백성들이 폭행과 허기에 시달리다가 죽음을 맞았는지 그 수를 아는 사람은 없다. 더러는 견디다 못해 중국가정에 팔려가서 연명을 하고, 더러는 죽음을 각오하고 강을 건너 중국 땅에서 목숨을 유지하고 있다. 탈출자를 한국정부가 공식적으로 받아들이기 시작한 1990년대 말 이후 그 수는 점차 증가해, 2007년에는 2,500명에 달하였고 2009년 3월 현재는 15,000 명에 달한다.

폭군치하에서 핵과 미사일 개발로 소비한 자금은 26억 달러로 추정되며, 2009년 4월 5일에 발사한 미사일도 약 3억 달러가 소모되었다는 한다. 지난 10년간 남한정부에서 동포애로 폭군정권에게 준 금액은 비공식적인 10억 달러를 포함해 모두 50억 달러 정도라고 하는데, 모두 핵개발과 군사무기의 현대화를 위해 사용되었다는 것이다. 최근 실패로 끝난 미사일의 경비 3억불로 국제시장에서 식량을 구입한다면 쌀100만 톤이 되는데, 이는 금년 가을 수확기까지 부족한 식량에 해당한다고 한다.

동족이 만든 빈곤: 역사는 여러 인간들이 충돌하며 만들어 가고 있다. 더 많은 것을 소유하기 위한 불가피한 이권싸움이나 이웃 간의 다툼으로 시작하여 당파들 사이나 부족 혹은 국가 간에 생기는 인간마찰로 지구촌은 조용할 날이 없다. 분쟁의 배경과 방법은 다양하겠지만 결과는 언제나 똑 같아서 승리자는 패배자를 한없이 약탈한다. 충돌사이에 끼어 가족이 파산되면 헐벗고 굶주린 식솔들이 거처를 잃고 비참하게 한세상을 떠돌며 살아야 한다.

세계적으로 애절한 사연을 지닌 다민족 공화국인 옛 유고슬라비아(Yugoslavia)는 부족 간의 충돌과 사상의 대립으로 2천만 시민이 고향을 떠났다. 20세기 동족끼리의 역사적인 인간충돌은 1950년 한반도에서 발발했던 일이다. 여러 나라가 동참하여 100만의 실향민, 15만의 포로, 300만의 사상자가 생겼으며, 남한만도 사망자와 학살, 실종, 부상, 납치 등으로 100만이 넘는 사람들이 고향을 떠났다. 도시와 마을은 잿더미가 되었고 산천초목도 극도로 황폐하게 됐다.

월남은 통일을 위해 20년(1955-75)에 걸친 국경 없는 끈질긴 전쟁을 하였다. 또한 서아프리카의 자이르(Zaire)는 벨기에의 식민지로부터 독립한 후 2주도 안 돼 부족 간의 폭동을 나고 정치적인 부패로 3천만인구가 세계에서 가장 가난한 나라로 살게 되었다. 살아남았다 해도 평균 50세도 못 살고 세상을 떠났다.

캄보디아의 크메르(Khmer Rouge)공산주의 집단은 정권을 잡기위해 4년에(1975-79)걸쳐 수많은 도시인을 강제로 연행하였다. 연행한 그들을 열대 황무지에서 야생열매로 연명하게 했는데 그 중 백 오십만 명은 굶주림과 말라리아 등 열대병에 걸려 죽었다. 나도 방문한바있는 태국 국경의 여러 난민수용소에는 크메르의 계획적인 인종근절(Genocide)처형에서 운 좋게 살아남은 부녀자들이 초조하게 고향으로 갈 날을 막연하게 기다리고 있었다. 수단(Sudan)의 남부지역에 있었던 21년의 긴 내란은 2백만 이상의 백성을 굶어죽게 했다. 또한 2003년부터 시작한 다퍼(Darfur)지역 분쟁은 두 정부의 반란군에 의해 5만 명이 목숨을 잃었고 120만은 끝도 보이지 않는 난민생활을 하게 됐다.

날이 갈수록 사람들은 지혜로워져서 평화와 행복을 갈망하고 있다. 하지만 오늘도 지구 곳곳에서는 같은 민족이나 나라들 사이에 이데올로기가 다르다는 이유로 양민들이 고향을 떠나 방랑하면서 살수밖에 없게 됐다. 나도 분명히 그 중 한 사람이었다.

천재(天災)에 의한 빈곤: 가뭄, 폭우, 태풍, 지진, 병충해 등의 천재지변은 집단적으로 인간의 가산을 파산시켜 대대적인 빈곤층이 지역적으로 혹은 국가적으로 발생하는 경우가 역사적으로 늘 있어왔다. 천재가 크게 생기면 없는 자는 가진 자에 비하여 저항력이 적어 더욱 피해를 입는다. 그러면 가진 자에게 의탁할 수밖에 없게 되고 때로는 삶 전체를 포기하는 경우도 있다. 아마도 이것이 봉건사회제도 하에서 살아온 우리 조상들의 운명적인 모습이 아니었나 생각된다.

조선근대사에서도 흔히 있었던 것처럼 나라에 흉년이 계속되면 영세민들이 먼저 고리대금업자를 찾아다니다가 마침내는 집단적으로 굶주리게 된 사례가 흔히 있었다. 문헌상 최초로 기록된 기아는 주전 약 3,500년 이집트에 있었으며, 주전 436년 로마사람들도 허기에 견디다 못해 수천 명이 티버(Tiber)강에 투신하여 자살했다고 한다. 사람이 사람을 잡아먹는 처지(1064년 이

집트, 1069년 영국, 1594년 인도, 1879년 중국)도 수없이 있었다. 16-17세기 이전의 유럽과 비교해 당시 아시아와 아프리카에서의 떼죽음은 매우 고질적이어서 국제적인 구제대책이 시작한 1890년대 후에도 이어지고 있다. 특히 인구가 많은 아시아의 인도와 중국이 그러했다.

권세를 지닌 집권자들의 인생철학이 주님의 복음으로 거듭나는 날이 오면, 지구촌에는 최소한 허기진 사람은 더 존재하지 않을 것이다.

제5부 인간은 창조주의 피신탁자

제27장 생태계 속의 인간의 위치

제28장 물이 지닌 하나님의 섭리

제29장 높아가는 지구의 온도

제30장 오염되는 환경과 자업자득

제31장 DDT의 숙명적 역할

제32장 4대강사업으로 새로워질 계기들

제27장 생태계 속의 인간의 위치

여호와께서 사람의 죄악이 세상에 관영함과 그 마음의 생각의
모든 계획이 항상 악할 뿐임을 보시고 (창세기 6:5)

생태계의 일원: 구약성서 창세기 첫째 장에 따르면 천지만물 가운데 비 생물적인 요소는 빛, 물, 공기 그리고 땅이다. 그것은 바로 우리가 말하는 4대 환경요소(環境要素)이다. 하느님의 창조역사중 이 4대 요소가 우선적으로 첫째와 둘째 날에 지음 받은 것은, 지구의 골수(骨髓, Medullae)이자 생물의 성장번식을 받쳐주는 불가불한 요소이기 때문일 것이다. 그 다음으로 창조된 생물적인 요소는 식물들이다. 각종 생물들이 한 지역의 환경에 적응하면서 서로 조화를 이루며 성장하고 번식하는 생물서식 관계를 생태계(Ecosystem)라고 칭한다. 생태계를 인간에게 비유하자면 농경사회의 한 부락과 같다.

인간의 유일한 서식처인 지구는 우리조상들의 육안으로 보기에는 한계가 없는 무한정한 것이었다. 하지만 1968년 아폴로 8호가 달에 착륙하여 그곳을 여행하면서부터 지구는 유성(遊星, Planet)중에서 가장 보잘것없는 것으로 간주되었다. 지구는 물이 풍부하여 생물들로 가득 차 있지만 태양으로부터 오는 에너지를 제외하고는 외부와의 거래가 완전히 차단된 도가니와 같다.

지구를 한 개의 동그란 사과에 비유하자면 외부면적의 약 30%는 흙이고 나머지 70%는 물로 덮여있다. 그리고 그 위를 싸고 있는 대기권은 우리가 말하는 하늘이다. 땅은 생물들의 근

본적인 서식처인 동시에 은신처이자 생존에 필요한 에너지자원의 저장고이며, 하늘은 여러 종류의 가스에너지가 순환하는 공간이다. 이 가스들 중 더러는 지구의 온도를 조절하거나 식물의 유기물 생산에 쓰이는데 또한 동물의 호흡작용에 불가결한 요소들이기도 하다. 창조주는 공중에는 새들이, 물에는 물고기가(창 1:21), 그리고 땅에는 각종 육축이 생육번식 하도록 만들었다.

그중에서도 의식주에 필요한 것들이 다양하고 또 사는 것이 매우 까다로운 인간은 특별히 고려하여, 위와 같이 생존하는데 필요한 온갖 것들을 완전히 준비한 후 마지막으로 그들 중에서 가장 영특한 존재로 창조(창 1:27)하였다. 얼마나 감사하고 다행한 일인가?

공존공생의 위치: 동속(同屬)이란 우리 인간을 포함하여 모든 생물체들은 같은 조물주의 동일한 즐거움으로, 비슷한 시기에 같은 생명체로 시작되었으므로 우리는 모두 한 조물주 속에 있다는 뜻이다. 따라서 이러한 동속관계에 있는 피조물들은 동일한 사랑의 산물이다. 또한 계속될 같은 사랑의 대상이므로 창조자의 동일한 즐거움(창 1:31)과 섭리 속에서(창 6:8) 함께 생존하며 살아가게 된다. 우리인간은 영특하게 지음 받았지만 생태계에서는 다른 생물들과 더불어 공존(共存, Coexistence)하고 공생(共生, Commensalism)해야 할 위치에 있다. 왜냐하면 인간은 다른 피조물들에 의존해야만 생존이 가능하기 때문이다.

생물들이 서로 도우면서 존재하는 것을 박테리아의 경우를 예로 들면, 콩 나무뿌리에 기생하는 대가로 숙주인 콩이 필요로 하는 질소를 공급하며 살아가는 것과 같다. 생물들의 생존이란 이와 같은 상리공생(相利共生, Mutualism)을 말한다. 생태계는 개체들이 집단의 일원이 되어 하나의 전체를 형성하며 결합되어 있다. 보기에는 난립하고 삶의 모양이 다르지만, 각기속한 생태계의 위치에서 상리공생의 기본원리 안에서 스스로 창조질서를 지키며 생존해나간다.

인간이 공존공생의 위치에 있어야하는 또 다른 이유는 공통된 활력소(活力素, Energy)의 사용이다. 공동사용 활력소는 모든 생명체가 스스로가 태양에너지를 공급받아 땅, 물, 대기 그리고 생물체 속에 있는 화학원소를 원료로 얻는다. 지금까지 알려진 107개의 원소 중 90개는 생태계 속에 있으나 늘 순환하고 있기 때문에 생물체들은 언제 어디서나 차별이나 조건 없이 사용하도록 되어 있다. 순환이란 내가 방금 호흡한 산소는, 10만 한국인의 귀를 잘라서 '귀무덤'을 만든 일본인 도요토미가 400여 년 전에 호흡했던 산소와 같다는 것이다.

노아(Noah)가 방주사건에서 실천했던 것처럼(창 6:22), 우리도 온 피조물이 함께 지닌 생태학적인 공동운명을 이해하고 하나님의 성약(聖約)에 대한 인간의 충성이 필요하다. 또 이 사건으로(창 7:2-3) 생태계의 공존공생은 동속에서 서로 존중하는 존속관계로 상 등급(Up Grading)에 이르게 된 것이라고 생각된다.

의존자의 위치: 생명체가 필요로 하는 화학원소는 활력소의 생산방식에 따라서 다양하다. 식물이 동물보다 먼저 지음을 받은 것은, 생태계에서 유일하게 4대 환경요소로만으로도 생존번식이 가능할 뿐 아니라 동물이 필요로 하는 영양물질을 생산할 수가 있기 때문이다. 녹색식물은 태양에너지를 이용해 광합성작용(光合成作用, Photosynthesis)을 해 무기물로부터 유기화합물(有機化合物, Organic Compounds)을 생산해 생태계의 유일한 생산자로 불리고 있다. 그래서인지 그 종류도 수없이 많다.

식물의 뿌리가 지하에서 빨아올린 물을 원료로 하여 태양 에너지의 힘과 함께 녹색 잎에서 만들어 내는 것이 바로 포도당이다. 이 활력소가 다른 원소들과 합하여 연쇄적으로 100여 개의 생화학적인반응을 일으키며 인간의 주 영양소가 되는 단백질까지 만든다. 육축을 포함한 대부분의 동물들은 녹색식물, 즉 유기물 생산자에 직접 혹은 간접으로 의존하고 있다. 우리인간은 잡식성 고등소비자로 초식과 육식을 겸하고 있다. 인간은 영특하게 지음을 받았다고는 하지만 다른 피조물에 전적으로 의존해야만 생존번식이 가능하며 생태계에서 독자적으로 할 수 있는 일은 하나도 없다. 굳이 생각하자면 피조물의 일원으로 하느님의 창조조화를 지켜 생태계의 질서를 유지해 가는 것뿐이다.

관리자의 위치: 창조자는 인간을 창조할 때 인간은 생육 번성하는데 다른 동속물체에 전적으로 의존하게 하는 대신, 명철한 지능을 갖게 하여 그들과 더불어 생존하며 그들을 보살피는 책임이 주어졌다.(창 1:28)

이러한 관리 책임을 임명한 창조주는 신탁자이고 사명을 받은 인간은 피신탁자가 된다. 따라서 인간은 천지만물을 보살피고 가꾸어 생태계의 조화와 질서를 잘 지속하도록 해야 하는 의무가 있다. 이것이 창조주와 맺은 성약이다.

모든 피조물은 창조주의 것(시 24:1)이므로 관리자의 위치에 있는 인간은 신탁자의 섭리 안에서 신탁의 책임을 지키며, 그의 땅에 잠시 머물다 떠나가는 손님에 불과(레 25:23)하다는 것을 인식해야한다. 모든 피조물은 각기 각별한 뜻으로 지음 받은 창조주의 즐거운 대상이므로, 관리자인 인간은 자기의 생존을 위해 아끼고 보살피면서 적절히 필요한 만큼만 사용하면 그것으로 족하다. 창조의 은혜(시 104), 긍휼(시 145), 만족(창 1:31), 자비(욥 38:41), 선약(창 9:8-17), 축복(창 1:26-28), 화평(사 54:10)등을 이해하고 신탁자의 즐거움에 기쁨으로 동참할 수 있어야 한다.

생태학적 자멸: 인간의 의무는 피신탁자 조물주를 대신하여 다른 피조물들을 보살피는 것이지 마음대로 경멸하거나 몰살시킬 권리는 없다. 관리자인 인간이 난폭하게 자기의 과욕을 위해 창조섭리와 목적에 따르지 않고 타 피조물의 고유 가치를 무시하는 행동을 하는 것을, 나는『신음하는 지구촌』이라는 나의 저서에서 '생태학적인 죄'(Ecological Sin)라고 정의했다. 이러한 행동은 사랑하면서 알뜰하게 사용하기로 되어있는 피조물들을, 자기의 소유인양 필요이상 약탈하는 행위로 창조섭리에 도전하는 인간의 오만을 뜻한다. 피신탁자가 관리를 잘 못하면 방주사건 때처럼 우리인간은 위탁받은 다른 피조물들과 더불어 위탁자로부터 무서운 벌을 받게 된다.(창 6:5) 이것이 바로 자멸(自滅, Self Suicidal)이다.

사냥으로 생존하던 원시생활로부터 유목방랑생활로 그리고 정착된 촌락에서 도시로 발전해 가면서, 인간은 생태계의 한 구성원의 위치에서 정복자로서 그리고 오늘날의 파괴자의 위치로 변해오고 있다. 지난 4세기동안 급성장 해왔던 산업사회는 인간의 지혜를 한없이 자극시켜, 남보다 먼저 더 많은 것을 소유하려는 물력(物力)주의자의 꿈을 키우게 했다. 가난한 사람은 살기 위해, 중산층은 부자가 되기 위해 그리고 부자는 거부가 되기 위해 치열한 경제활동을 하고 있다.

물질소득의 향상은 인구와 소비증가를 높이는데 이 모두 생태계에 두 가지 극심한 변화를 준다. 첫째는 자원의 고갈이고 다른 하나는 환경오염이다. 이러한 변화로 생태계의 조화가 균형을 잃는 이유는 지구는 하나의 도가니와 같아 나름대로 제한된 적재량(積載量, Carrying Capacity)이 있기 때문이다. 인간의 과다한 소비활동(인구와 소비)이 적재량을 초과하면 할수록 지구는 더 심한 병에 걸리게 된다. 난폭한 욕심쟁이가 많아지면 피조물 중 더러는 병으로 신음하다가 영영 재생을 잃으면, 생존의 한계점(限界點, Critical Point)에 도달하여 종식을 피할 수 없게 된다.

생존의 한계점에 도달하게 되면 강약자간의 분쟁, 생물체간의 포식, 서식처의 약탈, 식량부족, 질병발생, 각종천재 등 생태학적인 충돌(衝突, Ecological Crisis)이 발생한다. 인간의 경우에 흔히 당면하는 생태학적 저항요소는 식량이다. 기근으로 인한 역사적 충동들은 힌두교, 유교 그리고 불교의 발상지인 아시아에서 발생했다. 인도의 벵갈(Bengal)지역에서는 1,000만 명(1760-70)이 몰살당했고 중국에서는 900-1,300만(1876-79)이 떼죽음을 당했다.

세계 지도자들이 염려하는 또 다른 인간생존의 충돌요소는 물 부족과 기후변동이다. 물은 피조물 중에서 가장 풍부하게 창조된 매우 특이한 물질이며 지구주변을 자력으로 계속 순환정화하지만, 인간의 무질서한 과용과 남용으로 지구의 여러 지역에서는 이미 생태계의 한계점에 이르렀다.

기후변화란 인간의 지나친 경제활동과 과소비로 계속 발출되는 온실가스가 지구의 표면온도를 상승시켜 생기는 결과이다. 지구온도의 상승은 물이나 흙 그리고 공기의 오염등과는 달리 지역적이고 일시적인 것이 아니라 도가니 같은 지구 전체가 영향을 받을 모두의 문제이다. 해결책은 있으나 실현하기에는 난감한 경제적이고 사회적인 요소들이다.

인간이 생태계에서 타피조물들과 화평하게 영원공생을 하려면 조물주의 창조질서를 지켜야만 한다. 그것은 다름 아닌 과욕을 버린 절제생활이다. 기독교인들에게 이보다 더 중요한 과제가 이 세상에는 다시없다고 보는 이유는, 기독교인은 하나님과 특별한 관계를 맺고 있기 때문이다.

제28장 물이 지닌 하나님의 섭리

주께서 밭고랑에 물을 넉넉히 대사 그 이랑을 평평케 하시며
또 단비로 부드럽게 하시고 그 싹에 복주시나이다 (시 65:10)

풍부한 귀품: 흔히 인생은 고해라고 하지만 인간에게 필요한 모든 것이 사전에 준비되어 있다는 것은 우리에게 행복이 이미 약속되어 있다는 것과도 같다. 하나님의 예비와 보살핌이 얼마나 자상하고 구체적인지를 조금이나마 깨닫게 된다면 그의 창조섭리에 더욱 감사하게 될 것이다. 준비된 모든 것 중 가장 신기한 것이 나는 물이라고 생각한다. 그런 까닭에 물을 통해 하나님의 섭리가 얼마나 깊고 완벽한 것인지를 깨닫고, 그 은혜에 더 감사하고 그가 창조한 피조물들을 잘 관리하며 공존공생 해야 한다고 생각한다.

물은 태양, 공기 그리고 흙과 더불어 우리가 잘 알고 있는 4대 환경요소의 하나로, 하나님의 창조역사 중 첫째와 둘째 날에 만들어진 가장 풍부하고도 귀한 요소이다. 지구를 2.7 Km의 깊이로 덮을 수 있는 거대한 양으로 지구표면면적의 71%이상을 차지한다. 지하 5km로부터 15km의 상공에 이르기까지 물은 언제 어디서나 존재한다. 한번 쓰고 버려도 다른 물질들처럼 고갈되지 않고, 늘 하천이나 바다에서 방황하다가 증기와 구름을 거쳐 빗방울로 변해 다시 우리 곁으로 돌아오는 신기한 물질이다. 때로는 풍부하다는 이유로 우매한 사람들로부터 천시를 당하지만 변함없는 본래의 모습과 양을 고수하면서 생태계의 절대적인

일원으로 존재한다.

물이 이렇게 풍부하고 특별하게 존재하는 이유는 우리 인간을 포함한 모든 생물체들의 생존에 절대적인 존재이기 때문이다. 물이 없이 지구상에서 생존할 수 있는 생물체는 하나도 없다. 우리 인간체중의 약 65%를 차지하고 있는 물(대인 평균 48.8 liter)중 약 4.9%(2.4 liter)는 매일 손실되기에 그 양 만큼을 재공급을 받으며 산다. 1980년대 서울시민에게 매일 공급된 양(425 liter)을 기초로 계산해 한 사람이 한평생 80년간 사용하는 양을 5톤 트럭으로 운반한다면 1천5백 대분에 가깝다. 개발도상국에 비하여 공업선진국의 도시사람들이 더 많은 양의 물을 사용한다. 가정용에 비해 농업에 쓰이는 물이 훨씬 많다.

증가하는 인구와 경제활동으로 인해 물은 날이 갈수록 더 귀한 존재가 되어 간다. 지구주변에서 가장 풍부하게 존재하는 물체가 물이라고 하지만 세계인구의 3분의1 이상은 벌써부터 원유보다 더 귀한 물로 인해 갈증을 느끼고 있다. 오늘을 사는 우리가 물 관리를 소홀이 하거나 낭비를 한다면, 물 갈증을 느끼며 생존해야하는 후손은 더욱 증가할 것이다.

물의 신비성: 1783년까지도 하나의 원소(元素, Element)로 믿어왔던 물은 한 개의 산소가 지닌 두 개의 음전자(陰電子, Negatron)자리에 양성적(陽性的)인 두 개의 수소(水素)원소가 자물쇠처럼 채워져 있다. 그렇게 공유결합(共有結合, Covalent Bond)한 물 분자(Molecule)는 유달리 견고한 물질로 만들어져 있다.

다른 또 하나의 신비는 결합이 일직선이 아니고 105도의 각도로 기울어져있다. 산소 쪽은 불균형으로 된 음성이고 양성을 지닌 수소 쪽은 쌍극자(雙極子)의 자석처럼 자극성(磁極性, Magnetic Polarity)을 지녀, 다른 물 분자의 산소와 쉽게 수소결합(水素結合, Hydrogen Bond)이 이루어진다. 이렇게 물은 수소와 산소가 친화적으로 결합되어 있어서, 지구에 있는 온갖 피조물에 비해 물리화학적으로 여러 가지 신기한 작용을 한다.

물의 가용성: 물이 생태계에서 절대적인 것은 생물체에 필요한 온갖 영양물질이 쉽게 용해되기 때문이다. 높은 가용성을 지닌 탓으로 본래의 순수한 모습으로 존재할 수 없고 늘 어디서나 다른 물체와 함께 있게 된다. 그래서 물에는 간수, 약수, 중수, 오수, 생수 등의 여러 이름이 있다. 청소부의 걸레도 부엌의 접시도 물이 돕지 않으면 깨끗해 질 수가 없다.

우리의 인생살이가 만든 온갖 불결한 것들로 인하여 깨끗한 모습으로 존재하지 못하고, 고마움 대신 미움으로 버림받지만 그래도 다시 우리 곁을 찾아오는 것이 물이다. 이토록 자기희생을 감수하면서도 우리의 삶을 언제 어디서나 보살펴주는 물을 만들어 주신 하나님의 창조섭리는, 마치 십자가를 통한 경험을 만민에게 보여준 주님의 사랑과 자비와 다를 바가 없다.

자연법칙의 초월성: 지구의 모든 물체들은 하나같이 높은 곳에서 낮은 곳으로 추락하지만 물만은 자연의 중력법칙(重力法則, Gravity)을 무시하고 상승할 수 있다. 식물이 무기물 영양소를 뿌리를 통하여 지하로부터 옆까지 공급하여 광합성작용으로 유기화합물을 만들 수 있게 한다. 만일 물에게 이러한 초월성이 없다면 전 지구면적의 약 30%를 덥고 있는 70만 여종의 식물이 어찌 생존할 수 있겠는가? 그리고 그 초목들이 만든 유기물질 없이 인간을 포함한 온갖 육축들은 무엇으로 번식할 것인가?

물이 지닌 삼투력(滲透力, Osmosis)이 머리털 같은 초목의 뿌리에 흡착한 후 확산되면 식물체의 수로에서 수소결합의 힘으로 쇠사슬처럼 연결되어 하나가 된다. 삼투력은 물을 20m 높이에 운반하는 힘에 상당하는 것이라는데, 미국 서부지방에 서식하는 상나무(Redwood)의 경우 물이 지하 15m에서 정상 130m까지 상승하는데 필요한 힘은 기압(해변)의 약 12배라고 한다.

예외적인 화학물질: 강철을 포함하여 모든 물체는 온도가 높아지면 부피가 커지고 낮아지면 작아지는 것이 상례이나, 물은 온도가 빙점에 도달하면 수소결합사이에 공간이 생겨 물 분자의 밀도가 낮아져서 부피가 9%나 더 커진다. 추운 겨울철에 수도관이 파손되거나 봄날에 얼음이 물 위에 떠서 바다로 가는 이유가 여기에 있다. 만일 얼음이 강바닥에서부터 얼기 시작하여 그곳에 그대로 머물러 있게 된다면 3만종이나 되는 물고기의 생존은 어떻게 될까? 세계 총 어획량의 90%가 북반구에서 생산되고 있는 형편인데!

물리적 신기성: 시인들의 눈에 비치는 풀잎의 물방울은 물이 지닌 표면장력(表面張力, Surface Tension)이라는 물리적 신기성의 결과이다. 물 분자들이 수소결합을 하게 되면 격자(格子, Lattice)처럼 배열되어 계속 연합체를 찾을 뿐만 아니라 분열되지 않으려고 포옹하려는 물리적작용이 생긴다. 그 포옹력은 수면에서처럼 한 면을 잃을 때 물 분자들을 판자와 같이 더 집중적으로 연합하게 한다. 그 힘으로 초대형 화물선이나 유조선이 해면 위를 떠서 5대양을 오고가면서 온갖 화물들을 싼 값으로 쉴 새 없이 운반해 세계화를 돕고 있다.

물이 지닌 자력: 기원전 700년, 유대의 히스기아(왕하 20:20)왕이 기혼 셈에서 실로암 저수지까지 수로 530m를 만들어 예루살렘에 물을 공급했다. 그것으로 보아 물에 대한 인간의 관심은 도시가 형성되면서 높아지기 시작한 것 같다. 물이 지닌

자력, 즉 높은 곳에서 낮은 곳으로 움직이는 중력을 그리스의 한 수리공학자가 처음으로 인식하고 토관을 만들어 급수를 시도한 것은 기원전 6세기경이라고 한다. 그 후 물 도관은 흙에서 나무로 그리고 그 후엔 아스팔트를 칠한 목관에서 주철에 이어 마침내 강철로 변했고, 1900년대 와서는 시멘트와 아스베스토스(Asbestos)에 이어 동, 납, 섬유합성 파이프로 변해왔다.

물을 무연탄처럼 일일이 머리나 지게로 운반하던 시절, 우리 조상들은 물을 대야에 담아 세수를 한 다음 발을 씻고, 그리고 걸레를 빨아 마루를 닦고 마당에 뿌려 먼지가 안 나도록 했다. 만일 물을 다른 생활용품들처럼 일일이 사람의 힘으로 운반해야 한다면, 오늘의 고층 건물의 급수는 물론 아파트 내부의 침실과 나란히 부엌과 화장실을 만들어 사용할 것이라는 상상은 하지도 못했을 것이다. 서울에 인분차의 모습이 없어지고 또 '돈을 물 쓰듯이'라는 말이 생긴 것은 내가 서울을 떠난 1959년 후이다.

지금도 미개발국의 오지마을과 많은 도시 주민(동남아의 경우 20-60%)이 아직 수돗물의 혜택을 보지 못하고 있다. 얼마 전 샌프란시스코의 신문(San Francisco Chronicle)은 인도의 수도 뉴델리를 끼고 흐르는 '야무나강' 주변 판자촌사람들의 급수와 용변시설을 대신하는 글과 그림들을 기재했다. 그 기사는 내가 그 강의 언덕에 위치한 WHO 동남아본부 건물 5층에서 8년간 매일 보아왔던 예전의 모습들과 다른 것이 전혀 없었다.

물 있는 사막: 수도관이 연결되어 물은 더 값싸고 풍부한 존재가 되었지만 현대인들은 수돗물에 싫증을 느끼고 사막을 여행하는 사람들처럼 병에 넣은 물을 운반하며 마신다. 한강상류의 오염으로 서울시민들이 소동을 벌이던 1980년대, 나는 나의 저서『물 있는 사막』(1994)에서 서울시민의 식수(일인당 하루 2.5liters)를 트럭으로 공급하려면 5천대가 매일 서울 거리를 활

주해야 할 것이라고 경고한 적이 있었다. 세계적인 휴대용 생수 시장은 계속 성장하여 연 20조liters 정도규모로, 그 값은 수돗물의 240-1,000배가 된다. 세계각처에서 수입된 물을 미국가정이 공급받을 때에는 자동차 10만대가 5천만 갤런의 휘발유를 태워 백만 파운드의 이산화탄소를 배출하게 된다.

인간이 삶에 개입한 탓으로 구정물로 버림받았다가 자력으로 순환하여 다시 우리 곁으로 돌아오는 것이 물이다. 깨끗해진 모습으로 하천을 흘러와도 사람들은 다시 더럽히고는 수고스럽게 물을 먼 곳으로부터 운반하여 용기에 넣어 다니며 마신다. 비는 내리지만 물이 없는 사막에서 사는 사람의 생활로 살아간다. 그것은 분명히 조물주의 창조섭리를 무시하는 인간의 소행인 것이다. 이와 같은 인간의 행동을 '생태학적인 죄'라고 부른다.

제29장 높아가는 지구의 온도

옛 세상을 용서치 아니하시고
오직 의를 전파하는 노와와 그 일곱 식구 보존 하시고
건견치 아니한 자들의 세상에 홍수를 내리셨으며 (벧후 2:5)

온화현상: 지구가 생물체들의 이상적인 서식처가 되는 것은 지구를 둘러싸고 있는 공간(대류권)에 물과 여러 종류의 가스들이 순환하고 있기 때문이다. 이 가스의 대부분은 생물체들이 생존하기위해 사용되고 일부는 지구의 온도를 조정하는 역할을 한다. 과학자들은 만일 지구가 이러한 물과 가스들 그리고 생물체들로 덮여 있지 않았다면 현재 지구의 표면평균온도는 15℃가 아니고 화성의 표면온도와 비슷한 영하 50℃가 될 것이라고 말한다.

이렇듯 창조주는 지구에 생육하는 모든 생물들이 공존공생하면서 스스로가 환경온도를 알맞게 만들어 가도록 했다.

대류권에 있는 몇몇 가스는 태양에너지를 흡수 또는 차단하기도 하지만, 대부분은 지구에 도달했다가 다시 대기로 돌아가는 에너지를 차단함으로 온실 속처럼 지구를 따듯하게 만든다. 그 차단하는 가스를 일명 '온실 가스'라고 한다. 온실가스의 양이 증가하여 지구의 온도가 점차적으로 상승하고 있는데, 이것이 바로 최근 세계인들 모두가 심각하게 떠들고 있는 지구온난화(溫暖化, Global Warming)현상이다.

지구의 온도가 얼마나 상승하는지 크고 작은 국제적 모임이 전 세계적으로 여기저기서 끊임없이 열리고 있다. 2004년에 UN

국제환경회의가 최초로 교토(Kyoto)에서 개최된 이래, 덴마크의 수도(Copenhagen), 인도네시아의 발리(Bali)섬, 일본 홋카이도(北海島), 그리고 2009년 9월에는 미국의 뉴욕에서 열렸다. 2010년 1월에는 2천500명의 정치가, 기업가, 과학자 그리고 경제대국의 수장들까지 스위스의 다보스(Davos)에서 모여 회의를 가졌다.

특히 미국에서는 대기업의 대표들이 수시로 백악관에서 모임을 갖고 지구 온난화에 관심을 집중하고 있다. 이렇게 세계적으로 학자들뿐만 아니라 환경애호가, 정치가, 기업가, 교육기관 그리고 소비자에 이르기까지 지구 온난화에 대한 대책마련에 분주해 있다.

지구는 기후의 지배를 받고 생물체는 기후에 적응해 가면서 생존해가고 있다. 또 역사적으로 보면 지금의 시베리아나 알라스카에도 한때는 수목이 무성했고 빙하시대도 수없이 있었다고 알려져 있다. 그런데 왜 사람들은 갑자기 지구온도의 변화에 대하여 이렇게 민감해지고 있는 것일까?

그 이유는 지구가 질서를 잃고 혼란해지기 때문이다. 생물체와 공업부산물에 의하여 지구의 표면온도가 서서히 상승하면서 생태계에 주는 충격이 매우 크기 때문이다. 우리가 지역적으로 경험하는 수질오염이나 공기오염과는 달리 온난화현상은 지구촌 전체가 동시에 감당해야 하는 천재이기 때문이다.

지구온난화의 주범: 지구온난화의 주범은 가스 중에서 가장 풍부한 질소(78%)나 산소(21%)가 아니다. 극히 미량으로 존재하는 이산화탄소(二酸化炭素, CO2, 0.035%)와 클로로 풀루로 카본(Chlorofluorocarbon, CFCs)등이 주범인데, 그들이 온실효과를 일으키는 비중은 CO2와 CFCs이 각각 56%와 23%를 차지한다. 1958년부터 하와이의 마누나라오(Manuna Lao)섬에서

는 비중이 가장 높은 CO_2를 체계적으로 측정하기 시작했는데, 1960대는 연 0.7ppm 에서 1980대 이후 연 1.5-2.0ppm로 급증해 전 용량은 400ppm을 초과하고 있다. 2004년 UN에 보고된 세계배출량은 연 260억 톤이었으나 지금처럼 배출이 계속된다면 2030년에는 400억 톤에 도달할 것이라고 한다.

CO_2는 주로 석탄이나 기름 등 화석연료의 소각이나 동물의 호흡작용, 화재, 벌목 그리고 후진국 가정의 부엌에서 태우는 땔나무 등에서 배출된다. 화석연료의 소각에 의한 배출량은 전체의 80%를 점유하며, 자동차한대가 매해 배출하는 양은 자동차 무게의 3배 정도라고 한다. 휘발유 1리터가 연소하면 112g이 배출되는데, 세계 인구의 5%가 사는 미국은 전세계원유소비량의 24%를 소비하고 있다. 날이 갈수록 급증해가는 각종 대형공장들, 난방과 냉방, 취사용으로 쓰는 전력 등 그 어느 하나 CO_2를 배출하지 않는 것은 없다.

세계적으로 화석연료의 사용량은 계속 증가하여 2030년에는 2004년의 수준보다 37-53%가 더 높아진다는 추산이다. 그래서 2004년 교도회의는 세계나라들에게 CO_2를 최대한으로 축소시키자고 했지만, 그 결의대로 이행된다해도 2030에는 400억 톤보다는 15%가 낮아도 연 340억 톤을 배출하게 될 것이라고 염려하고 있다.

한 사람의 신진대사로 배출되는 양은 연 4톤인데, 이는 한 ha의 면적 안에 무성한 산림이 매년 광합성작용으로 소모되는 양과 흡사하다. 세계인구가 60억이라면 60억 ha의 산림에 나무가 늘 무성해야한다는 뜻이다. 계속 증가하는 인구에 각종 가축들과 야생동물의 수를 합산한다면 더 많은 나무를 쉴 새 없이 심어야 할 것이나 반대로 계속되는 산불과 방화에 이어 세계인구의 70%가 아직도 취사와 난방을 땔나무에 의지하고 있기 때문에 CO_2의 수지계산에서는 계속 흑자가 된다.

CFCs, 일명 '프레온'이라고도 불리는 이 온실 가스는 인공적으로 합성된 탄소, 불소, 수소의 유기화합물이다. 독성과 가격이 낮고 연소성이 없는데다가 액체/가스/액체사이를 쉽게 오고가기 때문에, 1955년 이후 각종 가정용품제조, 상업용 용재, 전자제품의 부속품, 공업/금속류의 청소, 의료기구의 살균제 등으로 널리 쓰이고 있다. 지난 60년 간 배출된 양은 1,600톤에 불과하지만 온실효과로는 이산화탄소에 비해 5만 배 이상 영향력을 지닌 것 외에도 장기적인 오존(Ozone)층의 파괴자로서 알려져 있다. 오늘 당장 배출을 중단한다 해도 이미 대기권에 있는 프레온은 앞으로 100년 간 3-10%의 오존층을 파괴할 것으로 알려져 있다.

세 번째로 중요한 온실가스는 색깔도 냄새도 없는 메탄(Methane, CH4)으로, 전 온실가스 비중의 약 18%를 차지한다. 대기권 가스 중 약 0.0002%(1.6 ppm)에 불과하지만, 온실효과는 CO2의 20-30배 이상 더 지배적이다. 약 150년 전부터 연 0.9%씩 증가한다는 메탄은 무기성 박테리아에 의해 논을 비롯한 각종 습지와 소의 위장으로부터 산소 없이도 발생된다. 세계적으로 약 13억 마리의 소가 되새김을 통해 배출하는 메탄은 연간 약 7천만 톤으로 석탄연료에서 나오는 양의 약 2배가 된다.

한국의 촛불시위로 인해서 미국소고기 뿐만 아니라 모든 소고기 절식운동이 계속된다면 광우병의 미연방지는 물론 중요 온실가스인 메탄의 배출량을 절감하는데도 큰 공을 세우는 국민운동이 될 듯하다.

온난화의 결과: 증가하는 온실가스가 얼마나 빠르게 지구온도를 높이고 또 상승하는 온도가 얼마나 생태계에 충격을 줄 것인지는 확실하지 않다.

과학자들의 계산에 따르면 온실가스가 현재와 같이 배출된다면 10년 내에 지구의 평균표면온도는 4℃(섭씨) 높아질 것이나,

고지(高地)와 양극(兩極)지방은 그보다 2-3배가 더 높아질 것이라고 한다. 그 온도에서 양극의 얼음이 녹게 되면 해양의 바다수면은 60cm 상승할 것으로 염려된다. 미국 MIT대학 연구팀에 따르면, 해수온도의 상승과 더불어 태풍이 40-50%로 더 빈번해질뿐 아니라 지역에 따라 폭우, 가뭄, 지속적인 고온 등의 이상기후가 여러 지역에서 발생한다는 것이다.

지구온도의 상승은 경제적으로도 불이익을 가져올 것인데 그 중에서도 가장 문제가 되는 것은 다음과 같다. 1) 식량과 용수 부족, 2) 수리시설의 보충과 홍수 방지의 필요성, 3) 증가할 질병과 병충해 방지

현재온도에서 4도만 상승되어도 지구에는 생태학(生態學, Ecology)적으로 큰 혼동이 있을 것이 분명하다. 지구촌에는 나라마다 공사불문하고 여러모로 대책을 세우고 추진하고 있지만 경제적인 부담 때문에 정치적, 사회적으로 큰 논란이 되고 있다. 예를 들어 2010년의 '스위스 회의'에서 CO2의 배출절감에 민감하게 반대하는 나라는 중국과 인도였다. 경제성장에 적지 않은 지장을 주기 때문이다.

지구온화현상을 막기 위한 대책으로 우선 기름을 효과적으로 사용하기위해 자동차회사는 새로운 엔진으로 마일 수를 높이거나 혹은 곡물로부터 얻은 에탄올을 사용할 수 있는 하이브리드(Hybrid)차를 만들고 있다. 제조업체들은 에너지가 덜 소모되는 기계용품과 온실가스를 덜 배출하는 대체에너지자원의 개발을 하고, 심지어는 온실가스를 크게 배출하는 석탄을 액체화하는 새 기술을 개발하고 있다. 한편 온실가스를 전혀 배출하지 않는 수력이나 원자력발전, 태양광선, 바람, 파도, 지열과 같은 '그린 에너지'를 생산하여 저장 보급하는 기술개발 연구에 정부의 세금을 투자하고 있다. 2010년 회의에서 산출한 정부들이 보조해야할 연구비는 미국 달러로 연 40조라는 신문보도가 있었다.

절제생활: 인간은 생태계의 질서와 조화를 유지해야만 생존할 수 있다. 영리한 두뇌로 좋은 에너지정책을 만들어 완벽하게 추진한다 해도 인간의 과욕이 지구촌을 신음하게 한다면 생태계는 더 이상 지탱하지 못하고 병들게 된다. 나에게 이상적인 방법을 말하라면, 그것은 지구온난화현상을 계기로 창조주의 택함을 받은 기독교인들이 우선 합심하여, 지구애호라는 선(善)을 이루는데 협력(롬 8:28)하는 새로운 기독교문화를 만들어 가는 일이다. 필요이상의 소유욕으로 생태계를 파손하지 말고 주어진 것으로 알뜰살뜰하게 절제(벧후 1:6)하면서 생활하는 것이 기독교인의 사명이라는 것이다.

제30장 오염되는 환경과 자업자득

땅이 또한 그 거민 아래서 더럽게 되였으니
이는 그들이 율법을 범하며 율례를 어기며
영원한 언약을 파하였음이라 (사 24:5)

환경퇴화: 조물주의 창조역사에서 처음 이틀 동안 만들어진 땅과 물은 빛 그리고 창공과 더불어 4대 기본환경요소다. 그것은 생물체들의 생존에 절대적이고 무한으로 사용가능한 갱신자원이기도 하다. 그러나 피조물의 관리자인 인간이 짧은 기간이라 해도 지나치게 사용하거나 잘못 관리해 한번 오염되거나 파손되면 회복하는 데는 긴 세월이 요구된다. 생태학(生態學, Ecology)에서는 갱생 가능한 파손한계를 '지속적인 생산'이라고 하고, 재생이 불가능하게 피해를 당하는 것을 '환경퇴화'(環境退化, Environmental Degeneration)라고 부른다.

환경퇴화현상이 저개발국에서 발생하는 큰 원인은 급증하는 인구 때문이다. 세상을 찾아오는 새 손님들이 많은 탓에 생태계가 지속적인 생산의 한계를 넘는 것을 '인구과잉'이라고 한다. 이와 반대로 경제선진국에서는 사람들이 지나친 물자소비를 함으로서 환경을 파손하게 되는데 이를 '소비과잉'이라고 부른다. 생태계의 병도 우리 몸의 병처럼, 한 부분이 가혹한 침해를 받으면 다른 부분이 연쇄적으로 침해당해 회복이 어렵게 되는 경우가 많다. 예를 든다면, 벌목이나 산불로 인하여 산이 벌거벗게 되면 빗물을 담아 둘 수가 없을 뿐더러, 폭우가 내리면 표토는 침식(侵蝕, Erosion)이 되어 불모의 사막처럼 생산성을 잃은 땅이 된다.

흙의 황폐화: 토양은 점토, 모래, 충적토(沖積土, Alluvium) 등과 같은 무기물질, 고사(枯死)한 동식물체, 물, 공기와 수많은 생물체들로 구성되어 있다. 사람들은 흔히 흙은 자력과 생명력이 없는 것으로 생각하지만, 토양의 활성화는 그곳에 서식하고 있는 생물들에 의하여 얻어지고 반면에 생물들은 흙에 의해 성장번식을 계속하게 된다. 인간의 경우 의식주에 필요한 모든 것을 직접 혹은 간접적으로 제공받고 있지만 흙은 사람들에 의하여 가혹한 침해를 받고 있다.

흙이 가장 심하게 사람에 의해서 파손되는 원인은 산림의 침해이다. 농업이 본격화되기 이전에는 지구육지면적의 약 60%가 산림이었지만 인구의 증가와 영농기술의 발달과 더불어 산림은 침해를 받아 현재는 약 3분의1로 감소되었다. 증가하는 인구의 주거지, 농경지, 목축지 혹은 연료를 위한 벌목 등으로 인해 산림은 계속 감소해 갈 수밖에 없다. 벌목의 대가는 여럿이 있지만 그중 가장 인간의 생존에 영향을 주는 것은 '토양침식'일 것이다. '침식'이란 표토(表土, Topsoil)가 바람이나 물에 의하여 본래의 장소를 떠나는 현상을 말한다. 형성 속도보다 표토의 손실이 빠를 때, 흙은 갱신할 수 없는 자원의 상태로 고갈되고 만다. 지질학자들은 표토 2.5cm가 형성되는 데 약 500년이 걸린다고 말한다.

과대한 방목으로 인한 침식, 지나친 농경작, 공업 및 도시화로 인한 벌채, 지하수의 고갈, 광업 등으로 땅은 특수한 식물과 동물만 서식할 수 있는 사막으로 변해간다. 건조한 기후만으로도 사막화는 촉진되는데 이미 알려진 큰 사막지대들도 날이 갈수록 커져가고 있다. 사막화의 대가는 지표수의 절감, 지하수의 저락(低落), 물과 표토의 염분성분도의 증가 외에도 한편으로는 침식이 촉진되어 결과적으로 흙은 초목조차 자랄 수 없는 불모지가 된다.

인구증가에 따르는 식량증산은 대대적인 수리시설을 요구해 오고 있다. 급수된 물이 농경지에서 증발되면, 포함되어 있었던 염분은 논밭에 남아 날이 갈수록 축적되어 농산물의 수확량이 낮아지게 되고 결국은 농경의 가치를 잃게 된다. 강우량이 적은 지역일수록 염화현상으로 인한 농업생산의 피해를 더 심하게 받는다. 예를 들어, 페루나 파키스탄은 이미 관계수리 총면적의 약 30-40%가 염화되어 있다.

공기오염: 우리가 호흡하는 공기는 지구표면에 접하고(약 100km 이하)있는 대류권에 혼합되어 있고 늘 움직이고 있다. 그래서 동식물들은 언제 어디서나 자유롭고 손쉬우며 안전하게 이용할 수 있도록 풍부하게 창조되었다. 그러나 사람의 지나친 경제활동과 대류권의 기존공기 속에 새로운 가스가 더해지면서 화학반응이 발생하게 되는 것이 바로 우리가 알고 있는 대기(공기)오염이다.

자연적으로 일어나는 공기오염은 산불의 연기, 화산분출, 토양풍식, 꽃가루, 미생물에 의한 유기물질의 분해, 풍화작용에 의한 라돈(Radon-222)가스 등이 있으나, 인간의 소행에 비교할 바는 못 된다. 그리고 공기오염의 피해를 직접 혹은 간접적으로 가장 많이 받는 대상도 인간 본인들이니, 이것은 틀림없는 자업자득이라고밖에 할 수 없겠다.

대기오염가스가 생태계에 주는 피해는 크게 1)인간 자신들의 건강 2) 산림 3) 어족(魚族)들과 다른 생물들이다. 그 심각성은 오염물질과 생물종류가 지니고 있는 저항력에 따라서 매우 다르다. 그래서 세계보건기구(WHO)는 각 오염물질의 최대 허용치

(許容値, Limit of Tolerance)를 정하고, 각 회원국들이 국가적으로 유해가스 방출을 법적으로 제한하도록 권장하고 있다.

오염가스 중 어느 특정한 물질이 어떠한 병을 어떻게 일으켜 얼마의 사망자를 내는가에 대해서 정확히 알아내는 연구는 그렇게 쉬운 일이 아니다. 왜냐하면 생물체들은 긴 세월을 통해 오염가스를 호흡하면서 저항력을 키워가고 있기 때문이다. 숨을 많이 쉬는 연소자와 저항력이 쇠약해진 연로자가 더욱 큰 피해대상이 된다. 미국은 1965년에 '공기정화법'(Clear Air Act)을 제정해 연 500억불 정도의 예산으로 통제해 오고 있다. 하지만 화석연료에 의해 배출되는 가스만으로도 연 5-6만 명이 조기사망을 일으키고 있다고 한다.

식물과 어류가 피해를 받는 큰 원인은 대기오염가스가 지닌 산성 때문이다. 어류의 경우는 물고기의 서식처인 강이나 호수의 물이 산성화되는 때문이며, 식물의 경우는 초목 잎들의 수분작용을 돕는 밀랍(蜜蠟, Wax)물질이 용해되어 기공에 마비가 생겨 물을 잃게 되기 때문이다. 산성화에 의해 생태계가 대규모적으로 피해를 받는 경우는 높은 산성도를 지닌 비나 눈이 내릴 때이다. 1991년 12월 12일 부산지역에 내린 비의 산도는 pH 3.7로서 대기권의 평균수치인 pH 5.5에 비하여 약 100배를 초과 했다. 이 '산성비'는 대기권에 있는 '약산성가스'가 유입오염물질을 만나 화학반응을 일으켜 '강산성가스'로 변해서 생성된 것이다.

도대체 어디서 누가 어떻게 다양한 오염물질을 얼마나 배출하기에, 그 넓은 하늘이 안개처럼 덮이고 산성비와 눈을 내리게 한다는 것일까? 한국 환경처에 따르면 남한전체의 대기오염물질 배출양은 1인당 연 120kg(1990)로 매년 10%정도 증가한다고 한다. 그 종류는 1) 이산화탄소, 2) 이황산가스, 3) 질소산화물, 4) 탄화수소 및 휘발성 유기화합물, 5) 먼지(浮遊粉塵, Total

Suspended Particulate)등 다섯으로 분류하고 있다. 한국의 경우 이산화탄소와 이황산가스가 각각 39%와 31%로서 전체량의 약 70%를 차지한다지만 이것 또한 지역에 따라서 다르다.

대기에 배출되어 있는 여러 종류의 가스가 온도, 바람, 햇빛 등의 기상조건에 의해 지역적으로 온 하늘이 연기와 안개처럼 덮이는 경우가 생긴다. 이러한 '스모그'(Smog)는 영국의 에든버러(Edinburgh)지방에서 천여 명이 대기오염으로 사망했을 때 생긴 안개 형상에서 그 이름이 생겨났다. 스모그에는 두 종류의 현상이 있다. 첫째는 '산업스모그'로 이황산가스의 배합물과 먼지에 의한 것으로 주로 바람이 작고 습도가 높은 겨울 아침에 공장지대를 '잿빛' 하늘로 만들며 온 도시를 덮는 것을 말한다.

둘째는 '광화학(光化學)적 스모그'로 해가 떠서 정오에 이르면 주로 기온이 높은 여름철에 자동차운행이 많은 도시중심의 하늘이 갈색안개로 덮이는 현상을 말한다. 일명 '로스앤젤레스 스모그'라고도 알려진 이 안개현상은 자동차의 배기가스가 대기권의 산소와 화학반응을 일으켜 이산화질소를 합성하는 현상이다. 숨 막히는 가스가 자외선 광선에 의해 대기권에서 더 복잡한 화학반응을 일으켜 질소, 산소산화물 등이 축척되므로 인해 스모그가 형성되는 것이다.

물의 오염: 강, 호수, 지하수, 그리고 바다로 외부물질이 다량 유입되어 화학적인 변화가 생겨 그곳에 서식하는 생물들의 성장번식에 위험을 주는 상태를 '수질오염'이라고 부른다. 물은 다른 물질과 달리 스스로 정화하는 능력(自淨作用)이 있으나 높은 가용성을 지닌 탓으로 오염되기 쉽다. 따라서 물은 본래의 순수한 모습으로 있기가 매우 어렵다.

수질보호의 첫 관심사는 어디에서 오염물질이 유입되느냐에 있다. 출처로는 1)가정폐수를 포함한 도시폐수, 2)공장에서 배출하는 산업폐수, 3)자연적인 노출 등이 있다. 그 비중은 배출량과 오염물질의 성분 그리고 지역과 계절에 따라서 다르다. 두 번째 관심사는 어떤 물질이 얼마나 유입되어 있느냐를 측정하여 지표를 정하는 일이다. 일반적으로 사용하고 있는 지표는 1) 대장균(Coliform Bacteria)의 수, 2) 물에 용해되어 있는 용존산소(Dissolved Oxygen), 3) 생물화학적인 산소 요구량(Biochemical Oxygen Demand) 등이다.

우리의 삶과 밀접한 관계를 지닌 가정폐수는 하수도를 통하여 배출되는 오물로서 분뇨를 포함한 유기물질이 대부분이다(70%). 구약성서(신 23:12)에 언급된 분뇨는 도시인구가 급증함에 따라서 수질오염에서 큰 비중을 차지하고 있다. 미국시민 중 한 사람이 매일 수세식 변기에서 배출하는 폐수 량은 약 135liter 인데 반해 한국의 가정폐수는 200-400liters 라고 한다. 도시폐수는 긴 하수도를 걸쳐 처리장을 통과하면서 어느 정도는 정화가 된다. 스웨덴에서는 가정용수의 100%가 인공적으로 정화된 폐수이지만 일본은 33%이다. 동남아시아 지역의 대부분은 하수처리시설이 미비해 가정폐수 중 거의 전부가 강과 바다에 직접 유입되고 있다.

하천에 흐르는 물은 스스로 정화되는 능력이 있어 호수나 내포(Estuary)혹은 바다에 비하여 오염이 적다. 그러나 강물에 의지하고 있는 인구와 산업시설로 인해 물 사용량이 급증하여 물 흐름이 초속 60cm 이하로 늦어지고 고온이 계속되면 강바닥에 유기물이 쌓이게 된다. 그래서 한때 한강물도 자정능력을 잃어 1950년대 '런던의 테임즈(Thames)'강처럼 흐르는 하수도를 닮아 가던 시절이 있었다.

호수로 유입된 폐수에 유기물이 다량으로 포함되어 있으면 수초(水草)나 수중식물에 활기를 제공하기 때문에, 호수 빛은 녹색으로 변하고 산소가 부족한 수질로 변하여 물고기는 생존할 수 없게 된다. 이 사태를 '부영양화'(富營養化, Eutrophication) 현상이라고 하는데, 물이 흐르는 낙동강 하류에서 여름도 아닌 봄날에 이러한 현상이 여러 차례 일어난 일이 있었다. 유기물질이 바다에 다량으로 유입되면 1992년 한국의 남해안 일대에서 경험한 것처럼, 조류(藻類, Algae)가 붉게 변해가는 반면 바닷물은 산소결핍이 되어 양어장은 물론 조개, 새우 등 온갖 갑각류(甲殼類, Crustacean)까지 떼죽음을 당하게 된다. 이것이 바로 '적조(赤潮, Red Water)현상'이다.

하천에서 폐수가 다시 맑은 물이 되기까지 수일에서 수주가 걸린다면, 호수나 지하에서는 수년 내지 수백 년이 걸린다고 한다. 물의 자정작용은 물의 흐름에 따라서 다르기 때문이다. 공산주의 정권은 100년을 넘기 힘들지만 오염된 지하수가 맑은 물로 돌아오기에는 인간의 한두 세대로서는 부족하다.

나에게 환경보호에 관한 묘책을 묻는다면 서슴없이 '3Rs' 라고 말할 것이다. '3Rs' 란 1) Reduce(절제), 2) Reuse(재사용), 3) Recycle(재활용)이다. 기독교인들에게 '3Rs'란 온순한(마 5:8) 한 마음으로 욕심(약 1:15)의 결과가 무엇인지를 깨닫고 실행하라는 경고이다.

제31장 DDT의 숙명적 역할

천하에 범사가 기한이 있고
모든 목적이 이를 때가 있나니 (전 3:1)

디디티의 본체: '디디티'(DDT)는 한때 인류사회에서 특히 무수한 빈곤층의 목숨을 지켜준 단순한 합성살생(殺生, Bioside) 독물(毒物, Poison)이었다. 한국에는 1950에 시작한 전쟁을 계기로 흰 밀가루처럼 보이는 디디티가 항생제 '페니실린'과 함께 전쟁선물로 소개되었다. 한국인에게는 디디티를 알고 모르느냐에 따라 6.25라는 무서운 전쟁을 경험 했는지 아닌지를 구별하게도 한다. 열대 후진국에서는 모기로 전염되는 전염병 특히 말라리아(Malaria)방제에 대대적으로 사용되어 수천만의 인명을 구제했다. 그러니 아프리카대륙에서는 인간의 평균수명을 높이게까지 만든 고마운 독성물질이라고 하겠다.

디디티라는 이름은 Dichlorodiphenyltrichloroethane라는 긴 글자의 약자다. 1874년 '클로로'(Chloral)와 '클로로벤젠'(Chlorobenzene)이 황산(Sulfuric Acid)과 반응하자 합성된 유기염소(有機鹽素, Chlorinated Hydrocarbon)성을 지닌 이 유독성 물질이 탄생했다. 디디티가 인간생활에 공헌하게된 것은 스위스의 한 화학자(Paul Hermann Muller)가 1939년 디디티의 살충효과를 처음 발견하고 소개한 후부터이다. 제 2차대전시 일선 군인들을 보호하기 위해 미국이 군부실험용으로 처음 준비하면서, 디디티가 살충제로 전염병을 전염시키는 매개곤충류뿐 아니라 광범위한 농작물해충에도 큰 농약효과가 있는 것을 발견한 것이다. 세계 제2차 대전을 치루는 동안 디디티는 전쟁터에 있는 미국 군인들을 전염병으로부터 보호하는데 효과적으로 사용되었다.

한국에는 6.25 전쟁과 더불어 사용되었는데, 전선에 있던 젊은이들은 물론 후방에서 피난생활을 하던 많은 사람들에게도 아주 유용하였다. 제대로 먹지도 못하고 목욕도 하지 못한 불결한 몸에 걸친 단벌옷에 번식하는 이(Lice)를 잡는데 디디티라는 살충제가 처음으로 사용되었던 것이다. 머리와 몸뚱이에 흰 가루를 직접 뿌려 몸과 옷 소독을 동시에 한 셈이었는데, 이에게 피를 빼앗기는 것도 문제였지만 이는 '발진 티푸스'(Typhus)라는 병을 옮기기 때문이었다.

디디티의 혜택: 세계 제2차 대전 중에 군인들에 의해 본체가 들어난 디디티는 보건당국뿐 아니라 농축산분야에서도 대대적이고 끈질긴 실험을 걸치며 사용범위가 크게 확장되었다. 이를테면 대책 없이 무참하게 피해만 받아오던 온갖 농작물과 야생 동식물들까지 디디티로 인해 충해로부터 획기적인 보호를 받게 된 것이다. 농작물의 단위생산의 증가를 포함하여 경작지의 확장, 곡물의 장기저장, 산림보호 그리고 간접적으로 토양침식 방제 및 휴양지개발에도 도움을 준 것이다.

1950년대 후반에 유기인제(有機燐濟, Organophosphate)라는 저유독성농약들이 시장에 나오기까지 디디티는 모든 농작물, 과수 그리고 산림해충방제에 매우 경제적으로 사용된 유일한 살충제라고 하겠다. 미 농무부에 따르면, 한때 미국농산물의 약42%가(수확 전 33% ,수확 후 9%)병충해에 의해서 손실을 보았으나, 디디티를 사용해 손실이 줄어 식료품가격이 30-50%인하 되었다고 한다.

공중보건 분야로는 제 2차 대전 때 일선 군인과 전쟁포로들을 발진 티푸스, 말라리아 그리고 흑사병(黑死病, Plague)과 같은 전염병으로부터 보호하기위해 디디티는 예방수단으로 사용되기 시작했다. 발진티푸스는 중세기부터 알려진 박테리아에 의한 병으로, 유럽에서는 17세기부터 19세기에 이르기까지 '나폴레옹 전쟁'(1796-1815) 또는 아일랜드의 감자기근(Potato Famine, 1846-49)때도 발생했던 천벌 같은 온대지방의 겨울철 전염병이다. 한국전쟁 때 경험했듯이 이 병은 주로 빈민촌이나 피난민 수용소에서와 같이, 불결한 환경에서 추운 계절을 보내야하는 굶주린 사람들의 단벌옷에 번식하는 '이'에 의해서 전염된다.

목욕 한번 못하고 긴 엄동설한을 지내야했던 내 고향에서도 '이'는 우리와 함께 사는 가족과 비슷했다. 디디티가 없던 나의 청소년시절엔 옷을 자주 갈아입지 못하는 겨울철이면 너나 할 것 없이 속옷을 화롯불에 쬐이면 기어 나오는 이를 손톱으로 일일이 잡았다. 또는 겨울밤에 옷을 문밖에 두어 얼어 죽도록 하거나 형편에 따라서는 옷을 삶아 빠는 방법으로 이와의 전쟁을 치렀다.

몸을 드러내고 살며 목욕을 자주하는 열대지방의 사람들에게는 발진티푸스 대신 더 많은 전염병이 모기와 같은 매개동물에 의하여 전염된다. 그 중에서 말라리아는 현재에도 인간의 목숨을 가장 많이 뺏어가는 열대지방의 매우 무서운 고질적 전염병이다. 세계보건기구(WHO)의 집계에 따르면, 91개국에서 세계인구의 약 40%가 아직 말라리아의 위험을 받고 있다. 매해 발생하는 3-5억 환자 중 150만 내지 270만 명이 사망한다. 그 중 90%정도를 차지하는 아프리카 사람들의 평균수명은 내가 그곳으로 부임해 갔던 1970년에도 50년을 채 넘기지 못했다. 이것은 말라리아로 인한 사망률이 5세미만의 어린이들에게 높은 탓이다. 1950년대 초에 시작한 말라리아의 세계적 박멸(撲滅,

Eradication)사업은 WHO가 제공하는 방제기술과 전문가의 지도아래 미국의 원조 자금(AID)으로 구입하는 디디티, 자동차 그리고 방제장비로 세계 대부분의 나라에서 일제히 시작되었다.

그 기술이란 영국의 말라리아 전문가들이 아프리카에서 개발한 매우 간단한 것으로, 물에 잘 혼합되는 디디티 분제를 분무기로 주택의 방안의 벽에 뿌리는 방법이다. 방벽에 극히 소량의 디디티를 살포(벽 m2 당 2mg)한 후 말라리아를 전염하는 모기가 그 방에 들어와 흡혈(吸血, Sucking Blood)을 하기 전후에 잠시만 쉬어가도 벽에 뿌려져 있는 디디티가 모기의 발에 흡착되어 죽게 된다. 이 방법은 특별히 훈련된 고급인력이 필요하지 않은데다 벽에 뿌린 디디티는 3개월 이상 6개월까지 장기효과가 있어서 매우 경제적이었다.

인도의 경우 디디티 실내산포로 인한 말라리아 환자는 1952년 1억에서 1966년 4만으로 감소되었고, 파키스탄에서는 1961년 7백만에서 불과 6년 사이에 9500명으로 감소되었다. 성급한 전문가들은 디디티로 인해 말라리아는 더 이상 인간의 생명을 위협하지 못하게 될 것이라고 장담까지 한바 있었다.

디디티의 숙명: 아프리카에서까지 말라리아의 위세를 굴복시키며 명성이 높아가던 디디티도 10년을 채우지 못하고 종식의 운명에 봉착하게 되었다. 디디티에게 숙명적인 두 종류의 문제가 생겼기 때문이었다.

첫 번째는 디디티에 몰살당하던 말라리아모기들이 스스로 멸종당하지 않기 위해 저항성(抵抗性, Resistance)을 개발한 것이다. 세계적으로 알려진 60종류의 말라리아모기 중 51종이 디디티에 저항성이 생겨 효과적인 방제가 되지 않게 되었다. 저항능력은 한 세대에서 다음세대로 전해지는 유전성을 지니고 있어 인간이 추진하는 박멸사업을 어렵게 만들었다.

저항성은 말라리아모기뿐 아니라 디디티를 광범하게 사용한 농작물 해충에도 예외 없이 적용되었다. 내가 태국에 부임한 1966년, 방콕 보건당국은 '댕기열병'(Dengue Haemorrahgic Fever)을 방제하기 위해 물 항아리에까지 디디티를 살포했으나 장구벌레는 우윳빛을 지닌 물에서 태연히 수영을 하고 있었다. 그 모기종류의 유충(장구벌레)까지도 디디티 독성에서 살아남을 수 있는 저항성이 생긴 것이다.

둘째 문제는 디디티가 지닌 화학적 특징, 즉 물에 용해가 잘 안 되는 것이다. 따라서 염소재로 된 디디티는 자연에서 퇴화가 안 되므로 생태계에 오래 남아 있으면서 생물권에서 살생작용을 하며 존재한다. 미국의 한 여성 생물학자(Rachel Carson)가 1962년 출간한 책『Silent Spring』(조용해진 봄)을 계기로 디디티사용은 치명적인 종식을 맏기 시작했다. 이 책은 미 동북지방에 겨울이 가고 따뜻한 봄이 와도 예전처럼 노래하던 새들이 찾아오지 않아 봄은 조용해져간다는 내용이다. 새들이 자연에 잔류하고 있는 디디티에 의하여 죽어간다는 사실을 경고하는 셈이다.

수용성이 낮은 탓으로 농작물에 살포된 디디티가 빗물과 더불어 강이나 호수에 흘러 들어가게 되면, 그곳에서 동물성플랑크톤(Zooplankton)에 흡수되고, 플랑크톤은 작은 물고기의, 작은 물고기는 큰 물고기의 그리고 큰 물고기는 새들의 먹이가 되는 과정에서 그 농도는 8.3백만 배 이상으로 높아 간다. 먹이사슬(Food Chain)속에 있는 디디티의 축적도 다를 바 없다. 목초해충방제를 위해 산포한 디디티는 목초와 함께 젖소의 먹이가 되었다가, 우유와 함께 시장에 와서 어느 날 산모의 영양음료수가 되었다가 드디어는 갓난아이의 지방(脂肪, Fat Body)에까지 자리를 잡는다.

미국 의회는 1972년 법으로 디디티 사용을 세계적으로 중단시키기 위해 생산과 유통일절을 금지시켰다. 이 법에 의해 이제 미국 원조 자금으로는 말라리아박멸사업에 사용하는 디디티를 살 수 없게 된 것이다. WHO는 잔류성이 낮은 유기인제농약을 디디티대신 선정했지만 시장가격이 수배 내지 수십 배 높아 방제사업은 활기를 잃게 되었다.

한때 종식위기에 처했던 말라리아는 디디티의 단기적인 운명으로 다시 증가하기 시작하여 박멸사업 이전의 1950년대 수준으로 돌아가게 되었다. 온대지방의 발진티푸스와 학질은 디디티와 생활환경의 개선으로 인하여 자취를 감추고 말았지만 열대지방의 말라리아는 지금도 반세기 아니 그 전과 다름없이 인간들을 위협하고 있다. 금년에도 예외 없이 4-5억의 가난한 사람들이 말라리아에 의한 고열에 견디지 못해 의사들의 도움을 찾았을 것이고, 그 중 백만 명 이상은 목숨을 잃었을 것이다. 사망자 대부분이 아프리카 대륙의 5세 미만의 어린이들로 말이 쉽지 어린 생명이 그만큼 목숨을 잃는다니!

나도 아프리카생활 8년 동안 말라리아에 두 번이나 걸려 고열로 사경을 헤매다가 살아남은 경험이 있다. 아프리카의 말라리아는 어릴 때 내가 여름마다 걸린 학질로 하루건너 춥고 고열을 경험했던 때와는 비교할 수 없어, 40년이 지난 지금도 기억에 생생하게 남는 매우 가혹한 무서운 병이다.

최근 미국의 두 자선가인 빌게이츠와 워렌 버핏(Bill Gates와 Warren Buffett)에 의해 말라리아 방제연구가 활발해진 탓인지, 미국에서는 아프리카의 말라리아에 관한 기사를 자주 볼 수 있다. 그럴 때면 무력했던 지난 아프리카 생활 8년이 생각나고 어진 인간들을 '빛'처럼 잠시 돕다가 어느 날 갑자기 미련 없이 떠나버린 디디티의 숙명이 머리를 스치곤 한다. 그 일은 "하나님의 하시는 일의 시종을 사람으로 측량할 수 없게 하였도다."(전 3:11)는 성경말씀을 떠올리게 한다.

제32장 4대강사업으로 새로워질 계기들

물은 다른 물체로 대처 할 수도 없고,
물 없이 사람이 할 수 있는 것은 하나도 없기에
치수수원확보는 돈으로 따지거나 논쟁의 문제가 아니다

물의 날: 매년 3월 23일은 세계 여러 나라들이 정한 국제적인 물의 날이다. 제18회 물의 날인 금년에도 UN이 주최한 국제적 심포지엄에 이어 다양한 행사가 여러 나라에서 있었다. 하지만 한국에서는 4대강 살리기 사업을 반대하는 목소리가 종교인들이 합세함으로 더욱 소란스러워졌다. 나에게 그 소란은 세종대왕이 한국고유의 문자를 창간할 때 있었던 격렬한 보수파의 반대, 최만리가 선두에서 왕에게 제출한 단호한 반대상소와 같은 느낌이 든다.

4대강 사업은 치수, 수질, 하천과의 조화를 목적으로 하는데, 반대하는 20대 인구가 50대에 비하여 배가 된다니 더 이해하기가 어렵다. 개신교 목사들 중에는 반대 금식기도까지 한다는 기사가 있다. 왜 이것이 목사님들의 종교문제로까지 등장하는 것일까?

근 30년간 아프리카와 동남아지역에 살며 나의 가족들은 유럽에서 운반해오는 물을 비싼 값으로 사서 마셨다. 그 지역에도 비는 내렸지만 빗물을 받아둘 저수시설이 없는데다가 강물과 지하수마저도 모조리 오염이 되어, 사막에서 사는 사람들처럼 갈증을 느끼면서 살아가고 있었다. 그리고 고향에서 천수답에서 농사를 지어본 경험이 있는 나로서는 이번사업을 계기로 한국에 수자원이 더 개발되고, 치수관리기술이 더 향상되고, 그리고 물을 더 알뜰하게 쓰는 절약정신이 더 깊이 뿌리를 내렸으면 한다.

수원확보: 한국에 내리는 강수량(년 평균 1,245mm)은 세계 평균(880mm)에 비해 높지만 우리 선조들은 매해 기우제를 지내면서 농사를 지어왔다. 그 빗물의 70%이상이 한 철에 내리는데 가둘 물그릇이 없었던 탓이다. 그 동안 정부의 성화에 못 이겨 치산(治山)과 더불어 많은 저수지(17,000개)가 건축된 탓으로, 언제부터인가 기우제행사는 한국사회로부터 자취를 감추었다.

그러나 국민이 바라는 풍요로운 문화생활은 그것을 간절히 바랄수록 더 많은 양의 맑은 물이 보급되어야만 가능하다. 더 많은 수원이 비축되어야만 가능한 가장 큰 이유는, 지구의 온난화로 인한 예측할 수 없는 이상기온과 강수현상 때문이다. 예기치 않게 지난해 10월부터 비가 그친 중국 동서 5주에는 한 세기에 걸쳐 보기 드문 가뭄이었다는데, 2천5백만 인구와 천 600만 가축이 급수를 제대로 못 받고 있다는 보도다.(Bloomberg Businessweek, 2010.4.28). Chongquing(중경)시를 끼고 흐르는 양츠강(Yangtze River)은 강바닥이 드러나고 저수지 물은 반으로 줄었으며, 한발로 인해 768ha의 농경지가 피해를 받아 유난주(Yunnan)에만도 5백만 인구가 식량부족을 면치 못할 것이라고 한다. 앞으로 물이 원유보다 더 귀한 물품이 된다는 이유가 여기에 있다. 오늘날 우리들에게는 기우제를 기다리는 인내력이 더 이상 남아 있지 않다.

물 없이 인간이 할 수 있는 것은 하나도 없으며 수자원 없이 부강하게 된 나라도 없다. 물은 원유처럼 다른 물체로 대처할 수도 없기에 수원확보는 돈으로 따지거나 논쟁의 문제가 아니다. 그런 이유로 이제 수자원비축은 국가안보처럼 선택의 여지가 없다는 학자들도 있다. 하천 살리기 사업은 한국에서도 정치로부터 완전히 독립되어, 단기와 장기적인 수자원개발과 치수사업을 계획하고 연구하는 전문가들만의 모임을 탄생시키는 계기가 될 것으로 본다. 물 문제는 어느 한 특정한 정당, 정권이나 집단에 속한 것이 아니라 전국가적인 만민을 위한 만년지사이기 때문이다.

절대적인 치수: 스스로 지구를 다시 찾아오는 물은 그 양이 얼마가 되던, 한 방울도 그냥 흘러 보내지 말고 가두었다가 필요에 따라서 알뜰하게 사용하는 것이 치수의 지혜이다. 홍수와 가뭄을 조절하기위해 나일 강을 막았던 최초의 토목사업은 주전 2,900년의 일이나 현재도 계속되어, 개발 국가들 중 댐이 설치되지 않은 하천은 거의 없다. 주전 1,300년에 만든 댐을 시리아가 지금도 사용되고 있다는 것으로 보아, 치수사업은 빠를수록 좋은 듯싶다. 이런 기록이 우리에게 주는 교훈은 치수는 국가번영에 불가불한 예비대책이라는 것이다.

물욕을 만족시키기 위해 달음질하는 한국에서의 경제활동은 물을 더 가치 있는 존재로 만들 수밖에 없다. 따라서 치수사업도 더 합리적인 운영체제가 요구된다. 하천마다 지형이 다르고 또 크고 작은 지류가 수없이 연결되어 있어서 '강물의 활성도'는 기상조건에 따라서 수없이 변해 간다. 4대강사업은 최신 치수기술(Sensor-based Computer)을 기반으로 한국의 치수관리와 체제를 현대화하는 계기가 될 것이다.

하천과의 조화: 인류문명이 하천가에서 시작됐듯이, 국민생활은 풍요로워질수록 많은 인구가 물 주위인 수변(Water Front)으로 집중되는 것은 자연 현상이다. 남한 전 국토의 약 70%를 차지하는 4대강유역에는 전체인구의 78%가 살고 있다고 한다.

강과의 조화는 먼저 강물에 대해 고마움과 아름다움을 느끼는 정서가 시민들의 마음에 있으면 수변공간은 반드시 우리가 선망하는 녹색환경으로 변해간다. 이것이 인간문명이 요구하는 불가피한 과정이다.

조화를 이루지 못하면 그 사람들이 사는 나라는 선진국이 될 수가 없다. 인도의 수도 뉴델리를 끼고 흐르는 야무나 강의 수변공간은 시신(屍身)을 태우는 화장터이자 상수도, 하수도 그리고 세탁소를 대신하는 곳이다. 그 강 언덕에 세워진 WHO 동남아 본부 5층에서 나는 8년간 장작불 연기를 목격했기에 한국의 4대강사업이 꼭 성취되기를 간절히 바라는 것이다.

절제의식: 물은 인간의 삶에 기여하며 온갖 도움을 주지만, 언제나 어디서나 쉽게 값없이 풍부하게 주어진다는 이유로 천시와 버림을 받고 있다. 아무리 하천을 아름답게 가꾸어도 국민이 물에 대한 고마움대신 몰지각하게 사용하면 강물은 생기를 잃고 만다. 물에는 유달리 자정(自淨)능력이 있지만 한계를 넘으면 병에 걸린다. 병든 물(Sick Water)을 마시고 죽어간 어린이가 세계적으로 연180만에 이른다고 물의 날에 UN에서 발표했다. 4대강사업을 계기로 사회지도자들은 이웃에게 물의 절대성과 신기성을 가르쳐야 할 것이며 기독교인들은 물이 지닌 하나님의 섭리를 재확인해야한다. 그리하여 하천 살리기 사업으로 한국국민들에게는 물을 알뜰하게 쓰는 절약정신을 심어주는 계기가 되어야 한다. 같은 이유로 캐나다 밴쿠버 시는 2009년 9월 9일 공원(Bear Creek Park)에다 한국시인 반병섭 목사의 시 '나는 그저 물이면 된다'는 시비(詩碑)를 세웠다고 한다.

민도와 정서: 4대강 사업은 한국인의 정서와 민도를 새롭게 하는 계기가 된다. 하천이 생기를 찾으면 낚시터가 생기고, 수변

공간에 무성해지는 숲을 찾아오는 새들을 따라 도시생활에서 고달파진 사람들도 틀림없이 찾아오게 된다. 이것이 우리가 말하는 휴식공간이며 관광자원이다. 그런 이유로 영국은 지난 200년간 하천 5,000km을 재개발했다. 이렇게 문명국가의 하천들은 예외 없이 모두가 인간의 손길로 녹색하천공간이 만들어진다.

대한민국에 번영이 계속하는 한 4대강 살리기 사업과 같은 치수미화사업은 전국 곳곳에 있는 크고 작은 하천에서 요구될 것이다. 그것은 국자창제(國字創制)나 국가안보와 비슷하게 지역적인 선택의 여지도 돈으로 따질 수도 없는 국가적인 불가피한 과제다. 그것은 개화되어 가는 인간의 정서와 높아가는 민도가 요구하기 때문이다. 그것은 마치 아름다운 하천이나 호수를 향해 큰 창문을 단 집을 짓고 사는 것과도 같은 것이다.

제6부 사람들 스스로가 만든 재앙

제33장 미국산 소고기가 만든 한국의 '촛불 병'

의인의 생각은 공직하여도 악인의 도모는 궤휼 이니라 (잠 12:5)

소고기로부터 오는 병: 한국 사람들이 2008년 공포에 떨었던 광우병의 본이름은 '소해면상뇌증'(Bovine Spongiform Encephalopathy, BSE)이다. 이와 유사한 병은 고양이, 밍크, 사슴, 큰 사슴(Elk)과 같은 동물에게도 발생한다. 전염과정에 관한 연구는 1960대부터 시작되었지만, 그 병원체가 특수한 단백질로 확인된 것은 1982년이다. 미국 샌프란시스코에 위치한 캘리포니아 대학의 생리학자인 프르스너(Stanley B. Prusiner)교수에 의해 증명된 BSE의 병원체는, 우리 몸에 흔히 있는 아미노산(Amino Acid)으로 만들어진 단백질로 '프리온'(Prion)이라고 부른다. 바이론(Virion, 바이러스의 최소단위)과는 달리 핵산(核酸, Nucleic Acid)이 결핍되어 있어서 번식과 유전능력이 없다.

프리온은 다른 단백질과는 달리 효소에 의한 소화는 물론 변질이나 퇴화도 되지 않고 위에 흡수가 안 되므로 오랫동안 체내에 머문다. 고온과 실험실의 온갖 약물로도 파괴가 안 되며 치료법의 개발 또한 안 된 상태이다.

프리온병이 보고된 나라는 영국과 덴마크를 포함하여 동서유럽 대부분의 나라들이며 동양에서는 일본이 포함되어 있다. 영국은 1986년 16마리의 젖소에서 BSE가 검출된 이래 점차적으로 증가하여 한때는 수많은 소를 대대적으로 집단 도살한 경험이 있으나, 미국은 2004년 12월 23일 1991년 워싱턴 주에 캐나다에서 옮겨온 한 마리의 젖소에서 검출된 후 한 번의 사례정도만 더 있었을 뿐이다.

BSE가 감염된 소고기를 먹으면 신경퇴화(Neurodegenerative) 질환이 발생되는데, 이 질환은 사람에게는 매우 드물게 발병하는 바이러스 병으로 알려진 'CDJ'(Creutzfelt-Jakob Disease)와 비슷하다. 1995년부터 2006년까지 프리온 감염환자는 11개국으로부터 195명이 보고되었고, 그 중 183명이 사망했다. 미국에서는 지금까지 단 한 건의 감염자가 보고되었는데 영국에서 장기간 체류한바 있는 젊은 여성이었다.

신경퇴화질환 중에서 소고기로 옮겨진 프리온 신경퇴화질환은 인구 백 만 명의 하나 꼴로 '노인치매 병'(Alzheimer's Disease, AD)에 비하면 15,000의 1에 불과하다. 그것도 보통 바이러스처럼 공기나 매개동물로 인해 옮겨지는 흔한 전염병도 아니고 바이러스로 생기는 '구루'(kuru)와 같은 신경퇴화질환은 더욱 아니다. 한 통계학자의 계산에 따르면 미국소고기가 한국에 수입된다면 2003년 기준으로(연 218천 톤/61만 마리) 프리온병에 걸릴 위험확률은 200경(1京은 10,000조)의 1이라고 한다.

BSE가 언제 누구에 의해서 '미친 소병'(Mad Cow Disease)으로 불리기 시작했는지는 알 수 없어도, 온순한 가축으로 알려진 소가 갑자기 발광(發狂, Maniac)하는 뜻밖의 모습에 놀란 사람들이 '미친' (Mad)이라는 말을 붙인 것이 아닌가 생각된다. 서양문화를 따라가는 동양에서는 'Mad Cow'라는 말이 한문으로 광우(狂牛)라고 불리게 된 듯싶다.

보통상식으로는 이해할 수 없이 소란을 피우는 사람을 한국에서는 '미친 사람'(狂人)이라고 부른다. 남을 욕하는데 더 많이 쓰이는 말이기도 한데 '미친개'란 말이 있는 것으로 보아 집에서 키우는 짐승에게도 그 병은 있는 것 같다.

사람에게 흔히 있는 정신질환(精神疾患, Mental Disorder)은 심리학적(Psychological) 혹은 행동적(Behavioral)으로 나타나는 마음에서 시작된 질병이다. 정신과의사를 자주 찾는 정신병환자들은 주로 망상과 환각(Hallucination)에 이어 판단력과 식별능력이 결핍되어있다. 정신분열병(Schizophrenia)을 제외한 대부분의 정신병은 심리적인 원인에서 기인되며, 다행히도 유전적인 병이 아니다.

한국의 '촛불 병': 미국산 소고기수입으로 남한사람들에게 생긴 그 요란한 공포와 충격은 나의 상식으로서는 이해가 되지 않아, 인터넷에 올라온 글과 화면을 종합분석한 후 내 나름대로 '촛불 병'(Korean Candle Syndrome)이라고 이름 지었다. 다음은 그 병증을 진단하고 요약한 것이다.

1) 실성(失性): 촛불을 들고 군집한 사람들은 그렇게 심각한 문제도 아닌 일을 가지고 생떼를 부리는 것 같았다. 울면서 목청을 높여 투정을 하면 무엇이든 원하는 것을 성취하는 철없는 부잣집 도련님의 떼쓰기 방법이다. 그 행동은 '정서적 정신질병'(Affective Mental Disorder)환자처럼 본의도 모르는 체 실성과 도취상태에서 발생하는 발광증이다.

그렇게 좋아하던 흡연도 건강을 해친다고 많은 사람들이 중단한 것처럼 소고기도 안 먹으면 될 것을 왜 저렇게 촛불을 들고 소란과 난동을 피워 세상 사람들의 웃음거리가 되고 있는지 이해할 수가 없었다. 이 세상에는 먹고 싶어도 돈이 없어서 또는 '알레르기' 때문에 못 먹는 사람들이 있는가 하면 사회적으로 쇠고기를 안 먹는 나라와 종교인들도 많다.

차라리 남한 사람들이 이 기회에 소고기 절식운동을 한다면 세계에서 첫째가는 지구온난화(Global Warming)방지를 실현하는 으뜸가는 나라로 이름을 높이는 한편, 소고기의 공포감도 해소되는 일석이조의 이득을 얻을 수 있을 것이라고 생각되었다. 세계적으로 약 13억 마리의 소가 되새김을 하여 배출되는 무기성 박테리아에 의한 메탄가스의 양은 연 7600만 톤으로 석탄연료에서 생기는 양에 비하면 2배가 된다. 지금 세계 사람들이 크게 걱정하는 지구온난화에 영향을 미치는 대기가스 중 메탄은 매우 적지만(0.0002%), 온실효과는 탄산가스의 23배이다. UN식량농업기구(FAO)의 보고서에 따르면 가축이 배출하는 메탄가스의 온화효과는 전 온실가스의 18%라고 한다.

2) 망각(妄覺, Dementia): 한국 촛불 병의 두 번째 증상은 기억력 상실이다. 촛불에 도취된 사람들은 자기들의 본성, 정체, 이성까지도 모두 잃은 모습이다. 신부, 목사, 승려, 교육자, 정치인이 되기까지 부모와 이웃이 왜 그리고 어떻게 보호 양육 성장시켜 준지도 망각하고, 무엇으로 사회지도자가 되어 관록을 먹으며 살고 있으며 사회적인 책임조차 무엇인지 모르는 사람들처럼 보였다.

조상들이 식민지통치하에서 갖은 수모를 당하며 생존해 온 것도, 6.25남침으로 남북 합하여 460만 명이 비참하게 목숨을 잃어버린 것도, 그리고 그 피비린내 나는 전쟁에서 살아남아 굶주리면서도 끊임없이 자유와 평화를 갈망해온 것도, 식민지통치로부터 해방시켜주고 5만 4천명의 목숨을 바쳐 6.25의 무력침략으로부터 우리가 살아남도록 도와준 생명의 은인들까지 기억해야 할 모든 과거는 일절 무시한 사람들로 보였다.

망각의 병은 국민이 만든 법에 의해 자기들이 애써 세운 정부에 반기를 들고 득의만면(得意滿面)하게 소란을 피우며 촛불문화를 후세에 남기려고 집을 뛰쳐나간 사람들이다. 내게 보이는 그들은 민도가 낮거나 국민들에게 이성이 결핍되면 민주주의는 성장하지 못한다는 지식을 모두 망각한 사람들로 보였다. 민주주의는 국민이 법을 엄수해야 만이 성숙해지는데 법을 지킬 능력 없어진다는 것은 자유의 혜택을 스스로 부인하는 일이다. 이런 나라의 국민을 우리는 '후진국 사람들'이라고 칭한다.

3) 식별(識別): 알맹이와 쭉정이를 분간 못하는 농부, 전선에서 아군과 적군을 구분 못하는 군인, 폭군과 성군을 구분 못하는 관가의 머슴처럼 식별력을 잃은 정신결핍증도 촛불 병의 하나이다. 민족과 조국을 위한다고 하지만 그들은 독도를 결사적으로 지킨 지도자(박정희)와 민족의 거울 백두산을 갈라 중국에 넘겨준 백치(김일성)를 분간할리가 없다. 그들은 또한 남침과 북침을 분별 또한 분간할 수 없을 정도로 분별능력이 떨어질 것이다. 500만 동족과 세계 16개국에서 참전한 군인들 6만 3천명이 사상되고, 수많은 고아들과 100만 명의 이산가족을 만든, 세계적으로 널리 알려진 그 무력침략을 식별하지 못하다니!

참으로 촛불 병은 지구상에서 가장 무서운 정신병이다.

그들 중에는 세습군주체제(Hereditary Monarchism)와 스스로를 위해 국민 자신들이 만든 민주주의조차도 식별하지 못하고, 자기백성을 반동분자로 이름 지어 학살하고 자기백성을 굶겨 떼죽음당하도록 방심하는 폭군에게 뇌물을 주며 아첨하는 사람들도 있다고 한다. 군주체제는 공산주의를 비롯해 여러 나라로부터 사라져갔는데, 하물며 군주체제 중에서도 전제군주(專制君主, Absolute Monarch)를 동조하는 사람도 있다니 이해가 되지 않는다. 폭군에게는 남아있는 인성이 없으므로 혈연의 만남까지도 차단하면서 태연하게 민족통일을 말한다. 지금도 중국땅에는 북한을 탈출한 30만 인구가 자유의 날을 위해 숨어살고 있는데, 촛불 병 환자들 중에는 폭군을 성군으로 착각한 사람도 있다는 것이다.

모든 전염병퇴치에서 하듯이, 한반도로부터 촛불 병을 퇴치하려면 하루속히 보균자들을 우선 색출하여 전문의 치료를 받게 하는 길이 아닌가 싶다.

제34장 한국에 고착된 뇌물문화

너는 뇌물을 받지 말라
뇌물은 밝은 자의 눈을 어둡게 하고
의로운 자의 말을 굽게 하느니라 (출 23:8)

뇌물거래: 한국의 농경사회에서는 이웃끼리 작은 것이라도 서로 주고받는 풍습과 협동하고 협조하는 전통적인 농촌문화가 오래 지속되어 왔다. 자본주의적인 경쟁사회가 시작되면서 언제부터인가 금품을 제공하는 대가로 특혜를 주는 '뇌물거래'라는 은밀한 부조리가 생겨났다. '뇌물거래'는 불법으로만 성사되는데 이러한 불법거래가 사람들의 관습에 의해 오랫동안 세습되다보니 일종의 뇌물문화(Bribery Culture)가 만들어졌다.

인간사회가 조직화되면서 법이 만들어지고 집권층이 형성되면서 뇌물거래는 더 노골적으로 빈번해진 것 같다. 구약성서에 기록된 이스라엘의 뇌물거래는 왕제도가 생긴 주전 700년경으로, 뇌물을 좋아하는 관헌(사상 12:30), 선각자(미 3:11)와 박식한(전 7:7) 사람들까지 경고한 것으로 미루어 당시 뇌물부정이 얼마나 큰 사회악이었는가를 짐작할 수 있다.

한국에서는 오랜 왕조시대 동안 조정관가와 왕족일가의 부정부패로, 선비와 백성들이 울분을 견디다 못해 정변까지 시도하다 실패하여 참사를 당한 예가 수없이 많았다. 손세일(월간조선, 2001년 9월호)에 의하면 우리의 민족주의자 김구선생과 이승만 초대대통령 등이 응시했던 조선시대후기 과거시험에서도 양반가의 유생들은, 대리시험이나 차술(借述)행위 등을 하였다는데 그야말로 정상급 부조리라 하겠다. 이렇게 발달한 한국사회의 뇌물거래는 조상으로부터 대대로 훈련과 경험을 통해 보편화 되어왔다. 내가 난민생활을 하던 1950년대 초 남한은 법으로 되는 것도 또한 안 되는 것도 없던 혼돈스러운 사회였다. 구청에서 호적초본을 발급받는데도 양담배 한 갑을 바쳐야만 했던 시절로, 인맥을 엮어주는 '빽'이 있거나 '사바사바' 혹은 잘 부탁한다는 봉투가 매사에 절대적으로 필요했다. 뇌물거래가 국가공공기관과 교육기관 그리고 종교단체를 포함한 온갖 사회계층에 침투되어 사람의 양심과 눈을 흐리게 하던 시절이었다. 부조리에 익숙해진 수혜자(收賄者, Bribee)들은, 뇌물거래는 경제발전과정에서 생기는 필연적인 현상이라고 떳떳하게 말하거나 더러는 '맑은 물에는 고기가 살 수 없다'는 말로 묵과해버리기도 했다.

거짓과 부정: 뇌물사회에서는 노력 없이 큰 이득을 얻을 수 있기에 사람들은 정직성을 쉽게 잃고 불로소득으로 욕심을 채우게 된다. 뇌물거래를 한번 시작하게 되면 부정으로 얻은 것이 비록 적은 수확일지라도 즐거움을 느끼게 되므로 사는 동안 태연한 척 거짓으로 살아가게 된다. 그래서 솔로몬(잠 22:6)은 과욕이 아직 자라지 않은 어린아이에게 인간답게 사는 도리를 가르치면 늙어도 떠나지 않는다고 우리에게 권고하고 있는 것이다.

정당한 이유 없이 받는 선물, 거짓말로 얻는 용돈 혹은 당당한 수고나 공로 없이 얻어지는 찬사나 상금 또는 상장을 받는 것도 거짓부정과 다름없는 인간답지 못한 일이다. 왜냐하면 당당하지 못한 거짓은 크고 작고를 떠나 아무리 능숙해져도 양심에 그대로 전달되어 마음을 초조하고 불안하게 만드는 원인이 되기 때문이다.

한국사회의 부정비리는 아시아에서 인도네시아 다음으로 세계 사람들에게 잘 알려져 있다. 더러는 '윗물이 맑아야 아랫물이 맑다.'는 말을 빌려 비인간적인 행동을 합리화하려는 사람들도 있다. 어떻게든 정직하고 소박하게 살아가는 사람들에게 상류사회의 부정비리는 반목의 웃음거리가 아닐 수 없다. 얼마나 거짓말이 생활화되었으면 '하얀 거짓말'이라는 영화까지 만들어 졌을까? 같은 민족, 같은 고향사람들, 같은 학교의 교우와 학우들끼리 혹은 부부사이에서까지 숨기는 것이 보편화되어 신뢰성과 믿음이 사라진다면, 우리의 삶은 얼마나 서글프게 될까?

역사적으로도 인생 관리를 제대로 못하는 사람들 중에 수고 없이 정당하지 못한 것을 받아 부정축재한 사람들이 많다. 뇌물거래는 비리를 등에 업고 양심을 속이지만 습관화되면 아주 편리한 생활수단으로 계속된다. 한국에 뇌물문화가 꽃을 피우는 또 다른 원인은 아무리 큰 뇌물거래로 인한 부정도 그 대가를 받은 집권자 혹은 정치가들에 의해 무마되는 경우가 많기 때문인지도 모른다.

부정부패는 법을 집행해가는 전문가들이 법의 공정성을 잃거나 혹은 자신들에게 양심을 속이는 부조리가 보편화 되었을 때 생긴다. 이스라엘의 선지자 미가(Micah)가 치리(治理)자들을 향해 "백성의 가죽을 벗기고 그 뼈에서 살을 뜯어…"(미 3:2)라고 강한 질책을 한 것으로 보아 법조계의 부조리는 고대사회에서부터 존재했던 것 같다. 법을 관장하는 사람들이 먼저 양심 있는 생활을 하여 준법의식의 선봉자가 되어야 한다. 왜냐하면 법을 관리하는 집행자들이 바로 준법정신을 심어주는 훌륭한 스승이기 때문이다.

무법질서 탓인지는 몰라도 나의 조국에는 조용한 날이 없다. 특히 2009년 5월 아직 살아갈 많은 날을 자살로 포기한 전직대통령을 추모하는 한 주 동안, 북한의 핵개발, 잇따라 생기는 대학교수와 대학생들의 시국선언, 자신의 제자를 법정에 소송하는 여교사, 학교에서 왕따를 견디다 못해 자살한 여학생 등 교육을 받고 성장한 국민의 모습은 전혀 찾아볼 수가 없다.

단일 백의민족으로 구성된 문명국의 지성인들이 왜 매일같이 저렇게도 소란을 피우며 살아야하는지 걱정이 된다. 북한의 백성들처럼 헐벗고 굶주린 탓도 아니고 세습군주통치 밑에서 가족들이 강제로 분리되어 자유와 인권의 침해를 받으면서 사는 것도 아닌데.

망국요인: 뇌물이 되는 귀품(貴品)을 지닌 증여자(贈賄者, Briber)에게는 뇌물거래란 매력을 느끼게 하는 편리한 생활수단이고 이상적인 승전방법이 될 것이다. 그러나 국가의 입장에서 보면 사회질서를 파괴하고 경쟁능력을 저열하게 하는 매우 위험한 요인이 된다.

(1) 의욕과 투지력: 뇌물거래를 위시한 모든 부조리는 사람들의 의욕과 투지력(Challenge)을 저하시킨다. 금품으로 집권자의 양심과 눈을 가리는 것(출 23:8)은, 뇌물을 취득하는 것이 땀 흘리며 고심해서 성취하는 것보다 훨씬 쉽고 편리하기 때문이다. 따라서 밤낮으로 고심하는 창의적인 투지는 소용없게 되는 것이다. 불법사회에서 승리자가 되려면 남의 것을 뇌물로 취득하든지 그것이 여의치 못하면 자기보다 앞서가지 못하도록 중상모략을 하거나 방해 또는 저지해 상대적으로 우세해지려는 온갖 수단을 동원하면 된다.

뇌물에 길들여지면 재능을 개발한다든지 새로운 것을 고안하거나 창출해 내고 싶은 의욕과 노력도 모두 사라지고 만다. 산업사회에서 과학기술이 갈망하는 창의력 같은 것은 생각할 수도 없다. 그러한 사회에서는 오늘날의 지구를 협소한 하나의 지구촌으로 만들어 가고 있는 통신기술과 같은 새로운 것을 만들어

내는 기술혁명은 기대할 수 없다.

(2) 공평성: 사람들에게 꿈을 이루는 기회가 공평하게 주어지지 않으면 인재개발은 할 수가 없다. 운동경기의 승패를 연고나 뇌물, 편견 등으로 식견이 흐려진 심판관이 결정한다면 재능이 뛰어난 선수들은 의욕을 잃게 된다. 그들은 결국 심는 대로 거둘(고후 9:6)수 있는 공정한 사회를 찾아 불가불 고향을 떠날 수밖에 없다. 개발하고 정복(창 1:28)할 수 있는 의욕과 투지도 공평한 기회가 주어질 때만 유발될 수 있다.

자기의 삶을 성실하게 꾸려가려면 우선 좌나 우로 치우치지 않은(민 20:17) 공평한 생각을 해야 한다. 왜냐하면 생각은 '행동의 어머니'이기 때문이다. 자기의 허물과 무책임보다 남을 탓하고 비방만 하다보면 이성적인 생각이 찌그러지고 왜곡되므로, 결국에는 사회적으로 쓸모없는 경직되고 불공평하고 편파적인 사람이 되기 쉽다. 고향을 떠나온 다양한 인종들이 만든 미국이라는 대국이 그런대로 지금과 같이 사회질서가 유지되는 것은 '공평함'이라는 민족의식이 있기 때문이라고 생각한다.

(3) 경쟁력: 뇌물사회에서는 땀을 흘리는 인간의 노력은 무용지물이 되며 결국은 경쟁력을 성장시킬 수 없다. 본능적으로 나태한 성품을 지닌 인간들에게 의욕과 투지를 활성화시키는 자본주의가 요구하는 경쟁이 없었더라면 우리들도 조상들처럼 오늘날 과학기술이 주는 생활문명의 혜택을 보지 못했을 것이다. 경쟁은 인간의 의욕을 유발시킨다. 그래서 학생들에게 고통을 주지만 그들의 경쟁력을 높이기 위해 시험제도를 만든 것이다.

(4) 상벌주의: "무엇으로 심던지 그대로 거둔다"(갈 6:7)는 성경 말씀은 오늘의 상벌주의와도 같다. 이것은 책임을 수행하는데 있어서 좋은 일을 하면 상이 따르지만 반대로 잘못하면 벌을 받는다는 불교의 인과응보(因果應報)와 같은 의미를 지닌다. 인생을 착하게 꾸려나가면 복을 받는데 반하여 악을 저지르면

화가 돌아온다는 뜻이기도 하다. 부패한 사회에서는 인과응보사상이나 상벌주의는 별로 큰 의미가 없다. 모두 사고팔아서 만들기 때문이다. 세상에서 가장 큰 의미가 인정되는 노벨상수상도 돈으로 구한다면 세상사람 누구도 귀중한 것으로 생각하지 않을 것이다.

(5) 준법정신: 뇌물거래를 포함한 불법부조리가 성행하고 준법정신이 결여된 무법사회에서는 민주주의가 성장할 수 없다. 거리에서 죽창으로 법을 집행하는 공인들과 싸우는 무리들은 준법사상이 결여된 것이다. 이마에 붉은 띠를 두르고 화염병, 쇠파이프, 맥주병과 벽돌 등으로 유리창을 깨는 사람들은 무법사회의 조폭들이다. 이들에게는 법 대신 폭력으로 통치하는 폭군의 세습군주사회가 더 맞을지 모른다.

(6) 연고관계: 뇌물문화는 결국 '끼리끼리' 사회에서 보다 잘 성숙해 진다. 어떠한 끼리끼리 인척관계를 가지느냐에 따라서 뇌물거래의 이해관계를 견고하게 할뿐 아니라 오래도록 지속시킨다.

한 사회학자의 말을 빌리면 자녀가 명문교에 진학하게 되면 명문가로 쉽게 인정이 되며 사회적으로 손꼽히는 명가들과 인척관계를 맺는 기회를 얻을 수 있다고 한다. 그런 연고관계를 통해서 출세의 길이 열려지고 추구하는 행복을 얻게 된다는 것이다. 그러니 자녀들이 지닌 재능이나 목표와는 상관없이 의사나 변호사 등 '사'자가 붙은 선망의 장래를 위해 전심전력을 다한다는 것이다. 모든 학부모가 그런 것은 아니겠지만 한국에서의 자식농사는 어머니의 소원을 위해 어머니의 방식대로, 그리고 어머니의 적극적인 보호 밑에서 이루어진다는 것은 의심의 여지가 없다.

뇌물문화의 종식: 부정부패의 노골적인 수단으로 개발도상국

에 고착되고 있던 연고주의적인 뇌물문화도 다행히 계속 성행하기가 점차 어려워지고 있다. 중요한 이유는 다음과 같다.

(1) 투명성: 최근 확산되기 시작한 세계화와 더불어 국제적인 산업경제가 투명성(透明性, Transparency)을 요구함에 따라 뇌물로 타협하는 거래모습은 쉽게 발각되고 있다. 뇌물거래처럼 숨어서 행해지는 부조리는 반테러도당을 위해서 만들어진 조직망과 첨단기술을 통해서도 쉽게 적발된다. 예로서 한국의 한 젊은 사업가의 경우 미국공직자에게 15만 달러 상당의 뇌물을 준 탓으로 벌금형을 받고 활주하다가, 미국당국에 체포되어 벌금 95만 달러에 더하여 75년간 감옥살이를 하게 되었다.

(2) 장인사상: 국제적으로 문물이 국경을 오고가면서 한국사회도 점차적으로 장인(匠人, Artisan)정신을 선망하게 되었다. 달인이 되어 당당하게 '자신의 길을 간다.'는 개성도 굳어가고 있으며, 삶이 점차 실용주의적 사고방식으로 기울어가고 있다.

(3) 생활의식: 의식수준이 높아지며 대다수의 국민이 이기적인 사고로 부정과 부리를 판단하는 능력이 높아갈 뿐 아니라, 부패와 부조리를 분간 못하는 경제활동을 비판하는 위치에 도달하게 되었다. 시민생활 수준이 높아지면서 사람들은 악을 버리고 선을 가까이(시 34:14)하는 기독교의 신념이나 불교의 파사현정(破邪顯正)과 같은 건실한 생활의식을 점차 갖추어 가고 있다.

제35장 한국의 민도와 음주문화

술 취하고 탄식하는 자는 가난할 것이요
잠자기를 좋아하는 자는 해어진 옷을 입을 것임이니라(잠23:21)

개화된 사회: 나는 직업상 30년 동안 4년에 한 번씩 아프리카와 동남아 열대 후진국들을 이주하며 살았다. 그러한 배경 때문에 사람들은 내게 그 중 어느 나라가 가장 살기 좋았었느냐고 질문을 종종 한다. '살기 좋은 나라'란 과연 어떤 나라일까? 아무리 생각해보아도 문명화된 사회에서 모든 국민이 바른 예절을 가지고 즉 '민도'(民度, Civilized)가 높은 나라가 바로 '살기 좋은 나라'가 아니겠는가싶다. 그런 나라의 사람들은 사물(事物)을 공의로 판단하며 불분명한 것을 밝히는 지혜가 있어서 공중질서를 잘 지켜나갈 것이다. 살기 좋은 나라는 전적으로 국가경제능력과 국민들이 형성하는 민도에 의해 결정된다.

모세는 애굽을 탈출한 이스라엘 백성들에게 하나님의 뜻을 가르치며 그들이 주거하는 천막(Tabernacle)촌을 살기 좋은 곳으로 만들어 거룩한 생활을 할 수 있게 했다.(레 19:1-37) 모세가 가르친 '하나님의 규범과 사회윤리'는 부모를 경외하고 '안식일'을 지키는(레 19:3) 것으로 시작한다. 우상숭배, 고자질쟁이(Talebearer: 소문을 퍼트리는 사람)의 행동, 비난(Rebuke), 도적질과 속임, 음란, 정직, 점술과 마술 그리고 법적 공정성(레 19:15)에 이르기까지 그의 가르침은 오늘 우리들이 지켜나가야 할 민도를 높이는 사회문제와도 같다.

따라서 크리스천이 갈망하는 거룩한 생활은 곧 '민도'가 높은 살기 좋은 나라와 같은 것이다.

그렇다면 한국은 살기 좋은 나라인가? 이제 보릿고개시절은 오래 전 일이 되었고 한국은 비록 지하자원이 없는 나라지만 국내총생산(GDP)은 캐나다 다음으로 세계 10위, 반도체 기술은 세계 1위에 있다. 군사외교, 기술 및 인적 자원, 국내총생산 그리고 정보통신능력 등을 참작한 한국의 종합국력은 세계 9위에 도달했다. 이렇게 모든 면에 세계적으로 상위권에 있지만 아직 우리가 중진국수준에 머무는 이유는 교양, 준법정신 및 질서의식 등이 후진국 수준에 있기 때문으로 바로 민도문제가 그 원인이다.

맞아 죽을 각오를 하고 쓴『한국, 한국인의 비판』(1999)의 저자 일본인 이케하라는 한국과 한국 사람의 생활의식을 일본의 의식과 비교하여 48가지 문제점을 지적하고 비판했다. 대부분이 한국 사람의 민도에 먹칠하는 문제들로 그 중에는 '염치없는 한국인들, 무법천지 대한민국, 전과자가 떵떵 거리는 나라, 일본의 100년 뒤를 따르는 한국'이라는 문제들이 포함되었다. 한국의 국회의원, 예술인 그리고 방송인 등도 그의 비판에 동의했는데, 이케하라가 비판한 문제들을 따지고 보면 모두 오래전부터 우리가 잘 아는 사실이며 바로 우리들 자신의 모습이다.

목사직을 은퇴한 친구 말을 빌리자면 한국이 선진국이 되려면, 사회에서 머리에 '붉은 띠'를 두르고 있는 모습들이 우선 자취를 감춰야 할 것이라고 한다. 붉은 머리띠나 흰 저고리는 지금까지 민도가 높아본 적이 전혀 없는 38선 이북의 사회주의 사회의 대표적인 표상이기 때문이다. 민도에 먹칠하는 국민의식이나 생활상은 사람마다 다를 것이나 쉬운 것부터 하나씩 고쳐나가겠다는 각오가 중요하다. 이러한 국민적과제 중에서 가장 고치기 쉬운 것 중 하나를 나는 한국의 고유패습인 음주문화라고 생각한다.

한국의 음주문화: 술집에서 술을 마시려면 술친구가 있어야 하고 서로 잔을 주고 받다보면 쉽게 과음하게 된다. 오늘날 한국 도시의 밤거리에 흔히 눈에 띄는 '망나니'가 되기 쉬우며 사람들로부터 눈총을 받게 된다. 그런 추한 밤거리 모습은 이웃 나라, 아니 세계의 어느 곳에도 없는 한국 유일의 음주문화가 아닌가 싶다. 한국음주문화의 특성은 본인의 의사를 무시하고 술에 취하도록 억지로 마시게 하는 고질적인 음주예절에서도 알 수 있다. 서로 쉴 새 없이 술잔을 바꾸다가는 순식간에 취해 인사불성이 되고 주정뱅이가 되어 '미친개'처럼 보이게 된다.

술의 힘(酒力)을 얼마나 빌리느냐에 따라 다르겠지만 한국의 밤거리 혹은 TV에서 흔히 볼 수 있는 비틀거리는 걸음(취보)걸이라든지, 길바닥에 실신하고 쓰러진다던지(취도), 술에 취해 정신없이 말(도취)하거나 남을 비난하고 욕하는 등의 주정쟁이의 주벽은 동양에서도 특히 한국에서 흔히 보이는 광경이다.

선교사들이 한 세기 전에 목격한 모습이 한국 유교사상의 '남성권위주의'와 그들이 술에 취해 인사불성이 되어 저지르는 '망나니 같은 행패'였다. 그것은 가정을 소홀히 할 뿐 아니라 아녀자(아내)를 구타하고 가사를 때려 부수는 사람답지 못한 행실을 의미했다. 훗날 직장 남성들도 그들의 조상들처럼 밖에서 많은 시간을 보내며 술친구들과 몰려다니면서 얻은 것이 바로 '바깥양반'이라는 별명이다. 이렇게 만들어진 한국의 음주문화는 술을 즐기는 것이 아니라 술에 취해서 정신을 잃고, 자신의 인생에 한을 품고 원망으로 고함을 지르며 활보하는 추태현상이다.

이러한 취중행동을 법이 허락하고 사회가 용서하며 이해하는 나라는 지구상에서 유일하게 한국뿐일 것이다. 늦은 밤마다 술집에 들려 한잔씩 나누다보면 어느덧 습관이 되고 또한 술에 인이 박혀(딤전 3:8)마침내는 알코올 중독자가 되고 만다.

남한의 술 소비량은 경제협력개발기구(OECD) 30개의 국가

중 16번째지만, 한자리에서 5잔 이상 마시는 음주 자 비율인 폭음비율은 남자가 66.3% 그리고 여자는 57.8%로 세계에서 가장 높다. '한국기독 절제회'에 의하면 청소년 10명중 4명이 초등학교 시절부터 술을 마시며, 여고생, 여대생, 직장여성에 이르기까지 음주 율이 높고, 특히 가정주부의 음주 율은 84.4%로서 미국에 비해 40%나 높다고 한다.

예전에 한국 사회에서의 술은 어른들만의 특별한 주정음료였다. 그러기에 술에 호기심이 있는 연소자들이 어른들의 눈을 피해 비밀리에 음주를 하다가 술에 취해 소란을 피우는 경우가 종종 있었다. 한국 사회에서 목격하는 미성년자 음주는 호기심으로 시작한 청소년의 방종행위다.

약주와 독주: 노아시대(창 9:20)의 기록으로 보아 술의 시작은 인간사회에 말과 문자가 생기기 이전인 듯하다. 성경에 기록된 술(총 43절)과 포도주(147절)에 관한 여러 사연으로 보아 음주는 고대사회의 조상들에게도 오늘의 현대인들처럼 인생의 희로애락과 함께 인류역사를 만들어온 것 같다. 술은 주전 300년 전부터 각계각층의 그리스와 로마사람들의 삶에 깊이 숨어든 약물이었다. 심지어 그들은 '술의 신'(神, (Bacchus)을 만들어 술을 마시며 노래와 춤을 추는 '주신제'(酒神祭, Dionysus)까지 있었다. 구약성서의 젖과 꿀이 흐르는 가나안 땅의 이스라엘민족은 '곡식과 포도주가 풍부하다는 것은 다른 하나의 축복이었다.'(열하 18:32)고 생각한다. 술은 역사적으로 여러 종교예식에서도 상용되고 있다. 기독교의 성찬식에서 예수님이 십자가에서 흘리신 보혈을 상징하는 붉은 포도주의 사용은 가톨릭의 성체성사에서 이어오는 관례이다. 충효의 유교문화에도 조상의 제사, 차례, 성모 등에도 술은 빼놓을 수 없는 제물이다.

기분이 좋을 때도 슬플 때처럼, 통곡하는 상가에서도 웃음의 혼례장치에서처럼, 아내와 작별하는 날에도 처음 만났을 때처럼, 추운 겨울밤이나 잠을 못 이루는 늦은 밤에도 사람들은 술에 의존한다. 땀을 흘리고 하루를 마감할 때도 술을 즐기는 사람들은 술 한 잔으로 위로를 받는다. 하지만 술은 친구들을 만나게 하는 만큼 주먹다툼도 벌어지게 한다. 즐겁고 기쁠 때도 외롭고 슬플 때처럼 사람들은 술의 힘을 빌리고 술친구를 만들어 함께 취하는 것이다. 한국의 술자리에서 술은 강제로 마셔야하는 독물(毒物)일 때가 흔히 있다. 사회생활의 술자리에서도 취흥상태가 되는 것이 오히려 도리이며 예의로 인정되기도 한다. 아마도 술만이 형과 아우, 혹은 선후배관계를 견고히 유지시킬 수 있고 뇌물거래를 할 때는 일을 성공시킬 수 있는 수단이라고 믿기 때문일 것이다.

술은 다른 음식물과는 달리 소화가 필요하지 않아, 마시면 알코올 함량에 따라서 직접 위장에 흡수되고 비교적 짧은 시간에 온 몸으로 확산된다. 뇌에 접근되면 마음을 우울하거나 정신을 흐리게 하며 자극제로 작용하여 자기비판, 흥분 또는 주변 분위기조차 판단 못하는 지경에까지 이르게도 된다. 그래서 술은 취하게 하는 약물이나 마찬가지다.

1849년 스웨덴의 한 의사(Magnus Huss)에 의해서 처음으로 알려지기 시작한 술 중독은 인간에게 경제적, 사회적인 피해와 더불어 무수한 죄를 범하게 한다. 구체적으로 1)유전적인 결함, 2) 신체적인 장애, 3)생리적인 혼란을 초래한다. 그 시작은 단순한 숙취(Hang-Over)로 간단한 약물로 치유되지만 반복되다보면 정신착란, 섬망증(Delirium)에 이어 망상이 생기고 뇌질환, 간경변증, 신경계와 저항성의 퇴화, 운전사고율의 증가, 수명까지도 10-12년이나 짧아지는 단명의 피해까지 보게 된다.

술을 좋아하는 주객은 한 잔 두잔 더 하다가 주광이 되고, 주력 없이는 살맛이 안 나는 술 중독에 걸려 마침내는 술에 절여져 사회적으로 낙오자인 알코올중독자가 되고 만다. 인체 면역계통은 과음에 의해 치명적인 작용을 받아 독감, 호흡기관질환 등 각종 감염성 질환에 쉽게 걸리게 되고 회복도 더디게 된다. 역학조사에 따르면 한국의 음주가들이 폐렴과 결핵질환에 걸릴 확률은 비음주자에 비하여 약 1.7배 정도 높다고 한다. 폐렴과 결핵환자에 대한 음주 사망률은 각각 27%와 23%에 달한다는 기사가 있었다.

1992년 내가 42년 만에 북한을 방문했을 때, 평양에서 원산으로 가는 밤기차에서 술로 생긴 위장병환자와 함께 같은 침실에서 지내게 됐다. 그는 인민군 고급간부로 많은 날 가족과 떨어져 살면서 술을 마시다보니 당시 자신의 위장에 멀쩡한 부분은 전혀 없다고 했다. 약물처방을 받아오고 있지만 식욕과 체중을 잃었다며 군에는 자신처럼 환영받지 못하는 동지들이 무수하다고 했다.

금주운동: 성서에는 술에 취하면 방탕, 음란, 호색의 상태가 되며(롬 13:13) 또 가난하게(잠 23:21) 그리고 미련하게(잠 26:4) 된다고 했다. 그들은 하나님 나라의 유업을 받지 못한다고(고전 6:10) 했으며 나아가서는 술을 즐기는 자와는 사귀지도 말라(잠 23:20)고까지 경고하고 있다. 솔로몬의 잠언에는 '포도주는 거만하게 그리고 독주는 떠들게 하는 것으로 무릇 이에 미혹되는 자에게는 지혜가 없다.'(잠 20:1)고 했다.

술을 몸이 받아준다면 식탁에서 식구들과 함께 당당하게 음식의 하나로 즐기면 된다. 하지만 억지로 마시게 하거나 취하기 위해서 마시는 것은 절대 금물이다. 손님이 오면 식사 전 식욕을 돋우기 위한 칵테일(Cocktail), 식사와 함께 마시는 포도주, 그리고 식사 후 소화제로서 증류주(Liquor)에 대한 상식정도 갖추는 것은 현대인의 예법이라 하겠다. 식탁에서 식구들끼리 나누는 술 문화가 생기면, 호기심으로 초등학교시절에 부모도 모르게 밖에서 자기들끼리 비밀리에 음주를 시도해보거나 가정주부 혼자서 음주하는 사례도 없을 것이다.

금주운동은 1800년대 미국 뉴욕 주의 사라토가(Saratoga)시에서 시작되었다고 한다. 1833년에는 '세계기독여성금주운동 단체'가 발족되고 급속도로 확장되어 미국 내뿐만이 아니라 1829년에는 아일랜드, 1862년에는 영국, 1836에는 노르웨이 그리고 1837년에는 스웨덴으로 번져 나갔다. 그 후 중국, 일본을 포함한 유럽의 많은 나라에서도 주류의 제조, 판매, 운송을 제지하는 금주법을 국가적으로 시도했으나 회교도나라에서만 성공을 거뒀다.

미국은 1919년에 입법화된 금주법을 1933년에 폐지시켰고, 그 후로는 몇 주에서만 지속해 오다가 1966년부터 금주문제는 주와 시에서 관장하게 했다. 내가 다니던 미국의 대학소재지에는 주류를 판매하는 술집은 물론 식당에서도 음주가 금지되어 있었다. 내가 살던 1980년대 인도에서는 현지인들에게는 술을 팔 수 없는 날인 'Dry Day'가 매주 3-4일씩 정해져 있었다. 싱가포르 교회에서 최근 강행하고 있는 금주운동에는 이런 구호가 있다. "하나님이 우리에게 말한다. 당신은 아직 나를 찾아 올 때가 아니니 음주운전을 하지 마시오."

서울역 광장에서 2009년 4월13일에 있었던 '대한기독교 여자 절제회'의 금주금연 캠페인이야말로 한국이 선진국으로 가는 길이 아닌가 생각한다. 이를 계기로 글을 쓰고 방송프로그램을 만드는 사람들도 민도에 먹칠을 하는 한국의 구습들을 더 이상 보여 주지 말았으면 한다. 길거리 음주, 머리를 쥐어뜯으며 싸우는 여자들의 모습, 길거리에 침을 뱉는 모습, 취해서 길에 쓰러져 있는 모습, 뷔페식당에서 음식물을 남기는 행동은 개화된 사회에서는 도저히 인정될 수 없는 일이다.

제36장 한국적인 주고받는 문화

심는 자에게 씨와 먹을 양식을 주시는 이가
너희 심을 것을 주사 풍성하게 하시고
너희 의의 열매를 더하게 하시리니 (고후 9:10)

주고받는 관계: 인간은 홀로 생존할 수 없는 사회적 동물이다. 사람뿐 아니라 국가도 고립되면 평화가 있을 수 없고 번영도 할 수 없다. 국가는 문화, 과학기술, 금융, 통상 및 국방 등 여러 외교적인 교류를 하고, 사람은 삶에 모든 것을 주고받고 나누며 한 세상을 살아간다. 기독교인들이 지니고 있는 주고받는 관계를 크게 나누어 보면, 하나님과의 관계를 우선으로 자연과의 의존관계와 사람들 사이에 있는 대인관계가 있다. 고해와 같은 인생이라고는 하지만 도움을 주고받는 관계가 있기 때문에 사람들은 함께 울고 웃으며 한세상을 그런대로 행복하게 살아가는가 싶다.

한 사람의 행복은 복잡하고 많은 관계를 얼마나 지혜롭게 가꾸어 가느냐에 있다고 생각한다. 왜냐하면 좋은 마음으로 주고받는 관계는 서로에게 덕이 되지만 그렇지 못하면 적이 되어 서로에게 괴로움을 주기 때문이다. 소련의 무정부주의 혁명철학자인 크로포트킨(Peter Koropotkin)은 '자유와 평등을 추구하는데 충돌보다는 상호 협조하는 것이 효율적'이라고 했다.

제 2차 세계대전 이후 세계에는 국제적인 각종 동맹들이 많이 만들어졌다. 각 나라 대표들이 모여 각기 의견들을 제시하고 의논하여 협약을 맺고 가급적이면 충돌을 피해 평화롭게 공생하자는 결의를 한 후 약속을 지켜나가고 있다. 이것이 바로 만민이 원하는 평화공존이다. 1990년대부터 활기를 띄기 시작한 국제화의 촉진으로 광대한 지구는 서로 주고받으며 하나의 지구촌으로 변해가고 있다. 평화나 인권을 무시하면 국제사회로 부터 고립되어 문물교류가 중단되고 경제적인 제재까지 받게 된 것이다.

하나님과의 주고받는 관계: 기독교인들에게 가장 익숙한 말은 은혜와 감사다. 이 둘은 하나님과 우리 인간들을 하나로 묶어주는, 세상의 그 무엇으로도 나눌 수 없는 친밀한 관계(요 14:13)를 맺어주는 근본이다. 기독교인들에게 있어서 감사는 조건 없이 베푸시는 하나님의 은혜와 섭리에 응답하는 엄숙한 자세이고 인간이 할 수 있는 유일한 길(살전 3:9)이다. 하나님께서 주신 만 가지 은혜, 그 중에서도 특히 우리를 위해 죄 없는 독생자를 희생하신 인간에 대한 하나님의 사랑을 우리가 감히 무엇으로 어떻게 갚을 수 있으리오! 그것은 오직 각자가 믿음의 분량대로 생각하고 실천할 사명이다.

자연과의 관계: 사람을 포함한 세상만물 모두는 같은 창조주 하나님 한분이 만드신 피조물들로, 동속관계(창 1-26)에 있으며 또한 다 같이 하나님의 즐거운 대상이다.(창 1:31) 이러한 이유로 인간은 생태계의 일원으로 다른 피조물과 조화를 이루면서 평화스럽게 살아야 할 책임이 있다. 다른 생물들도 같은 서식지에서 끼리끼리 서식하며 서로 조화를 이루어 번식하는 상부작용이 존재한다.

창조주의 부탁으로 인간은 다른 피조물을 보살피면서 생존해야할 영구적인 사명과 책임이 있다.(창 1:28) 인간들이 그 책임을 소홀히 할 것을 사전에 막기 위해 하나님은 인간의 생존과 번영을 다른 피조물에 전적으로 의존하도록 한 것이다. 이 관계는 우리가 하나님의 섭리 안에 있다는 증거이며, 또한 인간은 불가불 창조의 신탁(神託)에 따라 다른 피조물과 좋은 관계를 유지하면서 아끼고 보호할 책임을 엄수하게 된다.

만일 이 절대적인 관계를 지키지 못하면 우리인간은 노아(Noah) 시대에 있었던 것처럼 또다시 창조주의 분노를 경험하게 될 것이다.(창 6:5) 하나님의 성약(聖約)을 통해서 인간의 삶 전체가 다른 피조물이 주는 온갖 것들에 의존하고 있는데(창 9:10), 우리인간이 돌려주는 것이 있다면 과연 무엇이 얼마나 있는가를 심각하게 생각해 봐야 할 것이다. 물과 공기의 오염, 멸종, 벌목, 각종 폐기물과 쓰레기 배출밖에 또 다른 무엇이 있는지.

대인관계: 사람과 사람사이에는 모두가 주고받는 것이다. 말과 말이 오고가는 대화가 있는가 하면, 뜻과 뜻이 오가고 정과 사랑을 나누며, 혹은 금품과 선물 등을 주고받으며 한 세상을 살아간다. 수렵시대의 조상들도 한곳에 어울려 무리를 만들어, 서로 돕고 나누어 먹고 나누어 입고 또는 빌리거나 주고받는 생활로 재난을 극복하고 나름대로 질서와 번영을 견지해 왔다.

주고받는 대인관계가 얼마나 잘 실현되어 화평을 유지하느냐는 그 지역사회의 시민 도덕윤리와 인간성에 따라서 다를 것이나 사회 환경에 의해서도 늘 변해간다. 왜냐하면 인간사회는 협동과 경쟁이 늘 함께 존재하기 때문이다. 대인관계는 인간사회가 다각화될수록 더 복잡해진다. 그 다양한 대인관계를 나는 다음의 넷으로 구분하여 보았다.

1) 연소자와의 관계: 기독교인이 실행해야하는 사랑은 횡적으로는 이웃이며 종적으로는 특별한 보호를 받아야할 연소자들이다. 연소자와의 관계는 대가가 요구되지 않는다. 옛말에 '검은 머리 짐승은 거두는 것이 아니라'는 말은 유교문화에서 전해진 잘못된 유산이다. 연소한 젊은이들을 양육보호하며 말, 행실, 사

랑, 정절(情節, Purity)에 대하여 모범이 되는 일은 부모, 사회 그리고 국가에게 주어진 책임이다.(딤전 4:12) 그러나 무엇보다도 '일하는 대로 상을 얻는'(고전 3:8) 하늘의 이치를 어릴 때부터 마음에 심어주는 지혜가 필요하다. 모든 것을 울고 투정하면 얻어진다고 생각하며 자라면 개성이나 책임감이 없는 성인이 되고 만다. 사회와 국가는 모든 어린이가 빈부와 상관없이 보호와 훈육을(룻 3:10) 받아 성숙한 사회인이 되게 하는 데 일조해야 한다. 여기에는 각별한 '주는 지혜'가 요구된다.

이 혈육관계는 노아의 방주 속에서 하나님의 선약을 받고 생존하는 다른 동물들에게도 마찬가지다.(창 9:10)

1964년 동경 국제올림픽을 준비할 때 경기장 확장으로 3년 된 집 한 채가 헐릴 때 발견된 사실이다. 꼬리에 못이 박혀 움직일 수 없는 새끼 도마뱀 한마리가 어미도마뱀이 물어다 주는 먹이로 3년이나 살아남은 실화가 있어 세계를 놀라게 했다. 독일의 히틀러(Adolf Hitler)와 미국의 아이젠하워(Dwight D. Eisenhower)는 같은 시대 사람들이다. 전자는 부모의 존재를 모르고 태어났고 후자는 농가에서 성경과 기도로 성장했다. 한 사람은 수많은 목숨을 빼어간 증오의 대상이었으나 다른 한 사람은 평화를 사랑하는 사람들의 존경을 받으며 한 세상을 살았다.

2) 나눔의 관계: 나눔이란 부자와 빈자와의 인간관계이므로 세심한 이해심, 즉 동정심이 있어야만 관계가 유지된다. 나눔이란 소유물에 대해 조건이나 대가를 요구하지 않는 자선(慈善, Charity)행위로 성숙한 인간만이 할 수 있는 최상의 선행이라고 생각한다. 나눔은 기독교인의 삶에서 가장 실천하기 힘든 선의(善意)이다. 얼마나 어려우면 예수님도 부자가 하나님 나라에 들어가는 것이 낙타가 바늘귀로 들어가는 것 보다 더 어렵다고 비유했을까?(누 18:25)

인간의 진실 된 모습은 이웃의 약한 부분들을 채워주고 격려해주는 나눔을 약동시키는 동정(同情, Compassion)심에 있다. 이것은 하나님께 빚진 인간이 그 빚을 이웃들에게 갚으면서 격려와 용기를 주는 불가결한 인성의 착한 모습이다. '동정'은 특별한 배려라는 나눔의 자선행동을 유발시키기에 큰 의미를 가진다. 기독교인들에게 있어서 '동정'은 창조주를 향한 우리의 마음이며 '배려'는 이웃에 대한 우리의 '사랑'인 것이다.(마 19:19)

한국사회가 옛날의 농경사회처럼 궁핍하더라도 화목하고 안락한 생활을 갈망한다면, 하루빨리 민주주의를 성숙시키도록 노력해야 한다. 나라의 부강은 사회의 안정과 온 시민이 평등하게 생업에 동참할 때만이 가능하기 때문이다. 안전과 부강이 있어야 역사가 끝날 때까지 우리와 늘 함께 있을 극빈자(신 15:11)들에게 더 많은 것을 나누어 줄 수 있다. 한국은 아직 전쟁이 끝나지 않은 나라지만, 부를 성취하고 받은바 은혜를 나름대로 사랑으로 실천하려는 이른바 나눌 줄 아는 사람들이 사는 나라로 알려진 것은 바람직한 일이다.

3) 품앗이 관계: 내가 숙부님을 도와 농사를 짓던 농경사회에서는 품값대신 농사일을 서로 돕는 '품앗이'라는 것이 있었다. 한국의 전통적인 '상부상조' 사상으로, 같은 고장에서 태어난 사람들이기에 대도시에서처럼 네 것과 내 것이 뚜렷하지 않았다. 마음이 풍요롭고 평화로우며 안락한 환경으로 함께 모여 일을 해야 하는 농업은 여러모로 상부상조의 효과가 매우 컸다. 또한 농사일이란 잠자는 시간을 제외하고는 지역적으로 한정된 장소에 늘 가까이서 지내는 일이라 서로서로 쉽게 정이 들었다.

경쟁 없는 잔잔한 환경에서 상호간의 의지와 의탁으로 만들어진 협동생활은, 어찌 보면 우리인간이 꿈꾸는 가장 이상적인 모습일지 모른다. 그러나 서로에게 지나치게 의존하는 것은 개성을 지닌 인간들의 독자적인 능력과 창의력을 저하시킨다. 개성이 없으면 다른 사람들의 의견에 생각 없이 따라가게 되고 잘못한 일이 생기면 한번만 봐달고 용서를 빌면 된다. 더러는 아첨까지 하다보면 속된 인생으로 추락하기 십상이다.

끼리끼리만 사는 사회에서는 단독으로 할 수 있는 지혜도 투지력도 요구되지 않으며, 도움이나 신세를 지고도 고마움을 일일이 표시할 필요가 없어진다. 모두가 형과 아우로 살아가다보니 공과사의 식별능력마저 잃게 되어 평생 쌓아 올린 공든 탑을 스스로 헐어 버려야하는 경우도 있게 마련이다. 이러한 모습은 내가 생활해온 열대 아프리카와 동남아지역 그리고 여러 후진국의 침체된 마을에 사는 사람들이 지닌 공통적인 삶의 모습이었다.

4) 거래(去來, Dealings): 산업사회 혹은 도시생활은 주는 것만큼 받기 때문에 서로가 주고받는 관계다. 작은 것 하나도 그냥 주고 그냥 받는 경우는 매우 드물어 치밀하게 돈으로 계산하여 정확하게 주고받는 기업적인 상거래와 같다. 대충 대충 살아온 농촌사람들에게는 정확한 상거래는 받아들이기 어려운 '도시문화'일 것이다. 반평생 이상 이민생활을 해오고 있는 한국 사람들이 아직 미국의 '더치페이'식 점심(Dutch Lunch)에 익숙하지 못한 이유도 여기에 있을 것이다. 오늘과 같은 수치적인 조직사회는 이웃사이뿐 아니라 형제간, 부부간에도 모든 것이 주고받는 거래처럼 분명해져 간다.

거래는 동등한 입장에서 피차 주고받는 상부상조관계이니 떳떳하게 자신의 명분을 지켜가게 한다. 거래를 충족시키는 것은 절충 혹은 협상이다. 북한이 핵개발을 포기한다면 6자회담을 함께해온 다른 나라들이 북한에게 경제개발의 전반적인 지원을 할 것이라는 제의가 바로 거래의 시작이다. 각기 더 비중이 있는 카드를 들고 협상함으로 각기 목적을 달성하게 된다. 어찌 보면 거래는 성숙된 신사들이 주고받는 현대적인 문화인지도 모른다.

특별한 사리를 목적으로 암암리에 권력층의 힘으로 이권을 취득하는 '뇌물거래'라는 것이 있다. 민주주의가 덜 성숙된 사회에서 더욱 성행하고 있는 이 거래방법은 뇌물용품을 지닌 사람들에게는 목적을 이루는데 매우 이상적인 방법이라고 할 것이다. 하지만 사회적으로는 평등성이 무시되고 국가적으로는 경쟁능력을 저하시키는 결과를 초래해 나라마다 법적으로 중벌을 정하고 있다. 명분이 분명치 않고 분수에 안 맞는 선물로 도덕적 한계를 넘으면 '뇌물거래' 라는 행위를 한 것으로 간주될 수 있다.

근래 한국에는 '퍼주기'라는 새로운 단어가 세간에 공공연히 나돌고 있다. 몇몇 정치가들이 아직 끝나지 않은 전쟁의 적대국 수령에게 분명한 명분도 없이 불투명하게 건네준 돈이 북한의 핵무기 개발에 이용되기까지 이르렀다는 것이다. 어둠이 빛을 이기지 못 하듯, 뇌물문화나 뒷거래는 오늘과 같은 투명사회에서는 반드시 숨어 살기가 어렵게 될 것이다.

제37장 종교 간의 충돌과 융합

누가 우리를 그리스도의 사랑에서 끊으리요
환난이나 곤고나 핍박이나 기근이나
적신이나 위험이나 칼이랴 (롬 8:35)

종교의 자유: 종교란 초인간적적인 존재를 향한 인간의 존경, 경의, 숭배이며 또한 그 존재를 절대시하며 믿고 받드는 신앙관계라 하겠다. 종교생활의 기본은 무엇보다 인간 스스로가 피할 수 없는 죽음이라는 연약하고 온유한 모습으로 성스럽고 전능한 영적인 존재에게 경배하는 겸손한 신앙행위다. 이렇게 인생의 궁극적 기본원리를 추구하는 착한 마음으로부터 시작하는 종교는 인류역사와 더불어 생겨났으므로 그 교리에 따라서 종류도 다양하다.

원시종교의 숭배대상 중에는 달과 해, 동물, 정령(精靈, Spiritualism), 선조, 천인, 장생 등이 있고 한국에서와 같이 산악(山岳)이나 신선(神仙)숭배와 같은 승천사상도 있다. 세상에는 알게 모르게 많은 종교가 있을 뿐 아니라 같은 교리로도 여러 종파가 만들어져 우리를 혼란스럽게 한다. 그 중에는 '종교의 이름으로 죽고 죽이는' 것을 명예로 인식할 뿐 아니라 창시자를 기쁘게 하기위해 그러한 일을 한다는 무시무시한 종교도 있다. 누구를 좋아하거나 무엇을 갖고 싶다는 사람마다 성향은 인간에게만 주어진 축복이고 자유겠지만, 자기가 진심으로 숭배하고 싶은 종교를 택하는 데는 매우 신중한 고려가 필요하다.

인류역사와 더불어 만들어진 종교의 수는 무수히 많다. 하지만 그 종교들이 뚜렷한 창시자와 그의 교리를 따르는 추종자들에 의해 체계적으로 조직화되면 역사적으로 존속되는 종교로 성장하는데 반해. 조직체계가 제대로 만들어지지 못하면 한국의 무속(무당)신앙(巫俗信仰, Shamanism)처럼 토속종교로 남게 된다.

어느 종교에 있어서나 국가적으로 보장된 자유가 없이는 신앙생활을 마음대로 할 수가 없다. 초인간적인 신의 존재를 부정하는 무신론자, 두종교주의자가 지배하는 이를테면 현재 북한처럼 종교생활이 일절 허용되지 않는 곳에서 종교를 가지면 반정부주의자로 낙인찍혀 제재를 주는 나라도 있다. 그런 사회의 집권자는 자신을 신격화(神格化)시키고 백성으로부터 강제로 숭배받는 '사이비신앙'을 만들고 있다. 일본의 식민지통치하에 있을 때 우리선조들은 강제로 일본천황이 있는 동쪽을 향해 하루에도 몇 번씩 절을 하면서 그를 '천황대신(天皇大神)'이라 믿고 '큰신'으로 숭배해야 했다.

인류역사로 볼 때 오늘날 우리들처럼 각자가 임의대로 선택한 자기의 종교를 아무런 제재를 받지 않고 자유로이 신앙생활을 할 수 있다는 것은 무한한 행복이다. 이것이 세상 사람들 모두가 선망하는 자유가 아니겠는가!

종교생활은 자유이기 때문에 자신의 신앙은 옳고 다른 사람의 것은 그릇된 것이라고 비판하거나 비교해서는 안 된다. 믿음의 깊이에 대해서도 왈가왈부를 할 논쟁거리가 못된다. 왜냐하면 신앙은 어디까지나 사적인 문제이기 때문이다. 종교를 자신의 지표대로 평가하면 배타적(排他的, Exclusion)인 행동이다. 그것은 다른 사람의 종교적 자유를 무시하는 처사이며 모든 종교가 갈망하는 인도주의를 역행하는 행위가 된다. 그래서 지혜롭고 현명한 사람들은 공석에서 '종교에 대한 토론'은 절대로 하지 않는다는 말이 생겼는지도 모른다.

종교적인 충돌: 자신의 종교가 성장하고 번성하도록 추종자들은 예배를 드릴뿐 아니라, 조직된 신앙공동체의 사명을 지키고 교육과 훈련을 받으며 교리에 따라 신앙생활을 하게 된다. 신앙은 한 인생의 철학적인 과제로 어디까지나 개인적인 생활이지만, 조직화된 하나의 종교는 흥망성쇠라는 엄숙한 과제 속에 있으므로 늘 배가운동에 매진할 수밖에 없다. 그러한 이유로 종교마다 전심을 다해 중점을 두는 것이 바로 포교 혹은 전도라 하겠다. 경우에 따라서 사람들을 개종시킬 목적으로 시민생활에 참여하여 자선 및 후생 그리고 교육 사업까지 시행한다.

배가운동은 어느 종교나 더 많은 추종자를 전도하는 것이 목적이므로, 고대사회에서부터 박해와 종교 간의 마찰을 넘어 충돌과 싸움으로까지 이어져오고 있다. 특히 기독교가 오늘날 세계종교로 성장하기까지 많은 박해와 충돌을 체험한 것은, 아마도 같은 하나님을 숭배하지만 기독교가 유대교나 이슬람교와는 전혀 다르기 때문이 아닐까 생각된다. 가톨릭을 포함한 세상의 모든 종교는 성도들 각자의 노력으로 구원을 얻는데 반해 기독교의 개신교만은 하나님의 은혜로 주어지는 선물(엡 2:8)로 얻어질 수 있기 때문일 것이다.

기독교는 소외당한 군중들을 상대로 시작한 종교다. 유태의 헤롯왕에게 시달리고 로마제국으로부터 학대를 당할 때, 갈릴리 호수주변 마을에서 시작한 것이 예수의 복음이다. 예수는 가르침과 설교 그리고 상상조차 할 수 없는 수많은 기적을 행해 군중들이 그를 쫓았다.(눅 5:15) 이로 인해 바리새인들에게 반항심이 생겼고 유태교와 로마제국의 시종들에게는 오래 기다리던 '메시아'가 나타나서 혁명을 일으킨다는 위협을 받게 된 것이다. 기독교가 당한 박해로 말하자면 개조된 종교인 '나사렛 예수(Nazareth Jesus)' 스스로 시작한 것이다. 예수님의 죽음과 부활은 에루살렘에 기독교를 성장시키고 부흥하게 했으며, 그로 인해 그리스 말을 하는 유대인(Hellenist) 스데반(Stephen)이 돌에 맞아 죽게 되었다.(행 22:20) 그때 예수의 제자들과 추종자들이 이웃 도시로 피신하면서 이방인에게 복음이 급속도로 전파되기 시작했다. 특히 개종한 성도들을 심하게 박해하던 바리새인 랍비 사울이 다메섹도상에서 만난 예수의 환상을(행 9:3)통해 선인으로 변했다. 그는 기독교역사상 처음으로 박해자로부터 전도자, 그리고 목회자로 전환하여 지중해 일대뿐 아니라 아시아와 로마까지 복음을 전하다 순교했다. 기독교가 오늘과 같은 세계적인 종교가 된 것에는 그의 노력 때문이 아닐까?

한국기독교가 받은 박해는 종교 간의 마찰만은 아닌 것 같다. 개신교보다 1세기 앞서 들어온 가톨릭은 '평등'을 내세웠다. 그것이 당시 한국의 봉쇄된 봉건신분사회에 도전한다는 오해를 받아 박해를 받은 것 같다. 1866년 대원군은 프랑스 선교사 5명을 포함한 천주교도들을 처음으로 처형한 후, 3년에 걸쳐 계급을 불문하고 대규모 무차별 학살을 거행해 1만 명의 순교자를 냈다. 이렇게 19세기 말엽의 한국 땅은 가톨릭 성도들의 피로 물든 타종교가 뿌리내리기 힘든 척박한 땅이었다.

역시 1866년 영국선교사(Robert Thomas)가 대동강에서 살해당한 사례는 있지만 개신교의 박해는 주로 집권체제로부터 온 탄압이었다. 3.1운동을 계기로 일본헌병들에 의해 수많은 교인들이 투옥되었고 또 60여개의 교회가 소각되었다는 기록이 있다. 신사참배를 거부하다 감옥에서 생을 마감한 목사만도 50여명에 이른다. 국토가 분단되며 남쪽은 종교의 자유가 허락되었지만 내가 살던 북한에는 공산당의 핍박으로 교회도 교인들도 모두 흔적을 감추고 말았다.

종교전쟁: 종교전쟁이란 서로가 다른 종교의 신봉자들 사이에서 생긴 사소한 마찰이 확산되어 큰 충돌로 번지게 되고 서로 재

산 및 인명의 손실까지 보는 싸움을 의미한다. 나는 30여년에 걸친 열대후진국생활 동안 세 번이나 종교 간의 충돌을 목격했다.

서부 아프리카에 위치한 나이지리아(Nigeria)는 1960년 영국 식민지 치하로부터 독립된 인구 1억이 되는 공화국이다. 모두 10개의 부족이 있는데 그 중에 회교도는 총인구의 반을 차지한다. 그들은 주로 북부지방에 살고 있는 하우사(Hausa)족인데, 이슬람교도의 3분의 1에 불과한 크리스천은 동남지역에 사는 교육수준이 높은 이보(Igbo)족이다. 1966년 한 하우사마을에서 회교도와 기독교도 가정 사이에 생긴 언쟁이 씨앗이 되어 수천 명의 크리스천이 집을 잃거나 학살당했다. 전쟁의 와중에 더러는 가산을 버리고 고향인 비아프라(Biafra)땅으로 도피했는데, 살아남은 그들은 1년 후에 '비아프라 독립'을 선언했다. 그러나 정부에서 무장 군을 투입하는 한편 식량을 포함한 보급로를 차단해 생활을 유지하지 못하게 해 실패로 끝났다. 그 후로도 군 쿠데타가 여러 차례 있었다.

크고 작은 13,670섬으로 구성된 섬나라 인도네시아는 350년간 지배받던 네덜란드(Dutch)통치로부터 1949년에 독립했다. 2억 7천명인 총인구의 약 87%가 회교도인데 반해 기독교도는 가톨릭을 포함해 9%미만에 불과하다. 13세기부터 전파되기 시작한 이슬람교의 신도들은 자바(Java)와 북부 스마트라(Sumatra)에 집중하여 살고 있다. 1933년에 백만 명에도 못 미치던 기독교인의 수는 점차로 증가하여 1971년에는 9백만 명 그리고 최근에는 자바(Java) 도시인구의 11.6%를 차지하게 되었다. 수하르토 대통령의 장기집권기간 중에 인구밀도가 높은 자바에 사는 회교도가족을 다른 섬(Outer Islands)에 이주 분산시키는 국가정책(Transmigration)이 진행되었다. 이로 인해 새로 이주한 이슬람교도와 현지인들 사이에는 크고 작은 충돌이 끊임없이 계속되고 있다.

정부정책에 불만이 생길 때마다 예외 없이 기독교인이 많은 동부의 자바지역과 회교도들이 집중으로 살고 있는 북부 스마트라에는 교회당과 가옥들이 불에 타서 불바다가 되곤 한다. 인도네시아의 독립은 '다양성의 통일화(Unit in Diversity)'라는 슬로건으로 시작하였지만 이슬람교도들의 행패는 내가 그곳에 있는 8년 동안 여러 차례 자행되었다.

인도는 영국의 식민통치가 본격적으로 시작한 1858년까지도 이슬람교와 힌두교가 엎치락뒤치락하며 성도들 간에 반목과 증오가 계속되어 왔다. 영국의 통치자는 두 종교 간의 싸움을 더 이상 묵과하지 못하고 1905년 '동 방겔(East Bengal)' 주를 구분하여 회교도들만 살도록 했다. 그것이 1947년 영국통치가 끝나면서 '동파키스탄(East Pakistan)'으로 태어났다가 1971년에 비로소 오늘의 '방글라데시(Bangladesh)' 이슬람공화국으로 독립했다. 인도인구의 80%를 차지하는 힌두교도는 영국통치자가 떠난 지 반세기가 지났지만 지금도 전과같이 이슬람교도들과 충돌을 계속하고 있다. 1984년 인도수상(Indra Gandhi)이 시크(Sikh)교도에 의해 암살당한 것도 종교 간의 마찰이었다. 우리 가족이 뉴델리(New Delhi)에 이주한지 2년째 되는 해 발생한 이 사건으로 수백 명이 사살되었고, 주택과 자동차가 불에 타는 연기로 인도의 수도에서는 수일간 눈을 뜰 수조차 없었다.

종교 간의 융합: 문화가 그러하듯이 종교나 철학도 한 위치에 머물러 있는 것이 아니라 결합 혹은 분리를 하면서 발전하고 존속한다. 문헌상에 기록된 최초의 종교와 철학적인 사상통합(Fusion)은 그리스문화(주전300-주후 300)때 초대기독교시대에 번성했던 신비주의적 이단종교인 그노시스교(Gnosticism), 유태교, 그리고 기독교사이에 융합이 있었다고 한다. 동양에서는 이란의 선지자 마니(Mani)가 3세기에 번영한 페르시아 종교인 마니교(Manichaeism)에 기독교, 조리아스터교(Zoroastriansm) 그

리고 불교 사상을 융합시켰다고 한다. 15세기에 인도대륙에 창설된 시크교(Sikhism)는 이슬람교와 힌두교의 합작물이다.

한국에도 기독교가 전파되던 초창기에 기독교에 유불선(유교, 불교 그리고 선도)교리사상을 융합하여 토착화를 시도한바 있었으나 신비주의자들로 낙인찍혀 이단으로 정죄되었다. 그러나 1960년대 이르면서 외국에서 공부한 진보적인 학자들 간에는 "바른 한국 신학의 수립은 기독교신학의 역사적 전통과 한국고유의 문화적전통과의 결합으로 이루어져야 한다."는 견해가 번지기 시작했다.(감신대학보, 1961)

토착화된 한국 신학을 구성하기 위해 그들은 한국의 전통문화와 기독교사상과의 유사점을 찾아 다른 종교와의 대화를 시도한 것이었다.

김기홍은 『역사와 신앙』(두란노 서원, 1990)을 무교와의 대화를 통해 바라보았다. 신학박사 변신환은 신학박사 유동식교수에 이어 한국 불교 특히 대승불교에서의 높은 복음적 의미를 두었고, 신학교수 유성봉은 유교의 전통 속에서 기독교와의 만남을 찾았다고 했다. 이 신학자들이 생각하는 타종교와의 관계는 '개종이 아니라 대화'라고 하지만 기독교는 성경과 교회를 떠나서는 전통적인 의미에서의 기독교가 될 수 없다. 그래서 기독교는 지난날처럼 배타적인 복음전도를 계속할 수밖에 없지 않은가 싶다. 기독교는 세상의 모든 종교와는 달리 인간 자신의 능력으로가 아니라 믿음으로만 구원을 얻는 종교이기 때문에 그런 것도 같다.

지금 나에게 복음을 전파하는 길이 있느냐고 묻는다면, 그것은 오직 주님의 사랑을 본받아 가면서 하나님의 은혜 속에서 온순하게 생활하여 이웃들에게 예수님의 지표가 되는 일이 아닌가 싶다. 종교 간의 대립은 흔히 사소한 언행으로 시작된다. 해외선교란 남의 나라에 가서 처음 보는 사람들의 생활의식을 바꾸는 일이다. 따라서 조직적인 계획과 지혜로운 판단, 그리고 조심스러운 준비가 없이는 큰 성과를 얻을 수가 없다. 2007년 서울의 한 교회가 아프가니스탄에서 경험한 피랍이 바로 그 좋은 실례가 될 것이다.

한국개신교의 수난: 조직적으로 급성장해오던 한국개신교는 1905년 을사보호조약이후 주님의 이름으로 교회의 안과 밖에서 일제의 국권약탈에 항거하는 항일운동을 속출시켰다. 그동안 점괘(占卦)로 지탱해 오던 조선이 망하고 온 민족이 수난을 당하기 시작했는데, 이광준(기독교사상, 1999년 11호)에 따르면 박해가 심해갈수록 '들불처럼 걷잡을 수 없이 타오르는 한국선교'도 1919년 3.1운동을 기점으로 그 기세가 꺾였다고 한다. 교회들은 일제의 탄압에 대항하지 못하고 타협과 굴종 혹은 신사참배를 받아들임으로 '더 이상 고통 받고 있는 참담한 식민지수난에 대해서는 눈을 가리고 귀를 막은 채 침묵했다.'는 것이다.

수난 중에 연합되어 있던 교단들은 해방과 더불어 독자적인 독립교회로 성장하다가 6.25의 재난을 당했다. 교단도 교회들도 분열에 분열을 거듭하면서 난립해 오는 실정이다. 국토는 분단되고, 정치는 붕괴되고, 민족은 분산과 이산되었고, 교단은 분파난립되는 등 어느 하나 합쳐져 선을 이루는 모양은 볼 수가 없었다. 잃었던 나라를 다시 찾은 난국에 더하여 국민에게 찾아온 신흥 종파의 쇄도로 남한은 혼란뿐이었으니, 아마도 당시에는 하나님의 축복을 받을 만한 일이 하나도 없었던 것 같다.

교회는 오합지졸처럼 난립되어 있었으나 다행히 국가의 대혼란 속에 있던 실향민들이 의지할 수 있는 고뇌의 안식처가 되어주었다. 1993년 문화체육부의 종교현황보고서에 따르면 남한의 총 종교단체 중 3분의2 이상(70%, 113개)이 개신교 교단이라고 한다.

第38장 기독교에 대한 민심은 왜 변해 가는가?

주의 크고 영화로운 날에 이르기 전에
해가 변하여 어두워지고 달이 변하여 피가 되리라 (행 2:20)

변하는 민심: '세상에는 변하지 않는 것은 존재하지 않는다.'는 말처럼 사람에게 속해 있는 것이면 모두가 변하다. 취미와 식성, 부부간의 애정, 형제간의 우정, 그리고 산천초목까지도 시간과 더불어 늘 변하고 변해간다. 더욱이 변질되는 것 중 가장 예측할 수 없는 것은 사람의 마음이다. 사람의 마음이 조석으로 아니 시시때때로 변하는 큰 원인은 이해타산 등 주의환경에 매우 예민한 탓일 것이다. 그래서 사람들은 돈은 신뢰할 수 있어도 사람의 마음은 신뢰할 수 없다고까지 말한다. 나 자신조차도 내 마음을 믿지 못할 경우가 종종 있지 않은가?

우리가 초인간적인 하나님을 더 의지하며 믿게 되는 것도 따지고 보면 그의 언약(사 55:3), 의(義)(고후 9:9), 은혜(벧전 5:5)를 포함한 그의 전부가 영원하기 때문일 것이다. 그래서 하나님에게 모든 것을 맡긴다는 말도 생긴 것이다. 예수님이 피로 세우신 언약(고전 11:25)을 토대로 인간이 서로 믿을 수만 있다면 인간사회에서 오늘과 같은 불신과 분쟁은 없을 것이라고 생각한다.

내 주변에 있는 한국 개신교 지도자들 사이에는 최근 두 가지 큰 걱정거리가 있는 것 같다. 첫째는 교인들이 교회를 떠난다는 것이며, 둘째는 항간에 반기독교 운동을 하는 시민들이 생겼다는 것이다. 이 두 가지 모두 시민들의 마음이 변해간다는 징조가 아닌가 싶다. 사람들이 교회를 떠나는 일은 세계적이고 또한 어제와 오늘의 문제가 아닌 오래전부터 계속되고 있는 현상이다. 한 신문(Wall Street Journal, 2010. 4. 20.)에 따르면 미국시민의 72.1%는 종교인이라고 하지만 정규적으로 교회에 출석하는 수는 36.0% 라고 한다. 독일의 경우는 42.9%에 비해 15.8%에 불과하다.

왜 사람들은 교회를 떠나는 것일까? 어쩌면 풍요로운 시민생활환경 탓인지도 모른다. 60년대부터 활발해진 한국의 경제는 많은 가족들을 농촌에서 도시로 이주시켰다. 거주지와 일터가 바뀌면서 그들은 외로움을 달래고 새로운 인연을 찾기 위해 교회를 찾았다. 노력과 고심 끝에 수세식 화장실이 있는 새로운 거처에 가정을 만들어 가면서 도시문화를 즐기게 되었고 아쉬운 것이 해결되기 시작한 90년대에 들어서면서 갈망하던 마음이 충족으로 바뀐 것이다. 이러한 변화는 마치 배가 고파 울던 어린애가 엄마의 젖으로 배를 채우면 당분간 그 엄마를 잊고 지내는 것과 같은 이치일지 모른다.

사람의 마음은 생활이 윤택해지면 옛날 보릿고개의 배고팠던 시절을 쉽게 잊어버리게 된다. 오히려 교만해지는 것이 사람의 속성이다. 그래서 예수님은 "부자가 하늘나라에 들어가는 것이 낙타가 바늘귀로 들어가는 것보다 어렵다."(마 19:24)고 했다. 독일의 종교개혁자 루터(Martin Luther)는 '인간은 교만해지면 타락된다.'고 했는데, 교만은 인간의 방자한 자세를 말하며 타락은 인간적인 품위와 신임을 잃은 상태를 의미한다. 불교에서의 타락은 도심을 잃고 속심에 추락하는 것을 뜻한다.

교회의 빈자리: 왜 사람들은 교회를 떠나는 것일까? 그 이

유는 떠나는 사람마다 다를 것이나 하나 분명한 이유는 교회가 이전처럼 교인들을 당기는 힘(Pulling Power)을 잃어가고 있다는 징조일 것이다. 아니면 세상살이에 매혹되어서 혹은 불붙던 믿음이 식어져서 이전처럼 교회출석을 자주 못하는 것일지도 모른다. 그런 것도 아니라면 다른 하나님을 찾아 나섰는지도 모른다. 그들이 말 못할 사정으로 무교회주의자가 된다 해도 공산주의자처럼 무신론자가 안 되었으면 좋겠다. 그 이유야 어떻든 1950년대부터 증가하기 시작한 교회, 교역자와 교인의 수가 1990년대에 이르러서는 교인 수만 감소되고 있다는 통계가 있어서 염려스럽다.

내가 거주하는 미국 북 캘리포니아 시골도시에도 1970년대 유럽 나라들에서 경험한 것같이 교회의 뜰이 늘 한산하다. 어찌보면 빈집같이 쓸쓸한 모습이다. 우리 부부가 속한 한국인감리교회의 현 건물은 미국본토에서 오랜 역사(1906)를 지닌 교회다. 백인교회(Church of Christ)였던 것을 1992년에 저렴한 값으로 구입했다. 샌프란시스코 근교에는 280개나 되는 한국이민교회가 산재한데 미국인교회를 빌려서 예배드리는 곳이 적지 않다.

기독교월간지 '시조'(2008년 12월호)는 '기독교에 대한 반감이 왜 증가하는가?'라는 글 세편을 실어 교인들이 떠나는 데는 교회에도 문제가 있다는 것을 보여주었다. 그 중에는 서울여자대학의 최대덕교수가 4년간 신입생들로부터 얻은 한국개신교의 문제점 여덟까지를 인용한 글이 있었다. 기독교학과 신입생들이 제시한 문제점들을 간략하면 교회의 과도한 물량주의, 부익부빈익빈 현상, 지역사회에 대한 무관심, 일방적인 전도방식, 기독교 권위에 대한 불신임, 배타적이고 독선적인 태도, 신앙과 삶의 불일치, 마지막으로는 지나친 구복과 기복사상 등이었다.

한국선교 100주년을 맞이하면서 김근선(대한성공회 서울성당 주임신부)은 전 국민의 30%가 기독교인이라고 하면서도 왜 '가슴을 치고, 통곡을 하고, 무릎을 꿇고, 사죄의 기도를 드리지 않고는 견딜 수가 없다.'고까지 했다. 교회지도자들 사이에 많은 교회는 존재하고 있으나 세상을 위해 그리스도와 함께하는 성전은 없다는 염려가 계속되고 있다. 개발도상국가에서 내가 경험한 자본주의의 소산인 빈부현상과 꼭 같은 현상이라고 볼 수 있다.

각 교회의 성장은 자본주의사회의 기업들처럼 치열한 경쟁을 필요로 하게 된다. 하나님의 영광을 위해서라기보다 사실은 '남을 따라 잡으려는' 경쟁적인 욕망이 앞서므로 교회는 '성스러운 성전'의 모습을 상실하게 된다. 교회의 성장이 연합이 아니고 각 교회적으로 양성화되면서 언제부터인가 세계를 자랑하는 초대형 교회가 생겨나고 있다. 한국에는 아직 영세성을 지닌 교회가 대다수인데 반해 이렇게 성장하면서 노출된 '한국교회의 실상'들이 서울여자대학 기독교학과 신입생들의 마음에 누적된 것이 아닌가 싶다.

나도 나이가 80에 가까워지면서 교회출석에 대한 매력이 전과 같지 않은 것은 사실이다. 예배는 하나님께 찬양과 영광을 드리는 인간의 가장 엄숙한 행위인데 날이 갈수록 진지한 모습대신 '인간적인 형식'으로 변해가는 것이 느껴진다. 설교도 너무 관례적이어서 '사무적인' 느낌이다. 예수를 본받아 닮아 가야하는 현실생활의 지표를 제시하기보다는 '믿음과 구원'만 되풀이하므로 들은 대로 아는 대로 행하지 못하는 것이 민망할 따름이다. 교인들의 손에 성경이 없었던 개혁시대 설교자는 성서의 말씀을 읽어주고 풀어주어야 했지만, 오늘날 우리들의 문제는 성경해석이 아니라 믿음을 행동으로 옮기지 못하는 일이다.

교회는 변화하는 성도들의 마음을 만날 줄 알아야하고 변화하는 사회에서는 무엇이 필요한지를 찾을 수 있어야한다. 그래서 그들의 갈망과 부족을 하나님의 뜻 안에서 채워주며 치유해 주어야한다. 또한 교회는 변화하는 사회와 시민들의 삶을 통해서 성도들에게 하나님의 지혜(엡 3:10)를 직접 혹은 간접적으로 알려주어야 한다. 그렇게 되려면 지금까지의 권위적이고 일방적인 전도방식을 바꾸어야 한다. 갈릴리 호숫가에서 대중들을 만난 예수님처럼 한국교회도 민심을 만나야 한다.

나는 교회가 공중교육활동(Public Educational Activity)을 하는데 매우 이상적인 장소라고 생각한다. 같은 믿음의 식구들이 가장 많이 자주 모이는 장소이기 때문이다. 교회가 감당해야 할 소금의 책임을 위해서 교회에서도 각종 인성교육을 해야 한다. 소극적으로는 가정교육지침에서부터 마음과 몸의 건강을 위한 훈련에 이르기까지 그리고 적극적으로는 민주주의 사회를 만들어 가는데 절대적으로 필요한 준법정신에서부터 인권존중에 이르기까지, 구약과 신약의 말씀에 믿음을 지닌 선배들의 삶을 따라가면서 기독교인답게 사는 지표를 토론하고 의논해야 한다. 시민생활의 무엇이든 예수님의 방법으로 치유하는 교회는 시민들의 삶에 덕이 되며 '당기는 힘'을 키워나갈 수 있다.

겉으로 관찰된 오늘의 한국교회에 문제가 많은 것만은 사실이다. 유럽이나 미국의 역사적 경향을 한국의 개신교회가 따라가게 된다면 교인쟁탈전은 불가피하게 될 것이다. 이것은 미국의 한국인교회들 사이에서도 이미 경험했으며 새 이민자의 수가 줄어들면서 생기는 자연적 현상이다. 한국의 교인 수가 지난 60년대처럼 증가하지 못하면 신학교에서 배출하는 그 많은 목사후보생들은 교회 밖에서 일자리를 찾을 수밖에 없게 된다. 교인쟁탈이 되었든 신학교 졸업자의 구직난을 포함한 그 무엇이 되었든, 개신교교단과 교회에 관련된 부끄러운 일은 기독교인 아닌 사람들에게는 '뒤틀어진 기독교'로 보이기 쉽다.

개신교 반감: 한국에는 교회를 비판하거나 떠나는 교인만 있는 것이 아니라 기독교를 미워하고 반대하는 사람들의 모임까지 있다. 기독교에 대한 불만이 얼마나 쌓였으면 2005년에는 '반기련'이라는 '반기독교 시민운동연합'이 조직되었고, 언제부터인가는 지역별로 각종 반기독교행사를 하고 있다고 한다. 그 조직의 목표인 반기독교운동은 '인본주의를 바탕으로 기독교로 인해 알게 모르게 피해를 입는 이웃과 형제를 빼내려는 것이며 기독교의 수령에 빠질 미래의 선량한 사람들에게 경고를 하기 위한 것'이라고 한다.

기독교가 한국의 국교가 아닌 이상, 어느 단체나 기관이 반대를 한다는 것은 공산주의사회에서나 가능한 야만스러운 만행이 아닌가 싶다. 이와 같은 만행은 미국 네브래스카(Nebraska)주의 작은 시골도시에서도 있었다. 시청 앞에서 40년간 온 시민의 자랑거리였던 한 그루의 크리스마스 나무(Blue Spruce)를 누군가가 톱으로 잘라버렸고, 이런 행동은 5세기경 로마 문화와 예술을 파괴한 '반달' 사람들의 야만행동(Vandalism)과 비슷하다.

교회도 공금으로 운영되는 공중기관이므로 잘못된 처사에 대해서는 비판을 받아 개선하는 것이 당연하다. '반기련'은 자신들의 사이트에서 기독교에 대한 반대성토, 허구와 모순, 비판 그리고 성경의 구절들을 뽑아 문제를 제기하는 한편 19세 이하의 청소년으로 하여금 성경 읽는 것을 금하는 운동도 한다는 것이다. 그러한 비판은 해방 후 북한에서 교회생활을 하시던 나의 두 숙부님가족들이 공포에 떨며 들었던 말들과 매우 비슷하다. 그런 공포에 못 이겨 삼촌의 교회친구들 모두는 가족들을 이끌고 고향을 떠났었다.

그래도 한국기독교는 한국의 사회개화에 이바지하고 학교를 세워 신시대 교육을 시작할 수 있게 하였고, 민족과 국가가 난국에 처할 때마다 정의를 수호하면서 헐벗고 굶주리고 병든 시민들과 함께 했다고 생각하는데, 반기독교 시민운동을 한다니 참으로 놀라운 일이 아닐 수 없다. '반기련'까지 조직해야 했던 그들은 한국기독교로부터 어떤 피해를 얼마나 무섭게 받아온 것일까? 어찌 나의 고향사람들이 세습군주의 폭군체제로 인해 그동안 뺏겼던 목숨, 자유와 인권 그리고 굶주림과 감히 비할 수나 있으랴!

'반기련'을 통해 아무쪼록 기독교인 모두 왜 교회가 시민들에게 반감을 갖게 하는지 또 얼마나 한국기독교가 뒤틀려있는지를 진지하게 반성해 볼 수 있으면 좋겠다. 한국개신교의 당면한 문제는 인간이 교만으로 타락하여 물량주의사상과 경쟁을 위해서 '구원의 증표'를 판매하는데 골몰하는데 있다고 생각된다. 뒤틀려진 교회를 만들지 않으려면 양들을 물가로 인도해야하는 목자들의 책임이 크다고 생각한다. 인간의 눈으로 보는 한국 개신교의 어려운 문제들을 양떼를 인도하는 목자들 자신들이 먼저 해결책을 간구해야 할 것 같다. 교회는 그들의 '직장'이라는 이유에서도 더욱 그러한 것이 아닌가 싶다.

제39장 마을교회와 도시대형교회

이는 이제 교회로 말미암아 하늘에서 정사와 권세들에게
하나님의 각종 지혜를 알게 하려 하심이니 (엡 3:10)

시골과 도시: 도시란 시골의 반대로 사람들이 집결해서 사는 곳으로 그 정의는 아직 구구하다. UN에서는 한 지역에 인구 2만이 거주하는 곳을 말하는데, 한 지역이란 걸어서 쉽게 접촉이 되고 같은 우물물을 쓸 수 있는 정도의 거리를 의미하는 경우도 있다. 사람들이 도시로 집중되는 것은 일거리와 문화예술, 교육기관, 의료위생시설 등이 농촌에 비해 잘되어있기 때문이다. 반면에 도시에는 환경오염, 교통 혼잡, 각종범죄, 주택난, 빈부의 차, 복지시설 부족 등의 사회적 병폐가 높다. 도시의 무질서하고 무법천지 같은 밤 뒷골목을 사람들은 마치 '소돔과 고모라'(창 18:20)처럼 죄악이 범람한다고 흔히들 말한다.

도시계획전문가들은 위성도시를 만드는 등 인구분산 정책을 강구하지만, 한국의 도시인구는 6.25 동란 전후부터 계속 증가하여 전국토의 15% 면적에 집중되어 있다. 특히 한국의 젊은 세대는 수도 서울의 고층건물을 좋아하여, 총인구의 30%정도가 한강을 끼고 밀집되어 있다고 한다. 이와는 반대로 미국이나 인도네시아같이 국토가 넓은 나라에서는 이미 혼잡한 대도시는 저소득층에게 남겨두고 중상층은 생태학적으로 여유가 있는 외각으로 이주해가고 있다.

날이 갈수록 농촌의 공공시설 등이 도시와 별로 다를 바가 없는데다가 통신 및 교통시설이 좋아지고 있기 때문이다. 병원, 학교, 공공서비스시설을 비롯하여 큰 식당까지도 넓은 주차공간을 찾아 혼잡하고 땅값이 비싼 인구 밀접지역을 벗어 나가고 있다. 그러나 유독 교회만은 주차장이 없는 도시 중심지역을 헤어나지 못하는 이유를 모르겠다. 현대 기독교인들도 큰 도시를 좋아하는 것만은 틀림없는 것 같다.

마을교회: 나는 1974년부터 3년간 나이지리아의 4대 부족중의 하나인 이보(Igbo)족의 본향인 남동쪽지방에서, WHO의 황열병(Yellow Fever)연구프로젝트를 맡았었다. 그곳은 아프리카대륙에서 가장 먼저 그리스도의 복음이 전파된 곳으로 이보족 거의 전부가 기독교인들이다. 덕분에 비교적 높은 교육수준과 더불어 경제적으로도 윤택하고 주민들에게는 마을서비스센터와도 같은 교회(Anglican Church)가 마을마다 하나씩 있었다. 주택처럼 양철지붕으로 덮인 단층 건물로 예배실과 나란히 큰 교실이 1-2개 있었는데, 이곳에서 마을의 크고 작은 인생문제들을 장로(Elders)들과 함께 토론하고 의논했다. 거기서 아침저녁 감사 찬송을 부를 뿐만 아니라 수확한 농산물도 교환하고 때때로 음식을 나누어먹으면서 노래도 부르고 춤도 추었다.

사도 바울이 지중해인접 지역에 세우고 돌아보던 초대교회들이 이보족들의 마을교회와 비슷하지 않았을까 하는 생각을 해보았었다. 잠시 방문하는 처지니 얼마나 정확하겠냐마는, 내 눈에는 소박한 마을교회(Community Church)가 매우 평화스럽게 보였다. 사무실 운전기사인 안토니(Anthony)는 내가 부임한 첫날부터 회교국에서는 들어보기 어려운 '고맙다'(Thank You)는 말을 했다. 아프리카 생활에서 처음 들어보는 반가운 그 말로 나는 그가 크리스천이라는 것을 쉽게 알 수 있었다. 어디가 달라도 다르다는 것을 느끼면서 나도 기독교인이 된 것을 다시 한 번 감사하게 되었다.

마을교회를 내가 좋아했던 큰 이유는 목사님이나 교회지도자들을 비롯하여 교인들이 가깝게 접촉하면서 살 수 있었기 때문이다. 매우 인간적이어서 서먹하거나 어색하지 않아서 친근감을 갖게 했다. 마을교회는 일신상에 혹은 가정적으로 어려운 문제가 있을 때면 교회의 어르신들을 찾아가 자문을 구할 수 있어서 좋았다. 슬플 때와 즐거울 때 함께 울어주고 웃어주어서 한 가족과도 같이 생활하는 그 모습이 바로 이웃사촌이 아닌가 싶었다. 마을교회는 재정이 풍부하지 못하여 늘 검소하고 소박한 것이 특색이지만 신앙생활에는 지장이 없다. 그 이유로 신학과 철학에 통달한 유명한 목회자는 기대하기 어렵기 때문에, 함께 은혜롭고 소탈하게 지낼 수 있으면 그것으로 족하다. 경험 많고 훌륭한 선생님 밑에서 공부하여 좋은 학교로 진학하는 것과는 다른 일이다.

약 20년 전 은퇴를 하면서 나는 인도에서 보낸 이삿짐을 따라 서울에 도착하기 전, 한국 비무장지대근처에는 목회자가 없는 마을교회들이 많다는 이야기를 들었다. 침체된 시골의 주민들이 가난하고 교회가 재정적으로 미약해 부임하는 전도사마다 2-3년이 지나 목사안수를 받게 되면 곧 도시교회로 떠난다는 것이었다. 목회자들이 만든 도시화 현상으로 목회자가 없는 마을교회들이 생긴 것이다.

속초교회 나의 숙모님은 내가 속초로 다시 돌아오기를 원했음으로, 안내를 받아 속초비행장에서 약 10Km 떨어진 한 산속에 있는 마을교회를 찾아갔다. 그 교회의 젊은 전도사부부도 곧 목사안수를 받게 된다고 했다. 내게는 UN에서 나오는 연금이 있어 교인들에게 부담을 주지 않고도 교회를 돌보고 또한 농대를 졸업한 배경으로 교인가정들의 농사일까지도 지도할 수 있을 것이라고 기대했다. 그러나 이 교회도 다른 많은 영세교회들처럼 특정교단에 속해 있는데다가, 나에게는 전도사 자격증이 없으니 더 이상 생각할 여지가 없다고 했다.

도시의 대형교회: 도시는 농촌에 비하여 경제활동뿐만 아니라 변화하는 사회와 정치 시사문제에 대해서도 예민해져 우리의 마음을 긴장하게 한다. 도시에는 크고 작은 교회가 인근 각처에 수없이 많아, 인구가 밀접한 지역일수록 교회들이 '주점'처럼 줄서 있다고 말하는 사람들도 있다. 교회는 많지만 자기에게 알맞은 교회를 선택하는 것은 그렇게 쉬운 일이 아닐 것이다. 도시교회는 핵가족을 만들며 부모와 고향을 떠나 큰 꿈을 이루고자 도시를 찾아오는 젊은이들에게는 둘도 없는 기점이자 요새이다. 그곳에서 낯선 믿음의 식구들을 새로이 만나고 학교와 고향을 인연으로 친구와 선후배가 형성되며 도시생활에 적응하게 된다.

대형교회라는 나의 기준은 예배 후에 신도들이 교회를 나설 때 목사님과 눈을 맞추면서 예수의 사랑을 나누며 악수를 할 수 없는 정도의 크기를 말한다. 그것은 내가 대형교회를 좋아하지 않는 첫째 이유기도 한데 비인간적이기 때문이다. 같은 하나님께 함께 예배드린 형제들끼리 의미 있는 시간과 정을 나누지 못한다면 그보다 더 가여운 교회생활이 어디 있을까! 어제의 원수와도 안식일에는 악수하면서 용서와 화해를 해야 하는데? 과학기술의 발달로 사람이 점차 천시되어 가는 사회에서, 교회에서까지 한주 만에 만나는 목자를 만날 수 없거나 악수마저도 할 수 없는 처지라면 얼마나 처량한가?

나는 인간의 첫 번째 아름다운 선행은 서로가 손에 손을 잡고 자상한 눈으로 상대에게 사랑을 깨닫게 하는 것이라고 믿는다. "네 이웃을 네 몸같이 사랑하라"(마19:19)고 늘 말씀하시는 목사가 한주 만에 찾아온 성도의 손을 잡아주지 못하는 처지라면, 그 교회는 어딘가 잘못된 것이 아닌가 생각이 든다. 이것이 한국 대형교회들이 지닌 약점이 아니기를 바랄 뿐이다. 대형교회를 만드는 것이나 그런 비인간적인 대접을 받는 것도 신도자신이므로 자업자득이라 하겠다. 민주주의가 성장하지 못하는 이유가 투표자에게 있다는 말과 같은 뜻이다.

낙관적인 미래 학자들에 의하면 앞으로 20년 후에는 '나노'기술, 유전공학이 진전되어 인간은 컴퓨터를 뇌에 부착시킬 수 있고 또 인간만큼 영리한 '로봇'을 만들 수 있다고 한다. 이러한 예측이 실현된다면 지금 현대인의 걱정꺼리인 화석 연료의 고갈, 환경오염, 지구온난화, 치명적인 질병 등, 인류 전체가 현재 안고 있는 문제들이 다 해결된다는 것이다.

그날이 오면 인간은 얼마나 더 무섭게 교만해 질것일까? 교회의 모습과 교인들의 품행은 어떻게 변할 것일까?

백화점에 새로운 명품이 나오면 유행을 좇는 사람들이 모여들기 시작하지만 어느 정도 시일이 지나면 다시 잠잠해진다. 개신교 교인들도 이처럼 어디에 부흥집회가 있다면 말씀에 굶주린 사람들이 각처에서 모여든다. '하늘 아래는 새것은 없다'(전1:9)는데 왜 사람들은 새것을 찾아다니는가? 학생에게 좋은 학교에 진학하기 위해서 과외선생이 필요하듯이 교인들에게도 구원을 얻기 위해서는 색다른 설교자들을 찾아다녀야 하는 것인가? 그리하여 그럴듯한 '신앙생활 이력서'를 만들어야 하는가?

1950년대 남한에서 산 8년간 나의 주변에는 주일마다 색다른 설교를 들으려 몰려다니는 교인들이 많이 있었다. 어찌 보면 그들은 '믿음을 어디에서 값싸게 구할 길'을 모색하는 것처럼 보였다. 그간 그들의 신앙생활은 어떻게 변했는지 알 길은 없으나 당시 군중을 현혹한 부흥사 중 몇은 이상한 자신의 교리를 만들어 교주(教主)가 되어 예수님행세를 해오고 있다. 이런 사이비종교집단(Cult)은 바로 허망에 찬 도시교인들이 만든다. 현대식으로 건축된 대형교회에서 저명한 교인들과 더불어 명성 높은 목사의 설교를 듣는 것만으로 예수의 제자가 될 수 있다면 얼마나 좋을까?

종교 개혁자 루터(Martin Luther)는 인간은 교만으로 타락한다고 했지만, 한국사람 중에도 무엇이든지 첫째를 해야 만족하는 '제1위 병'에 걸린 사람들은 더 빛나고 화려하고도 높은 바벨탑(창 11:4)만을 생각하게 될 것이다. 사실 따지고 보면 각자에게 주워진 취향을 무시할 수는 없지만, 버스를 빌려 타고 바쁘고 혼잡한 도시에서 큰 교회까지 찾아가는 신도들을 이해하기가 어렵다. 교회나 교회를 섬기는 목사님이 극장이나 배우처럼 인기에 기준이 있는 것이 아니라면, 마을교회에 나가서 안식일을 지키며 교회에 봉사함으로 지역사회에 도움을 주는 것이야말로 기독교인다운 지혜로운 삶이 아닐까 생각한다.

미래 학자들이 말하는 유전공학이나 '나노기술'(Nano Technology)은 모두 육안으로 보기 어려운 미세기술을 의미한다. 나노는 10억분의 1 메타를 의미하는 크기다. 한국이 세계 제1위를 차지하는 반도체, 인터넷 그리고 휴대폰 등은 날이 갈수록 짜임새 있게 만들어져 부피가 점차로 작아져 간다. 한때 경제학자들 사이에서 논란되던 '작은 것이 아름답다'(Small is Beautiful)라는 말을 실감하게 한다.

내가 다니던 속초시의 단층짜리 감리교회는 동해바다를 한눈에 볼 수 있는 언덕에 있었다. 그 교회는 언제나 문이 열려있어서 휴전협정으로 고향으로 가는 발목이 막힌 실향민들의 유일한 위안처가 되어주었다. 거기에는 교회를 이어주는 샛길 하나가 있었는데 나는 그 길을 오가면서 간절히 하나님께 지혜를 구했다. 때로는 가다가 멈추고 다시 되돌아 본 적도 수없이 많았다. 지난 60년이란 세월 지구촌 곳곳을 다녀보았지만 나에게는 그렇게 아름다운 교회는 다시 만날 수 없었다. 우리에게 하늘의 지혜를 가르쳐 주신 서원필(徐元弼) 목사님이 오늘 따라 유난히 그립다. 우리 모두 아담한 교회에서 존경스러운 목사님과 함께 조용하게 신앙생활을 할 수 있으면 좋겠다.

제7부 교회에 기념일이 있는 까닭

제40장 어린이에 대한 어른의 책임

누구든지 나를 믿는 이 소자 중 하나를 실족케 하면
차라리 연자 맷돌을 그 목에 달리우고
깊은 바다에 빠뜨리우는 것이 나으니라 (마 18:6).

어린이 날: 1957년 5월 5일은 모든 어른들이 어린이들의 권리와 복지를 보장해 줄 것을 서약하며 '어린이헌장'(憲章, Children's Charter)을 선포한 날이다. 나는 이 헌장을 생각하면 한국 어른들과 한국사회가 요구하는 관심과 책임이 매우 생물학적으로 여겨진다. 왜냐하면 다른 생물들도 각기 자신들의 번성과 세대교체를 위해 창조질서와 섭리에 따라 생식작용을 하고, 태어난 어린것들이 자급자족할 수 있는 능력이 생길 때까지 양육보호하기 때문이다.

한국에 어린이 헌장이 선포된 것은 일본의 통치로부터 해방된지 12년만이고 단독정부가 수립 된지는 9년, 그리고 남북정전협정(1953년 7월 27일)이 체결 된지는 4년도 안 되는 때였다. 매우 어수선하고 복잡했던 시기에 어린이를 생각할 수 있었다는 것은 무척 기쁘고 다행한 일이었다. 이것은 일본식민지치하와 6.25 남침 때 한국 어린이들의 희생과 참사에 격분한 아동애호가들의 결단과 집념에서 나온 것이라고 생각한다. 어쩌면 망국에 한이 맺힌 사람들이 국토분단에 다시 절망한 나머지, 민족의 미래가 염려스러워 다음세대의 주인이 될 어린이들에게 한 가닥 희망을 걸며 의존하고 싶었는지도 모른다.

나라와 조상들을 잘못만난 탓으로 한국의 어린것들이 무슨 죄가 있다고 인생의 희로애락에 나룻배를 타보지도 못한 채 죽거나 팔려가야 했을까? 더러는 헐벗고 굶주린 채 '거리의 천사'가 되어 외국 군인들에게 구걸하면서 연명하기도 했다. 무지하거나 힘이 없던 조상들을 만나 대대로 입었던 수치와 상처는 다음세대의 희망과 근면으로 치유되어야 할 것이다. 어린이날은 우리 모두에게 특별한 날이다. 이날을 기점으로 어린이들이 꿈을 꾸게 만들며 어른들은 자신들의 책임을 다시 한 번 재검증해 볼 수 있기 때문이다.

어린이의 권리: 신분제도가 오래 지속되어온 한국 사회에서는, 일제초기까지 힘없는 부녀자와 어린이들까지 전당잡히는 '매처(賣妻)복덕방'이라는 것이 있었다고 한다.(이규태의 개화백경 1) 그들은 가난하고 연약하다는 이유로 팔려 다니는 '말하는 물건'으로, 자유와 평등 같은 인간으로서의 기본 권리는 생각조차 할 수 없었다. 나의 유년 시절이던 1930년대 초 어린이들은 어른들과 눈을 맞출 수가 없었고, 어른들 앞에서는 머리를 들거나 소리 내어 웃거나 울지도 못했다. 자신의 의사를 나타내는 말대꾸는 물론 어른들과의 대화도 허락이 안 되었고, 죄인처럼 배가 아프거나 고파도 솔직하게 자기심정을 나타내서는 안 되었다. 그러한 거짓을 가장한 문화가 어린이들로부터 웃음과 꿈 모두를 빼어갔다고 생각되는 암담한 시절이었다.

사람은 누구나 부모와 사회의 도움 없이는 도저히 성장할 수 없는 보잘것없는 모습으로 태어나며, 세상에 태어난 것부터 자기의 선택이 아니다. 그렇기에 더더욱 창조주가 준 자기 권리를 요구하고 보장받을 수 없는 존재가 어린이들이다. 나는 어린이들의 권리란 전적으로 자신을 세상에 오게 한 부모님의 소관이며 책임이라고 생각한다. 따라서 아이들의 행복과 장래를 염려하고 준비하는 가정의 훈육과 교육은, 부모가 얼마나 자신들의 임무를 잘 수행하느냐에 달려있다고 본다. 그러므로 어린이날은 부모가 자신들의 책임을 점검하는 특별한 날이기도 하다.

오늘날 인간사회를 멋지게 만들어가는 민주주의 정치원리에서 인간의 기본 권리는 자유와 평등이다. 그것이 최초로 의식화되어 발표된 것은 프랑스혁명(1789)때 인권선언(人權宣言, Declaration of Human Rights)에서였다. 하지만 어린이들의 권리, 특히 사랑과 보호에 대한 관심과 교훈은 그 옛날 예수님의 마음에 비할 수가 없다. 우선 어린이의 평등이나 존중에 대해 예수님은 "어린아이 하나를 영접하면 곧 나를 영접함과 같다."(마 18:5)고 말씀하시며 어린이들의 신분을 자기 자신과 동등한 대상으로 여기셨다. 어린이들에게 참여권(參與權) Rights in Participation)을 인정하여 제자들에게 "어리아이가 자신에게 오는 것을 용납하고 금하지 말라."(누 18:16)고 하셨다. 그리고 보호와 사랑의 표시로 어린이들의 실족(失足, Offending)을 엄격히 경고했다.(마 18:6) 또한 '하나님나라가 어린자의 것'이라는 말씀은 얼마나 어린이들에게 희망과 용기를 주는 고무(鼓舞, Inspiration)적인 말씀인지, 우리 조상들이 살던 유교문화에서는 생각조차 할 수 없던 일이다.

1948년에 공포된 UN의 인권선언의 배경도 이미 지구를 찾아온 모든 인간이, 앞으로 찾아올 후세대들을 위해 서로가 서로를 존중하며 고뇌로 가득 찬 세상을 함께 즐겁게 살아가자는데 있다고 본다. 인간의 권리(사 10:2)나 존엄성(레 19:18)은 구약시대부터 여러 선지자들의 큰 관심사였다. 어린이를 인격적으로 대하는 태도도, 예수님이 제자들에게 보여 준 "네 이웃을 네 몸같이 사랑하라"((마 19:19)는 말씀과 같은 맥락이라고 생각한다.

어린이 보호와 복지: 어린이의 행복과 유익을 위해서 부모, 사회 및 국가가 무엇을 우선적으로 어떻게 해야 하는가는 나라마다 또 때에 따라서 다를 것이다. 그러나 가장 기본적인 아동보

호와 복지는 평화로운 사회와 건전한 가정으로부터 나온다고 생각한다. 화목한 가정의 건강한 어머니로부터 태어나면 정상적인 유아기를 걸쳐 행복한 어린 시절이 보장된다. 그래서 사람들은 행복한 인생은 훌륭한 부모님을 만남으로부터 시작한다고 말한다. 세계적으로 아동복지와 관련된 여러 현실적인 문제들인, 사생아, 조기출산, 체중미달아, 유아사망, 미성년노동, 음주마약, 미취학아동과 같은 위험요소로부터 어린이들을 보호를 하는데 가정은 제 1차적 방어 역할을 해야 한다. 인간은 만물의 영장으로 태어났지만 성인이 되어 자급자족할 때까지, 가정과 학교에서 인간다운 인간이 되기 위한 교육과 훈련을 받아야하는 미숙하고도 수동적인 창조물이다. 그러므로 어린이의 행복은 전적으로 세상에 자신들을 오게 한 부모님들에게 의존된 셈이다.

어린이 보호문제와 관련된 사회문제는 세계적으로 확산되어 가는 가정불화와 파탄에 있다. 그래서 한국에는 어린이날이 5월 가정의 달에 정해졌는지도 모른다. 어린이의 가출, 자폐증(自閉症,Autism), 성범죄 등의 사회문제가 범람하고 있지만, 그 중에도 자폐증은 점차 증가해 미국의 경우 어린이 100명의 1명꼴로 발병하고 있다. 자폐증이란 실망과 원망을 마음에 간직한 채 자신만의 세계를 만드는 병이다. 아이들이 아이들을 싫어하는 어린이 정신질환으로 자기 세계 속에 고립되어 번민과 함께 외롭고 슬픈 시간을 보낸다.

가정파탄에서 오는 더 큰 국가적 문제는 가정교육의 결핍이다. 가정교육이 미약한 가정에서는 인간이 인간답게 사는 인성교육(人性敎育, Ethology)의 기회가 없을 뿐 아니라 어른들이 만들어가는 온갖 사회범죄 및 비리가 어린이들에게 그대로 옮겨지기 때문이다. 가정은 인선(仁善), 절제, 준법정신, 예의범절 등을 가르치는 '생활학원'이며 또한 변천하는 사회의 선하고 추한 모습들을 취사선택하는 필터작용을 한다. 그러기에 파괴된 가정을 대신하는 교회와 복지기관이 더 많아져야 하는 것이다.

조선일보 데스크에 따르면 노벨상을 받은 유대인은 1901년부터 2009년까지 모두 179명인데 개인 수상자가 22%를 차지한다. 타국인으로 분류된 숨은 유대인까지 포함하면 3분의 1이 넘는다는 지적이다. 노벨 경제학상은 총수상자의 41%, 의학상은 27%, 물리학상은 25%를 유대인이 휩쓸었다. 세계인구의 0.25%(1330만)를 차지하는 유대인들의 노벨상 수상자수를 인구 13억을 지닌 중국계 수상자(6명)와 15억인 이슬람계의 노벨수상자(9명)에 비교해 보면 기적에 가깝다. 인구 730여만 명의 이스라엘도 건국 61년 만에 9명의 수상자를 냈는데, 이 인구비율로 환산하면 한국은 60명의 수상자가 있어야 한다는 결론이다.

전문가들이 판단하는 유대인들의 노벨상 수상비결은 IQ라는 지능지수가 아니라 그들의 전통적인 가정학습이라고 보고 있다. 극성스러운 교육열로 유명한 유대인 엄마(Jewish Mother)외에도, 13세가 되어 성인식을 치를 때까지 아버지가 학교교육 외에 역사와 율법, 윤리도덕을 책임지고 가르치며 부부합동교육을 시킨다는 것이다. 학습의 초점도 다르다. '좋은 질문이 좋은 답보다 훨씬 더 낫다'는 유대의 속담처럼, 항상 의문을 품고 온갖 질문을 다 하도록 장려한다는 것이다. 우리는 동양의 유대인으로 불릴 정도로 뜨거운 교육열로 억척스럽게 살지만 학원과 같은 사교육 기관에 자녀교육을 떠맡기고, 돈으로 우수학교의 진학을 위한 교육에만 몰두하고 있다. 학교에서도 창의성이나 상상력과는 거리가 먼 입시준비로 주입식 위주의 공부에 머물고 있다.

한국에서 3대를 선교사로 지낸 미국인 린톤(Linton)가정의 손자 죤(세브란스병원 국제진료센터 소장)은 억척스러운 어머니를 한국번영을 가능케 한 3대 요소 중의 하나라고 했다. 그럴지도 모른다. 한국의 어머니들은 자신들이 유교문화로부터 받은 천시와 수모에 대한 반작용으로 자식농사에 전력을 다하고 있는

지도 모른다. 하지만 자식들에 대한 집념이 지나쳐 오히려 자녀들을 온실에서 자라나는 마마보이(Mother's Baby)로 만든다는 비판도 있다.

과학기술과 경제생활이 앞서 가는 오늘과 같은 현실 사회에서는 어린이들을 말 하나만으로는 가르치지 못한다. 그들은 순수할 뿐 아니라 영리하여 부정비리나 정의와 절제 등에 대해서도 어른들에 비해 더 예민하다. 어른들이 어린이들에게 교사가 될 수 있는 한 가지 방법이 있다면, 어른들의 행동은 아이들의 거울이기에 그들에게 모범이 되는 생활행동을 보여주는 것뿐이다. 훗날 많은 재물을 남겨주는 것보다 아이들의 어린 시절을 부모가 시간을 많이 나누며 아름다운 추억을 많이 만들어주는 것이 어른이 된 그들에게는 더 큰 행복이 될 것이다.

매해 5월에 찾아오는 어린이날이면 부모들은 어버이가 된 도리를 한번쯤 더 되돌아보아야 할 것이다. 자식이 부모의 마음대로 자란다면 바랄 것이 없겠지만, 부모는 사랑하는 자식들을 위한 간절한 염원을 반드시 간직하고 있어야 할 것이다. 내가 출석하는 교회에서는 '자녀를 위한 어버이의 기도'를 함께 올렸다.

자기 자신에 지나치게 집착하지 말게 하시고
겸허한 마음을 갖게 하사
참된 위대성은 소박함에 있음을 알게 하시고
참된 지혜는 열린 마음에 있으며
참된 힘은 온유함에 있음을 명심하게 하옵소서.
그리하여 나 아버지는 어느 날
내 인생을 헛되이 살지 않았노라고
고백할 수 있도록 도와주시옵소서.

제41장 어머니날이 있어야하는 이유

내 아들아 네 아비의 훈계를 들으며
네 어미의 법을 떠나지 말라 이는 네 머리의 아름다운 관이요
네 목의 금사슬이니라 (잠 1:8-9)

어머니날: 5월은 어머니날이 있는 고마운 달이다. 한국뿐 아니라 5월이 있는 지구촌이면 틀림없이 어머니날을 지키는 이유는, 곳곳마다 어머니의 애달픈 손끝과 숨은 사랑으로 훌륭하게 자라난 사람들이 있기 때문이다. 어머니날이란 숨 쉬는 세상사람 모두 이날만이라도 어머니의 은혜를 회상하며 효심을 표하자는 어머니만을 위한 특별한 날이다. 효심이 극진한 미국의 한 어린 아이(Anna Jarvis)가 엄마에게 바쳤던 연분홍색 카네이션 꽃이 어머니날의 상징으로 선택된 지도 한 세기가 지나고 있다.

매해 이날이 가까워오면 분주하게 사는 현대인에게 백화점의 선물선전, 신문이나 라디오 그리고 T.V. 방송이 부지런히 그날인 것을 알려주니 고마운 일이다. 교회에서는 카네이션 꽃을 어머님들에게 달아드리고 '부모를 공경하는 것이 장수의 근본이고 (출 20:12) 그렇게 해야만 복을 받는다는 설교를 해마다 반복해서 들려준다. 내가 다하지 못한 효행과 불효에 대한 자책(自責, Guilty)도 날이 갈수록 더해만 간다. 하지만 어머니가 떠나가신 반세기 세월은 나에게 남아있는 희미한 추억마저 앗아가고 있다. '평생에 고쳐 못할 일이 효행'이라는 어느 시인의 심정을 이해할 수 있을 것 같다.

어머니날은 어머님께 카네이션 꽃을 달아주며 장수하시기를 비는 즐거운 날이지만, 세상에는 자녀를 저 세상에 먼저 보낸 어머니들이 있는가하면 꽃을 달아줄 어머니의 행방조차 모르는 어린이들도 많다. 농경사회가 산업사회로, 부계제도가 핵가족제도로 변해가면서 자식들의 효심도 어머니상과 함께 변모에 가고 있다. 그런 탓인지 어머니의 행방을 몰라 불효노릇마저 할 수 없는 자식들이 있고 어머니를 떠나간 탕자들도 있다. 반면 아비 없는 자식을 양육하는 홀어머니, 고아원에 자식을 위탁한 어머니, 피가 다른 자녀들 틈에서 고심하는 어머니, 남의 나라 전쟁터에 자식을 보내고 가슴을 태워버린 어머니, 38선을 넘어간 자녀를 그리워하며 한평생을 살고 있는 북한의 가련한 어머니, 동족끼리의 전쟁에서 자녀를 잃은 어머니, 그리고 기러기 어머니들까지 합치면 세상의 어머니들 모습은 매우 다양하다.

세상 어머니: 어머니날이란 어머니가 있는 세상 사람들이라면 모두 이 날만이라도 각기 자신의 효행을 한 번 더 점검해보자는 날이다. 자식에 대한 어미의 사랑은 본능적이나 은혜에 보답하는 일은 자식의 도리이기에 어머니날은 꼭 있어야 할 날이다. 한국의 어느 시인은 어머니를 꽃 중의 여왕이라지만 향기가 없는 목련꽃에 비유했다. 자신의 삶 모두를 자식들에게 나누어준 탓에 여자의 향기를 모두 잃었다는 뜻이다.

위대한 어머니: 좋으신 어머님들의 사랑은 모든 동물에게도 있는 본능이겠으나, 위대한 어머니는 인애(仁愛, Benevolence)를 지니고 긍휼을 베푸는 천사에 가까운 어머니를 뜻한다. 자신의 핏줄도 버리는 세상에 피가 다른 남의 자식을 양육하는 어머니들도 있다. 위대한 어머니들 중에는 남의 나라 전쟁터에서 자식을 먼저 보낸 어머니, 고아원과 양로원에서 피 한 방울 안 섞인

남을 자식이나 부모처럼 돌보는 어머니들, 자식보다 '하루만 더' 살게 해달라고 기원하는 장애자의 어머니, 독재정권의 강제수용소에 자식을 빼앗기고 숨어 사는 38선 이북 내 고향의 어머님들, 거기에는 무더기로 굶어 죽어가는 와중에도 아이를 위해 초인적인 힘으로 살아남은 어머니들도 포함되어 있다. 좋으신 어머니는 어머니날에 카네이션 꽃으로 공경을 받아야한다면 위대한 어머니는 사회적으로는 감사의 치하를, 국가적으로 위로의 보상을 해주어야 할 것이다.

애처로운 어머니: 세상에는 카네이션마저도 받을 수 없는 애처로운 어머니들도 많다. 이들은 어쩌다 모성애를 잃어버려 자신이 낳은 자식을 보호하고 훈육할 책임마저 저버려 사회로부터 빈축을 받는 어머니들이다. 경제성장과 더불어 삶이 풍요로워지면서 10대 소녀엄마, 가정불화로 자식을 고아원으로 보내거나 소년소녀가장으로 만든 어머니, 술이나 마약에 중독된 어머니, 여러 이유로 자식을 감옥에 보낸 어머니, 도박과 마약으로 가정을 뛰쳐나온 어머니들까지 수 없이 많을 것이다. 어머니날에는 이런 어머니들의 복지를 위해 국가와 사회가 대책마련을 해보는 기회도 되어야 할 것이다.

내가 생각하는 어머니날은 세상 어머니 모두에게 어미의 책임이 무엇인가를 다시 한 번 자각해보게 하는 날이기도 하다. '씨받이'가 인정되었던 유교사회와는 달리 자식을 세상에 태어나게 한 것만으로는 진정한 어머니가 될 수 없기 때문이다. 미물의 짐승들도 자기가 생산한 새끼를 자급하며 생존할 수 있을 때까지 보호하고 양육하는데 하물며 만물의 영장인 인간이 자신이 낳은 자식을 책임 없이 떠난다는 것은 천리를 거역하는 처사이다. 어리석은 행동에 책임을 지든지, 사정과 형편이 못되면 책임질 수 없는 행동을 못하게 하도록 사회와 국가에서 가르쳐야 한다.

옛날 농경사회와 달리 새로 태어난 생명들이 치열한 자본주의 경쟁 속에서 살아남으려면, 25년에서 길면 30년이라는 세월에 걸쳐 교육과 훈련을 받아야만 비로소 자급자족할 수 있는 성인이 된다. 성장기에 어머니의 어리석음으로 잘못 살게 되면 생이 다할 때까지 남다른 어려움을 겪게 되고, 결국 그런 사람은 사회와 국가에 짐이 될 수밖에 없다.

강직한 어머니: 세상에는 왜곡(Distortion)된 모성애 탓으로 모자관계가 조화롭지 못한 경우도 흔히 있다. 왜곡이란 지나친 보호 혹은 규범을 넘은 엄마의 집념에서 일어난 집착을 뜻한다. 생물학적 모성애는 자신이 생산한 자식이 자존할 수 있을 때까지 보호하며 능력을 심어 주는 일이다. 그것은 처마에 둥지를 틀고 알을 품어 새끼들의 먹이를 물어다가 시속 90km까지 날 수 있도록 키우는 제비와 같거나, 독수리가 새끼를 으뜸가는 맹조로 키우려고 3-4년이란 긴 세월을 끈질기게 훈련시키는 것과도 같다.

어머니의 훈련과 훈계가 강직하지 못하거나 보호의 정도가 넘으면 자식의 일생에 오히려 해가 된다. 어머니의 치마폭에서 자라난 자녀들을 '마마보이'라고 하는데, 그들은 창의력도 진취성도 갖추지 못한 채 남의 도움 없이 혼자서는 아무것도 하지 못하는 소인배가 되기 쉽다. 그런 자녀에게는 매사 어머니가 개입해야 하는데, 어느 날 세상을 먼저 떠나는 어머니와 작별을 하게 되면 그런 자녀들은 험한 세상에서 홀로 생존하기 어렵다. 『한국, 한국인 비판의 저자』 이케하라는 마마보이를 '온실에서만 자라는 떡잎'에 비유했다.

부패해진 오늘날 한국 사회에서 우리 모두가 갈망하는 모성애는, 독수리나 제비처럼 천리를 따라 엄격한 규율로 훈육시킨 후 자기들의 세상에서 스스로 마음껏 행복하게 살 수 있도록 떠나보내는 사랑이다. 또한 최소한 손을 움직여 먹을 것을 얻으며 눈은 선악을 구별하게 하고 머리는 불의와 타협하지 않은 인간다운 인간이 되도록 가르치는 강직한 교사가 되는 일이다. 한 인생이 엄마로부터 시작한다면, 그 삶이 얼마나 행복해지느냐는 강직한 어머니의 사랑을 얼마나 받느냐에 달렸다고 해도 과언이 아니다.

향기 나는 어머니: 모자관계는 군주체제의 폭군을 제외하고는 세상 그 누구도 끊을 수 없는 혈륜이자 천륜이다. 하지만 변천하는 경쟁사회 속에서 어머니가 지닌 모성애도 자식이 지닌 효심도 어쩔 수 없이 퇴색해 가고 있다. 유교문화의 충효사상이 시들어가는 탓인지는 몰라도 '내가 너를 어떻게 키웠는데'라며 자식들에게 노후생활을 의존할 수가 없게 되었다. 또한 목련꽃처럼 여자의 향기 모두를 빼앗기면서까지 희생하는 어머니의 수도 점차 줄고 있다. 그래서 엄마가 어머니로, 그리고 어머님으로 변해가는 사이에 어미와 자식과의 거리도 점점 멀어져 자식이 어미의 품을 완전히 떠나는 느낌이다.

한 가문의 명예를 위해 온갖 궂은일을 자기의 몫으로 알고, 잘못된 일은 모두 자기 탓이라고 자책하며 묵묵히 사시던 어머니상은 더 이상 선망의 대상이 아니고 자녀들도 그것을 기대하지 않는다. 점점 굳어져가는 핵가족제도는 오늘을 사는 어머니들에게 자식들에게 베푼 수고가 얼마가 되던지, 그 모두 어머니의 책임이므로 어떤 보상도 기대도 할 수 없다는 하늘의 이치를 보여주고 있다. 그래서 이제 오늘날 어머니들은 노후생활대책을 스스로 준비하면서 자식들에게 그나마 남아있는 효심에 만족하며 살아야 한다. 나는 어머니가 자식들과 가까워질 수 있는 길은 당당하게 여자의 향기를 피우면서 사는 것이라고 믿는다. 노후에도 어머니에게 당기는 힘이 있어야만 충효사상이 절정에 있던 유교문화의 '고려장'이 보여준 수치스러운 모자관계를 피해 갈 수 있을 것이다. 현대사회에서 어머니날은 단지 훌륭하신 어머니를 기리는 날만이 아니고 강직한 모성애를 염원하는 날도 되었으면 하는 바람이다. 어머니날이 점차 쇠퇴해가는 현대인의 모자관계에 활기를 불어넣는 계기가 되었으면 한다.

제42장 왜 나무를 심어야 하나?

나무는 소망이 있나니 찍힐지라도 다시 움이 나서
연한 가지가 끊이지 아니하며 그 뿌리가 땅에서 늙고
줄기가 흙에서 죽을 지라도 물 기운에 움이 돋고
가지가 발하여 새로 심은 것과 같거니와 (욥 14:7-9)

식목일: 4월은 따뜻한 햇볕과 더불어 식목일이 있는 달이다. 식목일은 나라마다 봄의 한날을 정해 국민 모두에게 한 마음으로 나무를 심자고 장려하고 권고하는 날이다. 한국의 식목일은 정부가 제정한 4월 5일이며 미국은 주마다 4월의 어느 한날을 정하고 있다. 나무는 한 번 심으면 사람의 도움 없이도 스스로 계속자라서 키가 커간다. 열두 가지 실과가 맺히는 생명나무(계 22:2)나 많은 새들이 둥지를 틀고 새끼를 치는 큰 나뭇가지(겔 31:5)도 누군가가 심은 것이다.

나무는 종류도 많고 어디에서나 잘 자라는 갱신자원이다. 값싸고 흔한 것이 나무인데 왜 경제개발도상국들마저 국가적으로 식목일을 정하고 나무를 심자고 야단을 하는 것일까? 그것은 나무는 뿌리가 땅속에서 늙는 동안 가지들은 흙에서 죽을 지라도, 물만 있으면 움이 터서 스스로 다시 새롭게 자라는(욥 14:5) 굴복을 모르는 생명력이 강한 자원이기 때문일 것이다. 또한 나무는 인간생존에 있어 절대적으로 필요한 피조물이기도 하다.

식물학자들에게 알려진 나무의 종류는 20-25만종이나 되는데, 종류마다 지리적 분포는 강우량과 장마기간 그리고 최저 및 최고기온에 따라 다르다. 우리나라의 높고 낮은 산에서 흔히 볼 수 있는 상록수인 소나무(침엽수, Conifers)종류만도 500종이고, 꽃이 피는 나무종류는 22만종이 넘는다고 한다. 지금까지 알려진 키가 가장 큰 나무는 미국 북 캘리포니아 지방인 Redwood Creek Valley 105m 높이의 상 나무(Redwood)이며, 가장 나이 먹은 나무는 미국 서부지역의 소나무일종(Pinus aristata)인데 4,600-9000년이라는 문헌기록이 있다.

야생(野生)자원: 나무는 줄기와 가지가 목질로 된 다년생식물이다. 나무들이 한 지역에 모여 무성하게 자라면 숲을 이루게 되며 그 숲들이 산을 덮으면 산림이 된다. 나무의 특징은 1) 다년생이며, 2) 땅에 뿌리를 뻗으면서 스스로 서서 키가 자라고, 3) 땅속에 있는 무기물을 뿌리를 통해 공급받아 태양 에너지의 도움으로 잎에서 유기물을 제조한다.

연평균 강우량이 76cm이상 되는 지역에는 산림지대가 형성된다. 수목이 무성하여 산림을 이루면 습도와 일조(日照) 등이 조절되기 때문에 많은 생물체들이 왕성하게 번식한다. 구약성서 시편의 찬미(104:17)처럼 새들은 숲속에다 둥지를 만들어 번식하며 시도 때도 없이 즐거이 노래를 부르면서 산다. 최근 한반도의 허리를 끊고 있는 비무장지대에는 지난 반세기동안 사람의 손길을 멀리한 탓으로 많은 동식물이 자유롭게 번식한다는 보도가 있었다. 이러한 동식물을 총칭 '야생자원'이라고 하며 또 사람의 침해를 받지 않은 지역을 '원시림지대'라고 부른다. 학자들 계산에 따르면 현재 지구상에 존재하는 야생자원의 동식물종류는 5백만을 훨씬 초과 한다는데 그 중 약170만 종만이 알려져 있다고 한다. 오늘날 우리가 먹는 식료품의 90% 이상이 야생동식물을 순화시킨 것으로, 야생자원은 인간의 식량 원조에 도움을 줄뿐 아니라 여러 생활용품까지 제공한다. 조미료, 향료, 식용유, 제지원료, 섬유, 모피와 가죽, 고무와 의약원료 등 헤아리자면 이루 셀 수조차 없다.

경제성: 요즘은 화학합성물질이 많이 생산 제조되고 있지만, 인간의 삶은 아직도 많은 것을 나무에 의존하고 있다. 나무의 주산물인 목재는 땔나무와 건축자재를 포함하여 가구와 제지원료 등에 사용된다. UN 보고서에 따르면 세계 총 원목 생산의(약 35억 cm3)의 50%는 땔나무로 소비된다고 한다. 임산물의 생산고는 약 1,500-2,000억 달러 정도지만, 여기에 각종 과실과 기름용 야자수와 같은 조림수목의 열매까지 합하면 액수는 어마어마할 것이다. 현재 시중에서 상용되는 총 의약품의 약 40%는 동식물에 의존되고 있으며(겔 47:12), 경제적 가치는 1990년 시가로 약 400억 달러가 된다고 한다.

보릿고개시절, 식량부족을 체험한 한국의 3대 대통령 박정희는 남한의 야산에 경제성이 적은 소나무대신 밤나무를 심도록 권장한 일이 있다. 미국의 생태학자인 밀러교수에 따르면 50년 된 나무의 목재 값이 590달러라면 한 구루의 나무가 50년간 생태계에 주는 혜택은 목재 값의 33.2배($196,250)에 달한다고 한다. 이것을 구체적으로 보면 다음과 같다.

1) 산소 제공 ······ 15.92%
2) 공해 방지 ······ 31.86%
3) 토양비옥과 침식 방지 ······ 15.92%
4) 물 순환, 습도제공 및 기후조정 ······ 19.11%
5) 야생 동식물의 서식처 제공 ······ 15.92%
6) 유기물질(단백질) 제공 ······ 1.27%

산림의 침해: 식목일에 온 국민이 나무를 심어야하는 또 하나의 이유는 산림면적이 세계적으로 매해 0.9%씩 자취를 잃기

때문이다. 산림이 인간의 가혹한 침해를 받는 이유는 나무가 손쉽고 값싸게 얻어지기 때문이다. 농업이 본격화되기 이전에는 지구 총 육지면적의 약 60%가 나무가 무성한 산림지대였으나 인구의 증가와 인간의 끊임없는 경제활동 탓으로 그 면적은 점차 감소되어 지금은 3분의 1도 안된다고 한다. 중국의 경우 국토의 약 12%를 차지하던 산림이 지난 30년간 제지와 건축, 그리고 연료용으로 과도하게 벌목한 탓에 지금은 불과 8%미만으로 감소되었다고 한다.

산림을 파손하는 가장 큰 원인은 계속적으로 증가하는 땔나무용 벌채 때문이다. 세계적으로 약 30억 인구가 지금도 취사와 난방연료를 나무에 의존하고 있으니, 연료용 나무를 공급하기 위해서는 현재 조림사업 규모를 10-20배로 확장해야 한다. 산림의 침해가운데서 특히 세계적으로 문제가 되는 것은 열대림이다. 열대림은 농업개발과 인구증가, 특히 쇠고기용 방목지확장으로 인해 계속 감소되고 있다. 아프리카대륙은 52%가 아시아는 42% 그리고 중남미에는 36%가 이미 자취를 감추었다고 한다. 1990년도 지구상에 남아 있던 열대림면적(9백50만km2)은 크기가 미국크기만 했으나 매해 20만km2씩 감소되어, 만일 지금처럼 벌목이 계속된다면 앞으로 50년 내에 열대산림은 더 이상 지구상에 남아 있지 못할 것이라는 경고다.

나무의 수요는 나라마다 예외 없이 증가하고 있다. 그래서 한국정부도 증가하는 국내 목재수요(1992년의 2천만cm3에서 2020년에는 2천백만cm3)를 고려해 호주, 칠레, 미국, 뉴질랜드, 인도네시아 등지에 30만ha(서울특별시의 5배)에 조림사업을 추진하고 있다. 인도네시아에 진출한 한국원목업체들은 현지정부의 지시에 따라서 벌목한 수대로 그 자리에 나무를 심고 있다.

산소제공과 이산화탄소 배제: 나무들은 우리인간이 숨 쉴 때 배출하는 이산화탄소(CO2)를 흡수하고 우리인간에게 절대적인 산소를 생산하는 매우 중요한 역할을 한다. 한 사람이 호흡작용으로 배출하는 CO2는 연 4톤으로 나무가 이만한 양을 광합성작용에 소비하려면 무성한 산림 1ha가 있어야한다. 이산화탄소는 우리에게 잘 알려진 온실가스로 지구의 표면온도를 높이는 주범이라는 점에서 식목일은 더 의미가 크다.

토양보호와 침식방제: 우리인간뿐 아니라 모든 짐승들이 발붙이고 사는 기반이 바로 흙이고 거기에 나무들은 뿌리를 내리고 생육한다. 생명의 근원은 흙이지만 초목이 없는 벌거벗은 모습으로는 활성화될 수 없다. 물이 있고 식물들이 서식해야 땅은 아름다운 옷으로 치장하는 셈이다. 나무가 무성한 산림은 강우량을 흡수하고 물을 저장해 물의 유실을 더디게 하고 침식과 홍수를 방지한다. 땅에 식물이 없으면 사막으로 변하거나 홍수에 저항하는 힘을 잃어 산사태, 즉 침식을 피할 수 없게 되는데 침식은 토양의 생명력인 표토를 잃어버리기 때문이다. 땅이 표토를 잃으면 흙은 힘없는 황무지가 되며, 산은 '붉은 산' 혹은 벌거벗은 모습으로 변해 초라해진다.

인도 북동부의 체라푼지(Cheerapunji)라는 지방의 연평균 강우량은 약 1100cm로 세계에서 두 번째로 비가 많은 곳이나, 우기가 지나고 두 달도 못되어 그곳 사람들은 마실 물을 찾아다닌다. 왜냐하면 빗물을 가두는 산림지가 농경지로 변했고 저수지 시설을 안 했기 때문이다. 나는『물 있는 사막』이라는 나의 저서에서 이러한 곳을 '비오는 사막'이라고 칭한바 있다.

높은 산들이 줄줄이 서있는 네팔(Nepal)에는 매해 계절풍이 비를 몰고 와서 산사태를 피할 수 없다. 산에 있는 나무들이 사람들의 땔감으로 심하게 벌목되었기 때문이다. 빗물에 휩쓸린 흙은 갠지스(Ganges)강에 몰려들어 강바닥을 높인 탓으로, 강

하류에 위치한 방글라데시(Bangladesh)의 수도 다가(Dakar)시는 매년 홍수로 인명의 손실을 본다. 1993년만 해도 네팔과 인도에서 받은 인명피해는 각각 3,000명과 4,500명이었다. 수년전 중국의 도문근교에서 본 두만강 상류의 강바닥도 내가 목격한 인도와 네팔국경을 흐르고 있는 갠지스 강의 바닥과 다름이 없었다. 벌채로 인한 홍수는 1991년에 경험한 용인의 골프장 참사로, 32명의 인명 피해와 6천만 달러의 재산피해를 낸 것으로도 잘 알 수 있다.

기후 조절: 고대희랍시대의 사람들은 식물도 기후와 같은 환경요소로 생각했다고 한다. 왜냐하면 나무가 무성하여 숲을 이루면 온도, 일광, 습도, 비, 바람 등에 작용하여 기후를 조절한다는 이유에서였다. 생물체들의 번식과 생존에 매우 적합한 환경을 유지하는 오늘의 지구온도(평균 15C)는 지구 본래의 것이 아니라 물이 있어서 식물이 무성하기 때문이다. 기후는 생물들의 번식과 성장을 좌우하는데 반해 생물체들은 스스로 적응해가면서 서서히 기후를 변화시킨다. 태양과 두 번째로 가까운 위치(4,170만km)에 있는 금성의 표면 평균온도는 섭씨 459도이고 지구를 사이에 두고 떨어져(7,740km) 있는 화성온도는 섭씨 영하 55도다. 이 두 유성 사이에 있는 지구에 생물이 없다면 평균온도는 오늘의 15도가 아니고 영하 50도쯤 될 것이라고 한다.

주거환경조성: 나무는 소음(騷音, Noise Pollution)을 포함한 부유분진(浮遊粉塵, Suspended Particulate), 황사(黃砂, Sandy Dust)등 오염된 공기를 제지하거나 습도를 높이는 등 우리의 주거환경의 질을 높여준다. 또한 관상수로 아름다운 경치를 제공해 주어 도시화와 더불어 관산수목의 수요가 늘고 있는 것도 같은 이유에서다.

나무는 심어만 놓으면 스스로 오래토록 자라면서 우리에게 평화로운 마음을 갖도록 해준다. 나무는 메말라가는 우리 마음에 희망(욥 14:7)이나 생명나무의 과실을 주는가 하면 나라를 풍요롭게도 한다.(계 22:2) 못된 나무는 아름다운 열매를 맺을 수 없음으로(마7:18) 좋은 나무를 골라가면서 심는다면 큰 혜택을 더 얻을 수 있을 것이다.

第43장 나라의 수치와 민족의 치욕

주의 하라 깨어 있으라
그 때가 언제인지 알지 못함이니라 (막 13:33)

국치민욕(國恥民辱): 한국의 8월은 광복절이라는 국경일이 있는 반면 동시에 나라를 잃은 국가의 수치스러운 국치일이 있는 달이다. 지금으로부터 65년 전인 1945년 8월 15일은 일본의 식민지착취로부터 해방된 기쁜 날이지만, 100년 전인 1910년 8월 29일은 일본에게 새총 한번 못 쏘아보고 나라를 송두리째 뺏긴 민족의 수치와 국민의 치욕의 날이다. 8.15는 국가적으로 기쁜 날이기에 법으로 광복절이라고 이름 지어 공휴일로 정했지만, 8월 29일은 나라를 빼앗겨 역사책에 기록된 수치스러운 날이기에 조용히 지낸다.

우리는 식민지 밑에서 당한 굴욕과 모욕을 잊기 위해 식민지의 흔적들을 모두 파괴하였다. 그러나 사가들의 기록에 영영 남아 있을 그 치욕은 지구의 역사와 더불어 남을 것이다. 한국민족에게 무엇보다 중요한 것은 다시는 이와 같은 치욕을 당하지 말아야 한다는 사실이며, 그러기 위해서는 오늘을 사는 우리 모두가 이날을 기억해야 한다는 것이다. 왜냐하면 인간에게는 두 종류의 잘못이 있는데 첫째는 몰라서 저지른 실수(Mistake)이고, 둘째는 알면서도 반복하는 어리석은 바보짓(Stupid)이기 때문이다.

교회에서는 수시로 애굽에서 종살이했던(출 3:7) 이스라엘

민족 혹은 바벨론에 잡혀갔던(대하 9:1) 유대인들을 상기시키지만, 8.29가 만든 한국국민의 수난과 굴욕을 자각하는 것과 지도자들이 그날의 치욕을 후대에 전하여 다시는 그런 국치민욕이 되풀이 되지 않도록 해야 한다는 설교는 듣기 힘들다. 우리가 그렇게 지각없이 지내서인지 아니면 수난을 망각해서인지 8.29의 치욕에서 해방 된지 5년도 못 넘기고 다시 역사에 영원히 기록될 참사와 국치를 당했다. 그것이 바로 1950년 6월 25일로 제2의 국치일이 아닐 수 없다. 잠에 취해 있다가 당한 무력남침은 세계적인 전쟁으로 확산된 같은 민족동족끼리의 살생이자 아직 끝나지 않은 전쟁이다.

자각(自覺, Consciousness)이란, 낙제생이 마음을 굳혀가면서 다시는 실패를 하지 않으려는 인간만이 할 수 있는 최대한의 노력이다. 그것은 기독교에서 가르치는 "깨어 있으라"(막 13:33)는 성경말씀과도 같다. 눈물을 흘리는 것이 단순한 슬픔으로 끝나서는 안 되는 것처럼 국가적인 수치와 민족적인 모욕은 결단코 다시 반복되어서는 안 된다.

8.29 국치일은 임진왜란(1592-8)이 발생한지 햇수로 318년 후에 발생한 일이다. 쥐 같은 인상을 지닌 농민의 아들 도요도미 히데요시가 일으킨 임진왜란 7년간은 조선역사에 있어서 가장 참혹한 환난의 시기였다고 역사책은 기록하고 있다. 정유재란(1595)때 도요도미의 14만 왜군은 가는 곳마다 남녀노소 구별없이 닥치는 대로 죽이고, 부녀자에게 야수처럼 잔인하게 폭행을 가했다. 눈에 띄는 모든 물화(物貨)는 약탈해 갔으며 떠날 때는 마을을 불태워 시체와 잿더미만 남겼다고 한다. 그때 사람들은 목숨을 이어가기 위해 아비는 자식을 팔고 남편은 아내를 팔아먹는 인간으로서는 도저히 할 수 없는 노릇을 하였으며, 심지어는 왜군에 붙어서 앞잡이 노릇마저 서슴지 않았다고 한다.

임진왜란부터 을사조약(1905)까지의 313년간, 이씨조선왕국의 임금님들과 많은 충신들은 물론 유교학자들과 종교지도자들, 그리고 국민 모두는 계속 잠에 취해 있었던 것일까? 아니면 오늘의 국회처럼 오랜 시간을 당파싸움으로 보낸 것은 아닐까? 그들은 치욕의 감정도 각성의 울부짖음도 없이 무방비사태에서 300년을 그럭저럭 살아온 셈일까?

우리는 지금도 약육강식 혹은 적자생존이라는 생존법칙을 이해하지 못한 채 잠에서 깨어나지 못하고 있다. 국민의 녹봉으로 사는 국회의원들은 패거리를 만들어 자신들의 일터인 의사당을 부수는가 하면 국록으로 사는 공무원들은 정부와 대항하고 있다. 그리고 지식인들은 국민을 선동하여 촛불과 쇠뭉치를 들고 경찰과 마주서서 아우성을 치고 있다. 그런 모습들이 바로 제3의 국치일을 유발하고 있는 것은 아닌지 의심스럽다.

정글의 법칙: 나의 아프리카 첫 근무지였던 탄자니아(Tanzania)에는 넓고 넓은(14,800km2) 세렌케티(Serengeti)라는 열대초원이 있다. 거기에는 사자와 같은 야수를 포함한 많은 종류의 동물들이 '정글의 법칙'(Law of the Jungle)이라는 생존방식에 따라 살아가고 있다. 약한 자는 강한 자에게 먹히는 정글의 법칙을 인간들이 응용한 것이 바로 식민지정책이다. 먹히지 않으려면 강해져야 한다. 전쟁을 피하기 위해서 전쟁준비를 하는 것처럼, 잠에 취에 있으면 언제 먹힐지 모르기에 늘 깨어있어야 한다.

정글의 법칙에서 우리 선조들이 남의 나라에 먹힌 것은 나름대로 이유가 있다. 개인이나 마을, 그리고 조정과 왕실이 뭉치지 못하고 투기나 모함이나 독선으로 분열되어 있는 힘마저도 모두 잃었던 까닭이다. 학교에서 국사공부를 체계적으로 배우지 못한 사람도 최근 방송사에서 만든 TV의 사극 몇 개만 보아도 무서운 분열들을 쉽게 파악할 수 있다. 연극화된 사극들이 보여주는 조정신하들과 지금의 대한민국을 이끌어가는 국회의원들과의 사이에 하나의 공통점이 있다면 무리가 되어 분열과 분쟁을 일삼는 당파싸움이다. 민족과 국가의 국리(國利)보다는 사리(私利)에 연결된 주권쟁탈을 위해 정치지조와 양심을 팔고, 모략과 온갖 부정비리를 분별없이 하는 모습은 마치 운동선수가 저지르는 반칙과도 같아 보인다.

그들의 당파싸움이 제1과 제2의 국치일을 유발시켰다면 제3의 국치일도 초래할 수 있지 않을까 염려스럽다.

식민지 정책: 고대사회부터 영토 확장을 위한 이웃 간의 무력정복은 계속되어왔지만, 한 나라가 다른 나라를 완전히 점령하는 식민통치는 1500년대 유럽의 정치체제가 굳어지면서 시작되었다. 배를 만들어 항해를 하게 되자 서구의 백인들은 아프리카(1488)와 미 대륙(1492)의 나라를 찾아다니면서 경쟁도 반항도 없는 처지에서 물물교환을 하는 한편, 잠자는 사람들의 것을 탈취하다가 정복하기에 이른 것이다.

1500년부터 포르트갈(Portugal)을 선두로 시작한 식민통치로 레바논(Lebanon)이 독립을 하게 된 1943년까지, 4세기동안 무려 100여 나라가 식민지치하에 있었다. 나는 해외직장생활 30년간의 모든 시간을 한때 식민지치하에 있던 나라에서 근무했다. 나라마다 사정은 다소 다르나 그들이 받은 학대와 착취는 통치 지배국에 따라서 매우 차이가 있었다.

내가 8년을 지낸 섬나라 인도네시아(Indonesia)는 1602년부터 350년 간 네덜란드(Netherlands)의 통치를 받은 나라다. 네덜란드 총독부가 부과한 지세는 벼 수확의 40%에 달했는데, 체납자에게는 논농사대신 본국에서 필요한 담배, 설탕, 커피 등을 강제로 재배하게 했다. 농토가 없는 소작인들에게는 매년 66일간 총독부의 직속농장에 징발되어 보수도 없는 일을 하게 만들었는데, 그때 총독부가 착취한 수입은 한때 네덜란드 정부 총 세입의 3분의1에 달했다고 한다. 그때 인도네시아 자바(Java)섬에는 1843년부터 시작한 기근과 질병으로 수십만 인구가 죽었다는 기록이 있다.

비인간적인 수탈: 인도네시아가 350년 동안 받은 지세약탈이 크다고는 하나 일본총독으로부터 당한 한민족의 비인간적 수탈에는 비교가 안 된다. 일본천황은 국토와 농토를 위시하여 언어, 고유문화, 민족사상 그리고 신앙과 종교까지 모두 일본의 것으로 바꾸려고 헌병통치를 했다. 사람들을 죽이고 부녀자들에게 폭행을 가했을 뿐 아니라 집을 불태우고 농민들로부터 농토를 빼앗아 실향민을 만들었다. 또한 부역과 징집 등을 강요해 고향을 전부로 알던 사람들로 하여금 고향을 떠나게 했다. 당시 통치자들은 분명 교토 히가시야먀(東山)에 전과(戰果)의 표시로 생사람의 머리와 귀 그리고 코를 잘라 10만인의 '귀 무덤'을 만든 도요도미의 피를 물려받은 야만인이 분명하다.

1910년 8월 29일 일본천왕은 '한일합병'을 하며 조선총독 육군대장에 데라우찌를 임명하여 헌병정치를 시작했다. 고종(高宗)의 퇴위(退位)와 군대해산에 이어 관리들은 일본인으로 대치했고, 조선인의 동정을 감시하기 위해 조선인을 헌병과 경찰의 보조원으로 채용했다. 그때 경찰보조원과 행정기구의 말단에 채용된 지배층의 앞잡이들이 1905년 을사조약에 동조한 일진회나 변심한 종교지도자들과 같은 친일분자들이다. 그처럼 일본총독부는 악랄한 방법으로 조선민족의 분열정책을 촉진시켰다.

(1) 헌병통치: 일본은 무력적이고 전제적인 통치(무단통치)를 위해 우선 많은 새 제도와 법령을 공포했다. 그 첫 법령은 헌병을 경찰에 투입시켜 인간의 기본권조차 무시하는 '조선경찰서관

제'였다. 어느 식민지 통치역사에서도 찾아볼 수 없는 비인간적인 법령으로 헌병경찰이 아낙네를 강간하거나 재물을 약탈하고 학교교사까지도 큰칼로 위협하는 권력을 행사했다. 조선인의 언론출판활동을 금지시키는 한편 사회단체는 해산시키고 모든 집회나 강연회 등에는 금지령을 내렸다. 회사령을 공포하여 조선인의 회사설립은 총독부의 허가를 받아야했다.

(2) 토지탈취: 가혹한 수탈정책의 두 번째 방법은, 8년(1910-8)에 걸친 '토지조사령'과 함께 강요된 공출(供出, Impost)제도, 쌀 증산, 농촌진흥이었다. 일본인의 한국에서의 토지탈취는 강화조약(1876)이 체결된 후, 허리에는 권총을 차고 손에는 망원경을 든 고리대금업자들에 의해 시작되었다. 논밭을 담보로 6-7할의 이자로 빌려주고 돈을 제 날짜에 갚지 못하면 무장(武裝)한 상인에게 토지를 내주어야 했다. 한일합병당시 일본인이 소유한 총 농토는 86,951정보였다는 기록이 있는데, 이러한 농업정책으로 조선인의 자작 농가는 감소한 반면 남의 토지에 의존하는 소작농, 화전민, 농토 없는 농민의 수는 갈수록 증가해 조선농민은 전반적으로 몰락하기에 이르렀다. 농토 없는 소작 농가는 그 후 점차 증가해 전농가의 60%에 이르고 이로 인해 고향을 떠난 날품팔이 노동자는 79만 명에 달했다.

(3) 조선교육령: 1911년에 공포된 이 법령은, 사립학교(2,250개 학교 중 823개는 기독교학교)를 몰수하고 사립 대학교를 인정하지 않는 법이었다. 그들이 인정한 관공립(146개) 중고등학교는 황국신민(皇國臣民)이 되는 정신만을 함양하였다. 총독이 제정한 교과과정에 조선어는 삭제되고 선생 학생 모두 강제적으로 일본말을 하도록 했으며 종교의식이나 행사는 철저히 금지되었다. 1937년부터는 매일 천황이 있는 동쪽을 향해 '동방

요배' 라는 경배를 하고, 1939년에는 각 지역에 신궁(神宮)을 건립했다. 조상 대대로 이어오는 성씨도 일본식으로 개명해야 살아남았다. 1940년에는 조선인을 위한 모든 신문 잡지는 폐간시키고, 1942년에는 '조선어학회'마저 해산시키고 회원들을 투옥시켰다.

(4) 국민 징발령: 1939년에 공포된 이 법은 대동아전쟁준비를 위한 것으로 '백색영장'을 발부하여 강제로 징용을 실시했다. 1945년까지 별별 이름과 제도로 군과 경찰은 닥치는 대로 사람들을 난폭하게 트럭에 실어 연행해 갔다. 당시 그들이 끌고 갔던 조선인 노무자 수는 459만 명으로, 당시 전 조선인구의 20%에 해당됐다. 이러한 강제동원은 '황국신민'이란 이름으로 사람을 사냥한 행동이었는데, 식민지사상 가장 가혹한 것이었다고 한 일본인 저자가 말한 적이 있다.

(5) 징병제: 1937년에 도발한 중일(中日)전쟁을 계기로 '육군지원병제'를 만들고 1943년에는 '해군지원병제'를 만들었다. 곧이어 전문학교 및 대학생을 상대로 '학도특별지원병제'를 공포해 1938-43년 사이에 동원된 조선장정은 17,604명에 이르렀다. 1942년에 시작한 징병제는 1945년 세계 제2차 대전의 종전까지 육해군에 총 209,279명과 군속으로 154,907명, 그리고 군 요원으로 145,110명을 조선 땅에서 끌고 갔다. 한국 적십자사에 따르면 이들은 남태평양과 동남아, 중국 등 여러 전선에 투입되었고 미군과의 전투에서 약15만 명은 전사해 끝내 고향에 돌아오지 못했다고 한다.

(6) 정신근로령(挺身勤勞令): 1944년 시작된 이 법은 1939년에 공포된 국민징용령의 연속인 것 같지만, 사실은 여성들을 일본군인

의 위안부로 연행하려고 일본 천왕이 직접 명령한 법이었다. 인도네시아의 한 신문(Jakarta Post, 1997.3. 30)에 의하면 태평양전쟁 당시 중국, 한국, 인도네시아, 필리핀 등지에서 위안소에 동원된 수는 20만 명에 이른다고 한다. 한국일보(1992.8.1)가 밝힌 한반도에서의 연행은 1938년까지는 도시지역의 여성들을 상대로 식당 종업원이라는 이름으로 모집하였다. 1938-40년 사이에는 헌병경찰의 도움으로 주로 농촌빈농의 딸들이 간호보조원이라는 이름으로 끌려갔으며, 1941년부터는 총독부의 지시에 따라 면장이 헌병경찰의 감시를 받으며 소녀들을 사냥하는 식으로 끌고 갔다고 한다.

1992년 국사편찬위원회가 조사한 광주지역 291학교의 학적부에는, 강제로 끌려간 여학생 73명중 11살짜리도 3명이 있었는데, 그 중 70명은 해방이 되어도 고향에 돌아오지 못했다고 한다.

어리석은 자각: '자각'(自覺, Self-awakening)이란 100년에 걸쳐 우리 선조들이 어리석게 당한 국치와 민욕을 다시 되풀이하지 않도록 깨어있자는 마음의 태도와 준비를 의미한다. 자각은 지난 잘못의 원인을 분석하고 대비하는 것이지 책임을 남에게 전가하며 원망하는 것은 결코 아니다.

한국에는 국치 100주년을 맞이하여 '친일인명사전'을 만들어 발표했다. 이 사전에 수록된 인물 중에는 전 부통령 장면, 애국가 작곡가 안익태, 근대 음악의 선구자 홍난파, 무용가 최승희 등도 포함되어 있다는 신문보도가 있었다. 더러는 당시의 신문지상에 누가 누명을 씌워서 기사한 성직자들의 이름도 포함되어 있다고 한다. 누가 무엇을 증거로 누구를 위해 이 사전을 만들었는지는 알 수 없어도 나에게는 이것으로 어떻게 제3의 국치와 민욕을 면할 수 있을지가 궁금할 뿐이다. 우선 급한 일은 미루고 자기 눈에 대들보는 보지 못하고 남의 탓만 밝히는데 시간을 낭비하는 것은 아닌지, 우리민족은 아직도 뼈저린 반성 없이 잠에서 깨어나지 못하고 있는 것은 아닌지 염려가 된다.

제44장 광복절에 자각해야할 민족적 자세

압박당하는 자를 위하여 공의로 판단하시며
주린 자에게 식물을 주시는 자시로다
여호와께서 갇힌 자를 해방 하시며 (시:146:7)

국경일: 1945년 8월 15일은 우리민족이 일본의 식민지통치로부터 해방된 날이다. 주먹 한번 휘둘러보지 못하고 국권과 국토, 역사와 문화 그리고 이름까지 빼앗겼던 사람들이 비통을 달랠 수 있던 날이었다. 우리말을 다시 자유롭게 말할 수 있게 된 즐거운 날을 기념하기위해 정부가 법률로 국경일이라고 정한 공휴일이다.

해방의 즐거움은, 압박이나 구속 그리고 수탈 등으로 가슴을 까맣게 태워보지 못한 사람들은 이해하기 어려운 인간이 느낄 수 있는 최대의 환희였다. 그 속박에서 살아남은 시인 심훈은 그 날의 그 기쁨을 이렇게 노래했다.

그날이 오면, 그 날이 오면은
삼각산이 일어나 더덩실 춤이라도 추고
한강물이 뒤집혀 용솟음칠 그날이
이 목숨이 끊기기 전에 와주기만 하량이면
나는 밤하늘에 날으는 까마귀와 같이
종로의 인경을 머리로 들이 받아 올리오리다.
두개골은 깨어져 산산조각이 나도 오히려 무슨 한이 남으오리까?

1941년 12월에 시작한 태평양전쟁은 미 공군기 B-29가 1945년 8월 6일과 9일 아침, 전쟁도발국인 일본 본토의 두 도시 히로시마(Hiroshima)와 나가사키(Nakasaki)에 원자탄을 투하하자 일본천왕의 무조건 항복을 해서 끝이 났다. 그 결과로 일본의 식민통치도 조선 땅에서 더 이상 계속할 수가 없게 됐는데, 그 날이 바로 우리 모두가 기뻐했던 65년 전 8월 15일이다. 통치자들은 그간 비축해 놓았던 가산과 권세를 모두 버린 채 조선반도를 떠나야 했는데, 그래서 우리들은 이날을 '해방의 날'이라고 부른다.

누구도 '그날과 그 시'(마 25:13)를 미리 알지 못한 탓으로 8.15는 우리 모두를 당황하게 했다. 깨어있었던 사람도 이날을 위해 별로 준비한 것이 없었기 때문일 것이다. 어찌 보면 8.15라는 해방은 누군가 우리를 불쌍히 여겨 얻게 된 것이지 우리민족 스스로가 성취한 것은 아닌 듯싶다. 그래서 한국의 사상가 함석헌 옹은 한국의 해방을 '하늘에서 준 떡'이라고 했다. '민족의 상처 민족의 소망'의 저자 박문규는 '골방에서 감옥에서 드린 수많은 기도가 상달되어 메시아의 은혜가 신랑처럼 갑자기 찾아왔다'고 했다. 애굽(Egypt)에서 종살이 해온 이스라엘의 자손을 위해 모세에게 보여준 하나님의 권능과 섭리가 새삼스럽게 생각난다.

이제 애굽 사람이 종을 삼은 이스라엘 자손의 신음을 듣고
나의 언약을 기억 하노라 (출 6:5)
나는 여호와라
내가 애굽 사람의 무거운 짐 밑에서 너희를 빼어 내며
그 고역(苦役)에서 너희를 건지며
편 팔과 큰 재앙으로 너희를 구속(救贖)하여 (출 6:6)

해방의 후환: 1945년 8월 15일 대동아전쟁의 패전으로 일본의 조선총독부체제는 와해되었으나, 한국에는 태풍이 지나간 부

두처럼 온전한 것이 하나도 없었다. 한마디로 공백이 생긴 국가 권력체제를 잠정적으로나마 접수하고 운영할만한 새 시대의 지도력을 지닌 단체도 모세와 같은 지도자도 없었던 것 같다. 흩어진 독립운동조직체나 독립군은 분열되었고, 경제적으로 혹은 사회적으로 기반이 있는 지주나 지식인들은 모두 친일(親日)대열에 서 있었던 간신배들이었다. 이씨조선의 사대부세력은 경제적 기반은 물론 사회적 존경도 상실한 처지였으며, 무산계급인 소작인과 노동자들의 국가의 미래에 대한 의식까지도 미미하였다.

만주, 미국, 중국 등 해외에서 일찍부터 민족해방운동을 해온 세력 중에는 상해에 있었던 임시정부의 역할이 가장 컸다. 그들은 한때 광복군을 편성하여 1941년에는 '건국강령'까지 수립하였으나 '내부의 수많은 파생으로 독립 운동가들의 실질적인 구심적 역할을 할 수가 없었다.'고 한국역사연구회(제2편, 1989)는 언급하고 있다.

식민지 지배통치의 산물인 친일파무리들은 조선어 폐지, 일본어 상용, 동방요배, 내선일체, 황국신민 등의 실천에 앞장서며 일본인이상으로 활약하며 조선민중을 파멸의 구렁텅이로 밀어뜨렸다. 반 민족주의자들은 한때 '국민정신총동원조선연맹'을 조직하여 언론, 종교, 교육을 막론한 온갖 분야에서 통치자의 앞잡이로 행사했다. 그들은 권세를 구걸하여 사리를 채운 매국노(賣國奴)들이었지만, 국민 앞에 사과는 고사하고 가면을 쓰고 독립운동가로 자칭하여 행세하려는 온갖 무리들 속에 섞여서 함께 오합지졸(烏合之卒, Rabble)로 행세 하였다.

민중은 바람이 어디에서 불어오는지도 모르는 채 징용 징병으로 끌려갔다가 살아남아, 귀국하는 사람들과 합세하여 마치 자신들이 해방의 공로자처럼 자칭했다. 지방에서는 각종 행정조직인 '인민위원회'까지 만들어 악덕지주들에게는 소작료를 거부하고 친일 앞잡이들에게는 배척운동 등 사회적인 갈등만을 조성

해갔다. 공장에서는 지하적색노동자들이 각종 노동자조직을 만들어 일본인공장을 점령 운영하면서 친일파 자본가들을 배척하고 그들의 공장을 점령 소유하는 사태에 이르렀다.

혼돈, 분열 그리고 무력(無力)으로 말하자면 기독교지도자들도 다를 바가 없었다. 한일 합병이후 1919년 3월 1일에 있었던 민족운동이 일어날 때까지 만해도 기독교는 민족의 슬픔을 껴안고 만세를 부르며 '그의 나라와 그의 의를 구하는'(마 6:33) 길에 서 있었다. 1919년 3월과 5월 사이에 전국적으로 210군(郡)에서 1,542회의 반일투쟁만세시위가 기독교와 천주교의 지도아래 있었다는 기록으로서도 충분이 증명이 된다. 그러나 1930년부터는 강요된 신사(神社)참배와 전시동원을 더 이상 극복해내지 못하고, 종교지도자 대부분이 하나님의 눈을 속이며 친일활동을 하다가 해방을 맞았다. 그들은 교회를 지키기 위한 것이었다는 엇갈린 신조로 변명했지만 그들에게는 참회의 기도는 물론 교회와 사회 그리고 민족에 대한 신앙적인 가책조차 없었다.

감리교, 장로교할 것 없이 교단마다 국토가 둘로 나누워지기 전에 분열되었고, 교회지도자들은 교권과 정치적인 이익을 위해 미군정에 아첨하기에 분주했으며, 교인들은 갈팡질팡 이 교회 저 교회 옮겨 다니기에 바빴다. 이렇게 해방직후의 한국기독교는 신앙적인 회개도 지조(志操, Integrity)도 망각한 채, 갈기갈기 분열과 분열만을 거듭했음으로 새 나라를 세우는데 무엇부터 어떻게 해야 하는지에 대하여는 염려할 겨를이 없었다.

자주독립: 일본 통치로부터 해방은 '하늘에서 내린 떡'처럼 주어졌으나 우리에게 있었던 독립국가 창설은 넘고 넘어도 가로막힌 산처럼 험난하고 끝이 없는 난관의 연속이었다. 한반도의 자주독립은 이미 1943년 11월 27일 카이로(Cairo)에서 미국대통령(Roosevelt)과 영국수상(Churchill)과 중화민국 총통(장개석)

사이에서 거듭 강조되어 왔지만, 결국 강대국들 사이에 있는 정치 흥정에 휩쓸리고 말았다. 태평양전쟁에서 일본의 패전으로 식민지로부터 해방은 이루어졌지만 독립은 제2차 대전의 승전국인 미국과 소련의 손안에 있었기 때문이다.

북으로부터 진군하는 소련군을 목격한 미국은 한반도 전부를 소련에 넘겨줄 수 없다는 생각으로 잠정적으로 38선이라는 '군사분계선(軍事分界線)'을 설정하고, 1945년 12월 27일에는 모스코바 강대국 간의 합의로 미소공동위원회를 설치하기로 합의한 것이다. 이 위원회는 '최소한 5년간의 신탁통치(信託統治, Trusteeship)'에 걸쳐 한국의 독립을 준비하면서 한국의 임시정부를 수립하기 위한 것이라고 했다. 그러나 불행하게도 '38선'과 '신탁통치' 모두 미소간의 정치적 냉전을 부추기면서 동서대립관계의 중심에 서게 되었다.

강력한 지도력이 없는 한반도의 우매한 백성들은 날이 갈수록 모두가 자칭 애국자 혹은 해방의 일등공신이 되어 극단적인 사상가들로 성장하였고, 결국에는 신탁통치를 찬성하는 무리와 반대하는 무리로 분열되어 오늘의 우익과 좌익의 원조가 생긴 셈이다. 신탁(공산당)과 반 신탁(김구 등)의 문제로 좌우사이에 생긴 대립을 무마시키기 위해, 당시 통일을 위한 활동을 해오던 인민당, 한민당, 국민당 및 공산당이 대표회담을 거듭했으나 모두 형식적인 것이었으므로 상호대립과 상호비방으로 끝이 났다.

당시 움트기 시작한 한국의 정치세력들은 모스코바의 신탁통치를 나름대로 해석함으로 갈기갈기 분열되어갔다. 더러는 반공 및 반 소련이라는 입장에서, 민족주의적인 열정의 바탕에서, 반민족주의자이며 매국노라는 이름으로 남을 공격함으로, 혹은 스스로 애국자가 되어 정치적 명분을 얻는데 급급했던 것이다. 신탁통치문제는 정치세력의 분열에 이어 남북 각각 단독정부 수립을 하게 해 오늘날 한반도의 숙명적인 민족과 국토분단의 계기를 마련했다. 와중에 조선의 영재들은 두 패거리로 나뉘어, 북에는 사회주의 체제 그리고 남한에는 자본주의체제를 만들어 가기 시작한 것이다.

광복절: 우리의 8.15는 식민지생활에서 해방된 날에는 틀림없으나 진정한 의미에서는 외국에서 말하는 광복절과는 다르다. 왜냐하면 우리는 아직도 우리 조상들이 대대로 살던 통일국가, 고려라는 독립국가로 되돌아가지 못하고 있기 때문이다.

한반도의 광복이 자주독립으로 이어지지 못한 요인에는 외적인 비중이 컸다고 사가들은 말하지만 내적인 결함도 많았다. 국경일로 광복절의 의미는 사람에 따라서 다를 것이나 나에게는 다음의 몇 가지가 소중하다.

1) 한반도가 미소 승전국의 군사점령과 더불어 남북분단을 하게 된 것은, 우리 민족의 자주적인 힘으로 8.15해방을 얻은 것이 아니었기 때문이다. 따라서 8.15는 승전국의 힘으로 일본수탈자들을 한반도에서 쫓아낸 것에 불과했다.

2) 개인과 사회 그리고 많은 단체가 조직되어 반식민지투쟁을 결사적인 항일투쟁으로 국내외적으로 추진해 왔으나, '새롭게 발전성장한' 모습은커녕 일본의 '황민화(皇民化)사상통일교육'과 더불어 날이 갈수록 분쟁과 분열이 거듭되어 국력이 합쳐질 수가 없었다.

3) 식민 통치자들이 퇴각하며 생긴 공백을 메우는 민족통일의 중심세력이 있어야 했고, 그 지도아래 사회질서를 유지할 수 있어야 했다. 식민지수탈에 동조한 반민족세력을 배척하면서 자주독립 국가를 건설하는데 힘과 마음을 모아야 했으나, 불행하게도 국민모두 해방의 공로자나 애국자가 되어 오합지졸로 거리에 나와 떠들기 바빴으며, 국가와 민족보다는 사리에 눈이 먼 무리들이 난립했다. 서로 비난 반목하다가 국토가 분단되기 전에

분열이 되고 말았던 것이다.

오늘도 우리사회 곳곳에서 경험하는 질투, 반목과 분열은 65년 전, 아니 그 이전에 조선사회를 오래 뒤덮어온 것과 꼭 같은 우리민족의 고질적인 의식이지 싶다. 그것을 보면 우리민족에게는 끈질긴 분열을 유발하는 유전인자가 분명 있는 듯하다. 부르심을 받은 자들끼리 모든 것을 합력하여 선을 이루는(롬 8:28) 것이므로, 분열만을 거듭하면 새로운 변화는 기대할 수 없다.

내가 생각하는 광복절은 온 국민이 자중하는 날이다. 해방의 후환들을 우리 모두 회상, 반성하고 자각하는 날이며, 또 외국의 많은 나라들과는 달리 왜 '불꽃놀이'를 할 수 없는지를 후손들과 더불어 돌이켜보는 날이라고 생각한다.

제45장 한글은 국왕이 창제한 유일한 문자

언어는 문화의 한 부분이지만 문화는 언어를 통해서만이
찬란하게 만들어지기 때문에 사람들은 조상이 전해주는 언어를 자손대대로
사랑하며 다듬어 간다.

한글날: 10월 9일은 조선왕조(1392-1910)의 제4대 왕인 세종이 1446년 왕위에 오른 지 28년째 되던 해, 자신이 직접 창제한 국자(國字, National Alphabet)인 한글(훈민정음, 訓民正音)을 발표한 날이다. 한글날은 이 날을 기념하고 널리 한글을 보급하고 연구를 장려하기위해 국가가 정한 경축일이다. '언문청' 학자 및 관리 8명의 도움을 받은 세종의 끈질긴 노력 끝에 한국적인 문자를 집현전에서 창출하게 되었다. 한자(漢字)를 빌어서 때로는 소리로 때로는 뜻으로 취해오던 우리말의 발음을 직접 표현하는 글의 존재가 비로소 시작된 것이다.

2009년 한글날 기념행사는 유난히 다채롭고 특별했다. 광화문광장의 새 주인공으로 선보인 세종대왕의 동상(높이6.4m 폭4.3m 무게20t)은 '자상하고 인자해 어버이처럼 백성을 품을 수 있는 세종대왕의 이미지를 표현한다.'고 조각가 김영원(홍익대 교수)은 설명했다. '하늘과 땅 그리고 사람'이 만나는 대북공연을 시작으로 경기도립무용단의 궁중정재 '보태평지무와 무고' 공연과 소여, 호위군관, 병졸 170여명의 어가행렬(御街行列)도 있었다. 그 밖에도 한글사랑 티셔츠 만들기, 훈민정음 탁본 체험, 한글 페이스

페인팅, 한글새김 전, 가훈 써주기, 한글도장으로 엽서꾸미기, 한글티셔츠 전시회, 또한 한글을 활용한 의상 패션쇼는 한글의 의미를 의상 속에서 화려하게 재탄생시키는 등 다양하고 화려하게 진행되었다.

한국말의 어제와 오늘: 한국말의 원조(元祖)는 신라왕국(기원전 57-주후 935)이나 7세기에 3국이 통일되면서 백제와 고구려에도 확산되었다고 한다. 언어학자들이 분류하는 우리말은, 터키, 헝가리, 몽고, 티베트, 일본말과 같은 교착 언어(Agglutinative language)이며 어족(語族)으로는 알타이(Altaic)에 속한다. 문법적으로 보면 일본어와 유사한 점이 더러 있어 학자들의 논란이 되고 있으나 음성학(音聲學, Phonology)상으로는 전혀 관계가 없다고 한다.

한글은 자음(子音, Consonants)과 모음(母音, Diphthong)을 합해 28개(현재는 24개)의 음자(音字)를 지닌 한국고유의 알파벳(Alphabet)이었지만, 450여년 후 공식적인 나라의 글자로 인정되기까지 언문, 반절, 암글 등의 이름으로 갖은 수모를 겪으며 명맥을 유지해 왔다.(김연환 『순교사의 꽃들』) 또한 철자법과 표준말의 사용은 1933년부터 '조선어학회'에 의해 계속 다듬어지고 있다.

우리말은 한때 그 존속에 위협을 받았다. 이조 10대왕 연산군의 폭정에 격분한 사람들이 한글로 비방(誹謗, Libel)을 쓴 사건이 있은 후, 그 비방이 쉽게 읽을 수 있는 한글로 쓰여 자신의 비행이 쉽게 널리 전파되자 연산군은 한글로 쓰인 모든 책과 서신 그리고 서류까지도 소각시켰다.

또한 일제의 식민지정책이 강화되면서 1938년 7월에 결성된 '국민정신총동원 조선연맹'의 통제를 받아 강제로 조직된 애국반(10호마다 하나씩)이 지시하는 대로, 우리말 대신 일본어를 사용하면서 신사참배까지 억지로 할 수 밖에 없었다. 학교의 교과과목에서 조선어는 삭제되었고, 1940년부터는 한국말 신문 잡지가 폐간했으며 1942년에는 조선어학회를 해산하고 그 회원들을 투옥시켰다. 그 덕분에 나도 초등학교에서 조선말을 배울 기회를 모두 잃고 말았다. 만일 태평양전쟁에서 일본이 승리했다면 한국말은 지구상에서 흔적이 없어져버렸을 것이다.

세계 제2차 대전 후 한 반도가 둘로 나누어지며 북한에서는 언문(한글)만을 사용하는데 반하여, 남한에서는 여전히 일본처럼 외래어(Loan-word)인 한문을 섞어서 함께 사용해 오고 있다. 언제부터인지 사용하는 한문 수는 줄어가는 대신 영어 및 외래어가 급속도로 늘고 있다. 날이 갈수록 북한에서 사용하는 낱말은 처음 듣는 것처럼 우리의 귀도 변해 가고 있다.

자랑스러운 한글: 외국 사람들이 보는 한글은 한국문화의 독자성을 가장 잘 보여주는 좋은 예라고 한다. 왜냐하면 세계 역사상 전제주의(專制主義, Absolutism)사회에서 국왕이 일반백성을 위해 문자를 창안한 유래는 찾아볼 수 없기 때문이다. 그만큼 한글은 문자발명의 목적과 대상이 분명하여 그 효용성은 다른 문자와 비교할 수가 없다.

한글의 두 번째 특징은 영어와 마찬가지로 표음(表音, Phonetic) 문자이기 때문에 배우기가 매우 쉽다. 한글은 누구나 단 하루면 배울 수 있다는 뜻에서 '아침글자'라고도 불린다. 외국인에게 5분만 설명하면 자신의 이름을 한글로 쓰게 할 수 있다. 10개의 모음과 14개의 자음을 조합할 수 있기 때문에 배우기 쉬울뿐더러 소리 나는 것은 모두 쓸 수 있다. 또한 24개의 문자로 약 8,000음의 소리를 낼 수 있다. 쉽고 간결한 한글 덕분에 한국인의 문맹률은 0%에 가까운데 비해 미국에는 글을 읽고 쓰는 인구는 79%에 그친다.

모두 26개 알파벳을 지닌 영어에서 A도 위치에 따라 발음이 다르고, 나라별로 독음(讀音)이 다른 단점도 있다. 그러나 24개 알파벳을 지닌 한글은 하나의 글자가 하나의 소리만 내는 소리 문자이고 조합도 쉽다. 한글은 발음기관의 모양까지 반영한 음성 공학적 문자여서 세계의 언어를 다 표현해 낼 수 있다. 세계적인 언어학자들은 한글이 가장 배우기 쉽고 과학적이어서 세계 문자 중 으뜸이라고 말한다. 맥도널드(Mcdonald)를 중국어로는 '마이딩로우'라 발음하고 일본어로는 '마쿠도나르도'라고 밖에 표현하지 못한다. 한글의 소리 표현은 8800여개가 되어 중국어의 400여개, 일본어의 300여개와 비교가 안 된다.

한글은 영어처럼 쓰고 말할 수 있는 완벽한 언어역할을 할 수 있지만 일본어는 한자를 모방한 문자이기 때문에 한자 없이 독자적인 문자 수행이 어렵다. 한자는 너무나 배우기 어렵기 때문에 한때 중국정부는 은밀히 학자들을 미국에 파견해 한자를 알파벳으로 만드는 연구를 추진시킨 적이 있으나 아직도 어려움에서 벗어나지 못하고 있다. 한자를 익히기 어려우니 문맹률을 낮추는데 많은 노력과 시간이 소요되고 사회와 경제발전에도 적지 않은 지장을 준다는 것이다. 가톨릭의 공식 언어로 사용되었던 라틴어도 마찬 가지다. 관습상 또는 종교적 권위를 위해 의미조차 알지 못하는 사람들에게도 사용되었으나 지금은 지구상에서 자취를 감추어가는 언어가 되고 말았다.

컴퓨터 시대: 컴퓨터에서 한글의 업무능력은 한자나 일본어에 비해 7배 이상 경제적 효과가 있다는 점에서 한글은 정보통신시대에 큰 경쟁력을 지닌 문자다. 21세기 정보화 사회에서 정확한 정보의 양과 질은 국가 경쟁력을 좌우한다. 한글은 기계적 친화력(親和力, Affinity)이 좋아 정보통신 시대의 준비된 문자라는 것이다. 윈도우(Window 95) 화면을 보는 순간 한글의 위력

은 500년이란 시간의 벽을 넘어 손끝에서 살아 숨 쉬는 느낌을 갖는다.

중국인이 컴퓨터 자판을 치는 모습을 상상하자면, 3만개가 넘는다는 한자를 어떻게 좁은 자판에서 칠까 하는 생각이 먼저 떠오른다. 한자를 자판에 나열하는 것이 불가능해 중국어 발음을 먼저 영어로 묘사(한어병음)해 알파벳으로 입력한 다음 단어마다 입력키를 눌러야 화면에서 한자로 바뀐다. 더 불편한 것은 같은 병음을 가진 글자가 20개 정도나 더 있어 그 중에서 맞는 한자를 선택해야 한다. 한국의 인터넷 문화가 중국을 앞선 이유 중 하나가 여기에 있다.

일본컴퓨터 자판 역시 영어 알파벳을 사용해야만 한다. 일본에서는 '世'를 영어식 발음인 'SE'로 컴퓨터에 입력하는 방법을 쓰는데, 각 단어가 영어 발음표기에 맞게 입력되어야 화면에서 '가나'로 바뀐다. 게다가 문장마다 한자가 있어 계속 한자 변환을 해줘야 하므로 속도가 더디다. 따라서 인터넷 친화도가 한국보다 낮을 수밖에 없게 된다.

말레이시아처럼 여러 언어를 쓰는 국가들은 컴퓨터 입력방식 개발부터 문제가 된다. 그러나 한글은 24개의 자음과 모음만으로 자판 내에서 모든 문자 입력을 단번에 해결할 수 있다.

한글이 디지털 문자(Digital Letter)로서 세계정상의 경쟁력을 갖춘 덕에 한국은 인터넷강국이 됐다. 휴대전화로 문자를 보낼 때 한글로 5초면 되는 문장을 중국이나 일본문자는 35초가 소요된다니 한글의 입력 속도가 7배 정도 빠른 셈이다. 그 덕택에 한글로 된 인터넷 문자정보의 양은 많기로 세계에서 손꼽힐 정도다.

한글의 미래: 한글은 창제된 지 550년이 되었지만 실제 발전의 역사는 100년에 불과하다. 하지만 언제부터인가 한글에 대

한 자부심과 함께 지구촌의 곳곳에 한글이 확산되고 있다. 한글이 21세기의 전자시대가 필요로 하는 언어로 알파벳이 지닌 특성이 높은 경제적 가치를 주기 때문이다. 그래서인지 2009년 한글날을 기념하는 한국 시민들은 세종대왕이 수백 년 뒤를 내다본 정보통신의 선구자가 아니었나하고 감탄을 했다. 이제 우리에게 주어진 책임은 한글이 지닌 여러 특징과 효용성을 지구촌 곳곳에 보급하여 우리의 국력을 보여주면서 그들도 한글의 특혜를 받을 수 있게 하는 데 있다. 모든 언어가 그러하듯이 한글의 미래는 한국의 국력에 따라 더 빛나게 될 것이다.

독일과 덴마크로부터 게르만(Jutes), 앵글(Angles)과 색슨(Saxon)족들의 유민(流民)을 계기로 영국에서 시작한 영어는, 라틴어알파벳의 23자에 셋(W, J, V)을 더하여 5-6세기 만들어진 글자다. 영어가 오늘날 세계 사람들 모두가 사용하는 국제어가 된 것은 그 언어로 역사를 만들어가는 영국이나 미국과 같은 대국의 국민들이 있었기 때문이다. 그들은 영어로 성경을 옮겨 세계에 공급했고, 하나님의 창조질서를 깨달아 먼저 탐험을 시작했다. 공업혁명을 일으켜 민주주의를 구축하는 거름으로 삼으며 모든 분야에 으뜸가는 선구자역할을 했다. 이와 반대로 12세기 금(金)나라의 여진문자(女眞文字)는 나라의 종말과 더불어 세상에서 완전히 자취를 감추고 말았다.

프랑스 정부도 불어의 세계화를 위해 크고 작은 나라와 대도시마다 불어학원(Alliance Francaise)을 만들었다. 자국어도 제대로 못하는 국민들에게 불어를 가르치며 국가홍보를 했으나, 한때 상류사회에서 영화와 사치를 누리던 불어도 경제대국들의 영어가 세계화되자 점차 그 빛을 잃어가고 있다. 한국의 경제성장과 더불어 한국에 머무는 외국인의 수와 한글연수를 위해 부모님의 모국인 고국을 찾아오는 해외교포 자녀들의 수도 날이 갈수록 늘어가고 있다. 한글은 한국기업의 세계진출과 더불어 어느덧 미국, 호주 등 몇몇 대학에서는 한국어가 제2외국어로 수강생의 주목을 끌고 있다. 또한 한국기업들이 진출된 아시아와 동부유럽 여러 나라에서는 한국말이 영어대신 공장과 사무실의 상용 직업용어(Working Language)로 되어 가고 있다는 소식이다. 아직 문자가 없는 민족이나 부족들에게 한글로 문자를 만들어 주자는 자선사업으로까지 추진되고 있다니 참으로 감격스러운 일이다.

미국 교민사회에서는 자녀들에게 조국의 문화와 한글을 가르치기 위해 한글학교를 운영하는 반면 이민교회는 한국어를 모르는 제2세들을 위해 영어설교목사를 채용하고 있다. 온 가족이 함께 같은 교회에서 신앙생활을 하자는 의도라고 하지만 나에게는 이해할 수 없는 목회 방침이다. 한국말을 익히기 위해서라도 한국말 설교와 한국말 성경공부를 하는 것이 합리적이라고 생각하기 때문이다.

우리시대의 많은 젊은이들은 한국에서 영어를 배우기 위해 한때 미국선교사로 부터 수강료 없이 영어로 성경공부를 한 경험이 있는데, 영어와 성경을 동시에 배울 수 있어서 일석이조였다. 하지만 미국의 학교생활에서는 한국말은 쓸 기회가 없으니 이민교회만이라도 영어설교대신 부모형제들과 나란히 한국말로 신앙생활을 하면서 한국문화도 함께 익혀가는 것이 이상적이 아닌가 싶다. 영어목사를 고용하는 경비로 한글을 배워줄 수도 있을 것이다.

제8부 바꾸어야 할 생각, 습관과 행동

제46장 예쁜 말과 정다운 대화: 토론문화

말을 아끼는 자는 지식이 있고
성품이 안존한자는 명철 하니라 (잠 17:27)

예쁜 말: 말은 비록 눈으로는 볼 수 없지만 사람의 마음 깊은 곳에 미덕을 심어주는 힘이 있다. 누구나 쉽게 의중에 있는 생각을 입으로 표현할 수 있는 말은 창조주가 인간에게만 허락한 큰 선물이다. 다만 때와 장소를 잘 식별해서 조심스럽고 적절하게 사용만 한다면 서로를 북돋아주는 힘이 될 것이다.

말을 하다보면 가끔 자신의 소신과 말이 엇나갈 때가 종종 있다. 사람에 따라서는 심각하게 여기지 않고 이해해주기도 하지만 더러는 언성을 높이거나 차마 들을 수 없는 욕설로 말의 미덕을 욕되게 하는 사람들도 있다. 말로 생긴 분노를 극복해가는 방법 중 예수님(요 8:6-9)은 돌을 든 사람들에게 다시 한 번 생각해 볼 기회를 주어 격분한 자들과 의사소통을 잘해내신 것을 보면 참으로 존경스럽다.

얼마 전에는 말로 인해 한국의 국회의원들이 쇠몽둥이까지 마구 휘두르며 자신의 일터를 난장판으로 만드는 것을 보았다. 친절한 TV는 그런 추한 모습을 미국 북 캘리포니아 시골 마을에 사는 나에게까지 전달해주었다. 국민들이 피땀으로 바친 세금으로 먹고 살고 국가를 위해 국민을 대표해서 향기 나는 말로 일을 해야 마땅하거늘 말의 미덕을 욕되게 하는 모습은 참으로 보기 거북스러웠다.

말의 미덕이 사회로부터 인정받지 못 한다는 것은 법치국가를 벗어난 법질서가 흔들리는 조폭사회로 전락한다는 뜻도 된다. 그런 나라는 공권력이 무너져 말의 위신은 사라지고 대낮에도 경찰, 군인 그리고 국회의원마저 매를 맞는 나라가 되고 만다. 민도가 아직 낮은 탓이기도 하리라.

민주주의는 말로 제안된 수많은 의견들을 토론이란 절차를 통해 가장 적절한 것만을 선택하는 매우 합리적인 체제로 알려져 있다. 민주주의가 존재해야 국회라는 직장이 있고 의원이라는 직업도 있게 된다. 민주주의는 국민 모두가 동등한 입장에서 말을 하는 정치체제다. 내 의견만이 옳고 진실이라고 주장하면 토론문화는 물론 민주주의는 성장을 멈추게 된다. 오늘의 사회는 여럿이모여 하나가(Diversity in unity)되므로 발전해 간다.

나는 특별히 성인이 되는 과정에서 반드시 말의 미덕을 배우고 말을 통해 부모형제와 친척들 그리고 친구와의 대인관계를 키워나가야 한다고 강조하고 싶다. 그래야 자신의 의견을 당당하게 말할 줄 아는 시민이 되며 낯선 사람들과 동등하게 대화하고, 나아가서는 진지한 토론으로 자신의 지식과 생각을 사회에 반영하는 성숙한 국민이 될 것이다. 그렇게 되려면 우선 인간에게만 주어진 말의 진의를 알고 말씨를 다듬어 가야할 것이다. 그것은 겨울날 과일나무를 전정하는 것처럼 남에게 해가 되는 말은 버리고 덕이 되는 말만 간직하는 '다듬질'과 같다.

나는 한국전쟁 때 매서운 겨울날 도보로 원산에서 포항까지 8주간 무전여행을 해야만 했다. 하지만 그때 저녁 한 끼니도 거른 적이 없었던 것은, 정 많고 자애로운 동해사람들의 은덕도 있었지만 내게는 침식을 구걸할 말(Talking Points)과 염치가 내게 있었다는 것이다. 지금도 생각하면 감사할 뿐이다. 말을 들을 수 있게 태어난 것도 행복이며, 마음에 느끼는 즐겁고 슬픈 사연을 말로 할 수 있다는 것이 인생을 좀 더 잘 살아볼만한 가치가 있게 만든다.

한국전쟁의 휴전협정이 있었던 1953년, 나는 강원도 속초에서 난민생활을 하고 있었다. 동해바다가 한 눈에 내려다보이는 언덕 위에 선 큰 유리창이 달린 감리교회에서였다. 백발의 서원필 목사는 휴전선이 막혀 갈 곳 없는 실향민 교인들이 의지하는 구세주였는데, 철없는 나와 같은 초심자에게도 먼저 악수를 청하고 다정하게 말을 건네 나는 언제나 그 분이 예수님처럼 느껴졌다. 나는 그분의 말씀이 너무도 좋아, 혹시나 만나 뵐 수 있을까 해서 시도 때도 없이 하루에도 몇 번씩 그 분 사택 앞을 지나곤 했다.

그로부터 15년이 지나 월남 전쟁이 치열할 당시, 나는 댕기열병(Dengue haemorragic fever)이라는 어린이 바이러스 전염병이 크게 발생한 태국의 수도 방콕의 크롱 토이(Krong Toey)의 빈민판자촌에 있었다. 태국 말을 몰라 환자가족들에게 안심만 시키면서 위로를 제대로 해주지 못하고 있을 때 문득 속초의 서 목사님과의 대화가 생각났다. 그래서 나는 태국 말을 배우기 시작했으며 덕분에 그 빈민촌에는 나를 기다리는 사람들이 생겼다. 마치 그 옛날 속초에서 서 목사님을 기다리던 나처럼.

내가 세계보건기구(WHO)의 댕기열병의 전문가라기보다 그들 나라의 말로 나는 그들과 대화를 나눠보고 싶었다. 내가 알고 있던 말은 아주 초보적이고 보잘것없는 정도였지만, 그들은 내가 자신들의 나라와 사람들을 끔찍이 사랑하는 사람으로 이해했다. 태국에서 젊은 날 4년은 내 30년 가까운 열대후진국생활 중 가장 보람 있고 많은 친구를 얻게 된 기간이었는데, 그것은 내가 배운 말 때문이었다고 생각한다.

말은 우리의 삶을 윤택하게 한다. 낯선 사람이라도 말을 나누다 보면 그 사람이 지내온 환경과 생각까지도 이해하게 되어 쉽게 친구가 될 수도 있다. 한때 평화봉사단 일원이었던 미국 여성은, 충청도 한 시골에서 배운 한국말이 자신을 미국 국무성 안에서 보기 드문 한국 전문가로 만들었다고 한다. 그녀는 이명박 정부가 들어서면서 미국대사로 부임해 옛날 서툴렀던 한국말을 다시 회상하는 기쁨을 갖게 되었다는 이야기를 들었다.

대화의 유익: 사회생활을 하는 사람이라면 누구나 원하던 그렇지 않던 간에 사람들을 만나며 살게 된다. 만남이란 따지고 보면 이야기를 주고받는 대화가 전부일지 모른다. 재미나고 뜻있는 대화가 꼭 화술이 뛰어난 사람들의 전유물만은 아니다. 사람들이 바라는 정으로 엮인 대화는, 노상에서 약을 파는 약장수처럼 유혹하는 말솜씨에 의해서만 이루어지는 것이 결코 아니어서 신뢰와 믿음을 지킬만한 진실이 들어있어야 한다.

대화가 뜸해지거나 멀어지면 오해가 생길 확률도 높아, 부부사이만이 아니라 부모자식 그리고 친지간에도 관계에 틈이 생길 수 있다. 그래서 한국정부는 그동안 수단과 방법을 다해 북한과 회담을 하려고, 돈 혹은 쌀과 비료를 때로는 협상을 통한 여러 방법을 시도해 왔다.

친밀한 엄마와 딸의 정다운 대화를 상상해보라. 서로 아끼고 배려하고 신뢰하는 신의 축복이 함께 하는 진정한 아름다운 인간관계가 아니겠는가? 나는 가끔 정다운 대화가 우리인간의 삶에 주는 유익을 생각해 보곤 한다. 고통스런 삶속에서 맛보는 우정을 주고받는 즐거운 대화나, 서로를 배려하고 존중하며 신뢰를 주고받는 찬사와 격려는 얼마나 성숙한 인간적인 삶의 멋진 모습인가!

대화의 결핍: 내가 1974년부터 77까지 나이지리아(Nigeria)에서 4년 간 근무했을 때, 인도네시아에서 회의를 마치고 미국으로 가는 도중이었다. 나는 시간을 쪼개어 서울의 기독교 장로

님들 모임에 오신 숙부님을 만나 뵙기 위해 '기독교 100주년 기념관'에 찾아간 일이 있었다. 마침 회의에 참석한 400여 장로님들께서 점심식사를 하고 계셨는데, 같은 식탁에 자리를 함께한 12명의 동료 장로님들께 숙부님께서 나를 소개하셨다. '아프리카에서 살고 있는 내 장조카'라고 하셨는데 모두들 나를 한번 힐끗 쳐다만 볼 뿐 누구하나 말을 건네지 않았다. 모두 어딘가 쫓기는 사람처럼 분주하고 식사를 시작하기 전 틀림없이 감사기도를 드렸을 텐데, 마땅히 행복하고 즐거워야할 순간에도 감사의 기쁨은 찾아볼 수가 없었다. 큰 식당에 음식 씹는 소리뿐 말소리는 들리지 않아, 내가 한국전쟁 때 훈련받았던 방위군사관학교의 식당분위기와 다를 바가 전혀 없어 이것이 과연 한국의 식사문화인가 의심이 들었었다.

그 후 나에게 나쁜 버릇이 하나 생겼는데, 교회를 비롯하여 사적인 모임에 가면 대화의 분위기에 신경을 기울이는 버릇이다. 사람들이 하고 싶은 말을 자유로이 하는지, 누가 말을 독점하지는 않는지, 반말이나 비방하는 말은 없는지, 책임질 수 없는 말이나 목소리가 높은 말은 없는지, 누구의 뒷말이나 누구와 누구를 비교하는 달은 없는지, 화젯거리에 대해 말하는 것 등 마치 말버릇이나 태도를 채점하듯 심사관처럼 조심스레 관찰하는 버릇이다.

돌이켜보면 그때 대화가 빈약했던 것은 화젯거리가 별로 없었거나, 당시 시국사정으로 보아 누군가 경찰에 무슨 밀고나 하지 않을까 두려워서 그랬는지도 모른다. 대화가 빈약하다는 것은 감정이 메말랐다는 뜻이기도 한데 따지고 보면 우리의 생활문화가 그렇게 만든 것도 같다.

고려 말기부터 시작하여 조선조 500년간 한국사회의 정신적 지주였던 유교는 완고하고 보수적이면서 도의를 숭상하고 예의를 강조하는 가치관을 갖게 했다. 그러나 국민성에 미친 부정적인 것이 11종목이나 된다고 한다.(차재호, 『한국사상과 윤리』 현실출판사) 그 중에서 자신의 의사를 당당히 표현하지 못하는 습성이나 권의주의적인 생활은, 우리의 빈약한 대화와 토론문화에 악영향을 남겨 국민이 민주주의를 키워나가는데 장애가 된 것은 사실인 듯싶다.

나의 유년기와 소년기였던 60년 전에는 밥상 앞에서 말을 하면 상놈이라 불렀고 어른들의 대화를 참견하면 양반이 아니라고 했다. 그래서 어른들이나 선배들 혹은 양반 앞에서는 자신의 의사를 당당히 표현하지 못하고 감정과 의욕을 스스로 억제해야 했다. 봉건사회 혹은 군주체제의 정권 밑에서는 자유롭게 동등한 입장과 자격으로 말을 주고받을 수가 없고, 권위주의사회에서는 상하의 구별이 일반화되어 '아랫것'들은 '윗사람들'에게 무조건 공경하고 복종하면서 섬겨야 했다. 이와 같은 현상은 오늘도 개신교교회를 포함한 한국사회의 제반 조직체에 뚜렷하게 만연되어 있다. 계급사회에서는 군(軍)에서와 같이 상관의 말이 곧 명령이며 절대적이다. 개신교의 한국교회에도 장로에서 집사 그리고 평신도에 이르는 직분제도가 존재하여 교회라는 공동체를 움직이는데 효율적이라고 할 수 있다. 오죽했으면 순종이 '제사보다 낫다'(삼상 15:22)는 이스라엘 선지자 사무엘(Samuel)의 말로 위로를 받겠는가?

위에서 아래로 하달(Up-down approach)하는 식의 의사소통은 기업이나 교단의 창시자만이 할 수 있는 무제한복종체제다. 동등한 입장에서 대화가 허락된 사회를 민주국가라고한다면 천민의 의사가 억제된 사회를 우리는 독재적인 폭군의 조직체라 한다. 그런 독재자에게는 이의(異議)를 제기할 사람도 기회도 없으니 그를 초인간적이고 신이나 천사에 가까운 존재로 인정하다보면 평등한 대화는 전혀 기대할 수 없다. 이런 권위주의사회에서 뼈가 자란 사람들은 같은 말로 대화를 하지 못하고 신분이나 연령을 따져 위와 아래를 구분하여 평등한 말이 아닌 '반말'을 사용해 대화한다. 국제어로 인정되어 가는 영어에서는 신분제도에 따라 말투가 다르지 않다는 것이 참으로 다행한 일이다. 권위주의적인 환경에서는 마음에서 우러나오는 꾸밈없는 말을 동등한 입장에서 할 수 없기 때문이다.

우리가 좋은 말을 갖고 있으면서도 인정이 오고가는 대화를 마음대로 하지 못하는 이유를 내 나름대로 종종 생각해 보곤 한다. 그 중에도 1) 독서를 포함한 문화생활의 결핍으로 인한 화제의 부족, 2) 권위주의사회에서의 무조건 복종과 공경에 집착된 마음자세, 3) 생활제도에 따른 의사 표현의 억제 혹은 개성의 결핍, 4) 사회속의 피동적 생활과정에서 의욕과 관심의 상실과 같은 것이 이유가 되지 않나 싶다.

토론문화: 한국에는 국민을 대표하는 국회의원도 토론문화에 익숙하지 못한 것 같다. TV나 신문에 보도되는 사례를 보면 크고 작은 난장판은 국회의사당에서만이 아니라 교회모임을 비롯해 각종 사회단체 모임에도 종종 보인다.

토론문화가 자리 잡지 못하는 이유는, 각기 자신의 의견만이 유일한 진리라고 믿고 남의 의견이 옳을 수 있다는 생각조차 하지 않기 때문이다. 어쩌면 권위주의적인 부모의 피를 받은 탓인지도 모른다. 이런 사람들에게는 민주주의는 개성을 모체로 하여 발전성장해 간다는 세뇌(洗腦, Brainwash)교육이 필요할 것 같다.

대화의 빈곤이 사회생활에 미친 영향을 어찌 간단하게 분석해서 생각할 수 있을까? 다만 내가 가장 심각하게 생각하는 우리의 미숙한 토론문화는 다음과 같은 불씨를 국민의식 속에 만들어 주고 있기에 문제가 아닌가 생각된다.

- 토론문화의 쇠퇴로 때와 장소를 가리지 못하는 언쟁 난발

- 개성 부족으로 민주주의 발전 침체와 상대주의적인 생활
- 화제 결핍으로 생기는 자기 자랑과 뒷이야기에 치중
- 인간미 상실로 멋없는 삶을 사는 생활

제47장 시와 찬미는 마음의 그림

모든 지혜로 피차 가르치며 권면하고 시와 찬미와 신령한 노래를 부르며 마음에 감사함으로 하나님을 찬양하고 (골3:16)

마음의 그림: 마음에 느껴지는 심정(心情)을 시정(詩情)으로 바꾸어 글로 변화시키면 '시'라는 마음의 그림이 그려진다. 우리 크리스천들에게 '시'는 찬미이자 성가이자 찬송가이며 또한 구약성서의 시편과 같다. 마음의 느낌을 간략하고 진실 되게 옮길 수 있는 가장 좋은 방법은 시정으로 바꾸어 시와 노래로 만들어 부르는 일이다. 왜냐하면 심정은 그림으로 옮길 수도 없고 첨단 디지털사진기로도 모습을 복사할 수 없기 때문이다.

말과 글은 마음의 느낌을 전하는 수단이다. 마음에 솟아나는 느낌은 사람이 만들어낸 것이 아니라 말과 글이 생기기 이전에 창조주가 우리인간에게 주어서 받게 된 선물이다. 예수를 닮아가는 삶도 말과 글이 아니라 마음에서 솟아오르는 감정에 의해서고, 결단하고 살아가는 방식도 그것으로부터 나온다. 억울하고 고달픈 삶을 극복하게 하는 것이나 인생살이를 행복으로 믿게 하는 것이나 감정은 이 모든 삶에 간여한다. 시를 만들어 찬미와 신령한 노래로 주께 찬송하며 감사하면서(엡 5:19) 살 수 있게 하는 첫 절차는, 마음에서 우러나오는 시정에 있다.

찬송가를 부를 때면 내가 '음치'이기 때문인지는 몰라도 노랫가락보다 가사에 담긴 시정에 깊숙이 빠지곤 한다. 찬송가마다 특별하게 느껴지는 감정은 시인 자신의 체험, 사상, 의식 혹은 여러 감정적인 시상(詩想, Poetic Inspiration)을 아주 독특한 낱말로 분명하게 배열하여 짤막하게 만든 시가이기 때문이다. 시에다 음악의 곡조를 연결시켜 음성으로 표현하는 찬송가는 우리 모두를 정숙하게 만들어 준다.

내가 한국사람 중에서 가장 존경하는 크리스천은 나의 다섯째 숙부님이었다. 그분이 난민생활 중에 은혜를 받는데 많은 도움을 주었다는 찬송가는 '지금까지 지내 온 것'(460장)이다. 나 또한 그 찬송가 2절 가사에 늘 힘을 얻곤 한다.

몸도 마음도 연약하나 새 힘 받아 살았네!
물 붓듯이 부으시는 주의 은혜족하다
사랑 없는 거리에서나 험한 산길 헤맬 때
주의 손을 굳게 잡고 찬송하며 가리

나는 시정을 지닌 시인도 못되고 시에 담긴 뜻을 이해하는데도 적지 않은 어려움을 지닌 사람이다. 어릴 때 국어와 시를 공부하는 시절이 내게는 없었기 때문이다. 그러나 나이가 들면서 시나 찬송가의 가사를 더 깊이 생각하는 버릇이 생겼고, 또 생각할수록 가사가 지닌 깊은 의미에 더 가까워지는 것을 느끼곤 한다. 음악으로서의 찬송가는 내 귀를 무심히 지나가지만 가사는 마음깊이 남아서 무엇인가를 더 생각하게 하니 점점 좋아진다.

생각의 그림: 시는 짧은 글이긴 해도 그 속에 지닌 뜻은 조용한 마음으로 생각해야만 깨달을 수 있다. 시정을 표현하는데, 시인은 생각하고 또 생각해서 세상에 알려진 많은 낱말가운데서 가장 적절한 것만을 택하여 배열한다. 그래서 문장은 짧지만 시 속에 지닌 뜻은 깊어 생각하지 않고는 시의 뜻을 이해하기가 어렵다. 시간에 쫓기면서 사는 현대인들은 시를 이해할 시간이 없어서 귀와 눈을 즐겁게 하는 오락으로 세상을 즐기며 살기 쉽다.

조용하고 차분한 것보다 떠들썩한 분위기에서 생각들을 마비시키면서 일시적이고 성급한 즐거움을 찾기에 바쁘다.

찬송가 가사처럼 시는 생각하지 않으면 그 시가 지닌 뜻을 이해하지 못한다. 그 좋은 예가 바로 구약성서의 아가서(Song of Songs)일 것이다. 유월절(Passover)때 유대인들이 낭독한다는 애가는 사랑을 묘사하는 매우 뛰어난 시다. 솔로몬 왕이 왜 이런 연애시를 썼는지 성경학자들 사이에도 차이가 있듯이 시는 읽는 사람의 느낌에 따라서도 다르다. 하나님으로부터 지혜를 선물로 받고 태어난 유다의 임금 솔로몬이 읊은 애가, 그 깊은 뜻을 어찌 우리가 단순한 생각으로 이해할 수 있으리오?

시는 시정으로부터 시작하고 시정은 시상에서 발상한다. 시인들의 생각은 시상으로, 그들은 하나같이 말을 아낄 뿐 아니라 시상에 알맞은 아주 특별하고 적절한 말만을 늘 찾고 있다. 그래서 시인들에게는 불만이나 억울한 삶 등 괴롭고 힘든 날도 행복하고 즐거운 순간과 다를 바 없이, 하나뿐인 적절한 낱말을 찾아 시상을 발산하며 만족하는지도 모른다. 그 만족은 시를 좋아하는 우리들에게 '피차 가르치며 권면하고 시와 찬미와 노래를 부르며 마음에 감사함으로 하나님을 찬양'(골 3:16)하는 모습을 만들어 준다.

시는 말 대신 시정으로 뜻을 전한 것이라 우리가 자유로이 그 뜻을 깊게 생각할 수 있는 점이 좋다. 깊은 생각으로 산다는 것은 조심스럽게 산다는 말과도 같다. 시를 이해하는 사람들도 시인처럼 많은 말이 필요하지 않다. 불필요한 말은 더욱 그러하다. 그래서 그들은 한 곳에 모여 말로 소란을 피우는 까마귀와 같은 추한 모습을 보일 필요가 없다. 오늘의 인간사회는 해서는 안 되는 말조차 구분 못하는 정치인과 지식인들이 많은 것과는 대조적이다.

1992년 늦은 가을, 내가 47년 만에 북한을 2주간 방문했을 때, 같이 갔던 사람 중에는 불필요한 말이나 해서는 안 될 말을 함부로 하는 사람들이 있었다. 자업자득으로 그들은 가는 곳마다 제지와 감시를 받았다. 신앙의 공동체인 교회에서도 생각 없이 내뱉는 적절치 못한 말들이 가끔 문제를 일으킨다. 그런 사람들 마음에 한 가닥 시상이 있었더라면 최소한 불필요한 말은 삼가 했을 거라는 생각에 아쉽게 여겨진다.

마음의 표상(表象): 현대 산문시처럼 긴 문장으로 된 구약성서의 시편은 총 150장으로 구성된 시다. 애도의 슬픔과 확신과 감사의 노래 그리고 충성을 다짐하며 시온을 향해 하나님께 찬미하는 시들이다. 이러한 다윗과 아삽의 시를 거듭하여 읽다보면 왜 히스기아 왕이 왕녀들과 더불어 이 시들을 읊으며 여호와를 찬송하고 감사의 경배를 드리며 즐거워했는지를 알게 된다.(대하 29:30) 내가 좋아하는 시편은 고라(Korah)의 시다.(시 85편)

긍휼과 진리가 같이 만나고 의와 화평이 서로 입 맞추었으며
진리는 땅에서 솟아나고 의는 하늘에서 하강 하였도다

고려시대 중반부터 발상되었다는 한국의 송시(訟詩, Stanza) 혹은 시조(時調, Korean Ode)는 총 3-4줄로 만들어진 매우 짧은 시다. 하지만 슬픔 많은 한민족의 생활현실을 정확하게 읊어내고 있다. 1900년대 이르기까지 정식으로 발표되어 인정된 시조만도 3,500수를 초과한다니 우리민족이 얼마나 정서적인가를 짐작할 수 있다. 다음 시는 고려왕조 때 암살로 삶을 마감해야했던 정몽주(1337-92)가 평소에 지닌 충신(忠臣)의 심정을 짧은 글로 남긴 시조다. 그의 충정을 이해하는데 더 이상 무슨 말이 더 필요 하겠는가?

이 몸이 죽고 죽어 일백 번 고쳐 죽어
백골이 진토 되어 넋이라도 있고 없고
님 향한 일편단심이야 가실 줄이 이시랴

시는 화가의 그림과 음악가의 선율(旋律, Melody)보다 소박한 방식이지만 내게는 마음의 생각을 전하는 최선의 길이라고 생각된다. 시인 목사 반병섭은 '겨울 창가에서'라는 시집에서, '시인은 신과 가까운 거리에서 그의 창조와 그의 미를 모방하는 예언자요 희망의 전도자가 되는 것'이라고 했다. '나그네와 행인과 같은'(벧전 2:11) 인생의 처지를 생각하고 생각하다보면, 우리도 이 시인 설교자처럼 하나님과 가까워 질수 밖에 없지 않을까 싶다.

시의 감화작용: 우리한국에 많은 숨은 시인들도 세계적으로 알려진 시의 대가들처럼 한세상 모두를 시상에 몰두하며 살았을 것이다. 속죄하며 지옥에서 낙원에 이르는 과정을 묘사한 이태리의 시인 단테(Alighieri Dante)의 신곡(神曲, Divine Comedy)은, 그리스도를 향한 그의 적극적인 헌신으로 우리로 하여금 속세와 내세에 대해 깊은 생각을 하게 한다. 1948년 노벨문학상을 받은 현대시의 세계적인 대가로 알려진 미국의 시인 엘리엇(T. S. Eliot)은 시상이 언제나 인생철학에 근거한다하여 사람들은 그를 '철학적 시인'이라고 부른다.

시는 성품이 고결하고 탐욕이 없는 사람들의 심정을 묘사한 그림이다. 세상을 보는 눈이나 생각에는 엇갈림이 있을 뿐 자기의 마음에 충실 한다. 한쪽으로 치우쳤다면(偏見, Impartial) 느낌이 다른 탓이다. 시상을 발산하는 마음은 원래 선하고 착한 인간의 속성이므로 시인들에게는 정직하고 솔직한 생각이 존재한다. 시인은 세상과 타협을 못하므로 늘 가난하고 소박한 삶을 산다. 그러기에 그들은 창조주와 가까운 곳에서 사는가 싶다.

시와 가까이 살면 자신을 스스로 더 생각하므로 더욱 착실하고 성실하게 살 수 있을 것이다. 아마도 시와 시인이 지닌 속성 이런저런 이유 때문에, 초동교회의 원로목사 조향록은 한때(1954) 종로에서 '다방교회'를 만들어 환도하는 시인문인들과 예배를 드렸고, 한국 신학대학교의 학장 재임 시에는 '시의 이해'라는 학과목을 신설했었나 보다. 1979년 서울에서 '세계 시인대회'가 열렸을 때 그는 신문에 '가장 뛰어난 사람은 예술가가 되고 그렇지 못한 사람은 정치가가 된다.'는 글을 발표했는데 그것은 여러 사람들에게 커다란 공감을 주었다고 한다.

지금은 한국의 설교자들도 시인들처럼 말보다 심정에 더 치중해야할 필요가 있다고 생각한다. 지금까지 뿌려진 복음의 씨앗들이 뿌리를 내리고 성장하게 하여 교회를 떠나지 않도록 믿음의 확신을 주어야하기 때문이다. 그것이 말로 가르치는 설교보다 시인의 시상처럼 생각하게 하는 영감을 주는 일이다. 단테의 세계적이고 역사적인 '신곡'이 한 여인(Boatrice)으로부터 받은 감회에 의해 말년에 완성되었다는 사실은 우리에게 뜻하는 바가 크다.

제48장 나는 왜 바울을 존경하는가?

너희는 유대인이나, 헬라인이나
종이나 자주 자나 남자나 여자 없이
다 그리스도 예수 안에서 하나이니라 (갈 3:28)

지닌 은사: 나도 다른 많은 성도들처럼 사도바울을 극진히 존경한다. 그 첫째이유는 복음의 전도자에게 필요한 은사(恩賜) 모두를 갖추고 있었기 때문이다. 이를테면 인성적인 자상한 심정, 웅변, 문필(文筆, Writing), 조직력, 판단력 그리고 고난에 대한 인내력 등이다.

전 지중해 일대가 로마제국의 오랜 통치아래 있을 때, 예수님이 탄생하신 날로부터 수년 후 사울(Saul)은 길리기아(Cilicia)지방의 수도인 다소(Tarsus)에 살고 있는 유대인 가정에서 출생했다. 이름은 부모님들과 같은 베냐민(Benjamin)지파 출신인 이스라엘의 초대임금의 이름을 따라 지어졌다. '다소'는 소아시아의 고원지대와 지중해를 연결하는 매우 중요한 산업 및 선박이 오고가는 무역 항구도시였다. 많은 희랍사람들과 스토아(Stoic)철학자들이 살고 있는 희랍문화의 교육도시기도 했다.

훗날 바울이 역사상 둘도 없는 으뜸가는 사도로서 위대한 복음사업을 할 수 있게 했던 근본적인 지식, 능력, 성품과 자질은 이 도시에서 배우며 청소년시절을 보내며 얻은 것이 아닌가 생각된다. 그는 모세의 율법을 성실하고 엄격히 지키는 유대교의 한 종파인 바리새인(Pharisees)의 가정에서 율법(토라, Torah)을 배우고 실천했으며, 회당에서는 히브리말과 율법주석을, 희랍문화로부터는 유창한 말과 문체를, 로마인들로부터는 시민권 그리고 법과 질서에 대한 존경심을 배웠다. 또한 그는 회당이나 공개토론에서 대중에게 감명을 주는 숙달된 수사(修辭, Rhetoric)능력까지도 겸하고 있었다.

'다소'에서 기초교육과 훈련이 끝난 후 사울은 예루살렘에서 당시 유명하고 영향력이 있는 유태의 율법학자(Rabbi)인 가말리(Gamaliel)의 제자가 되었다. 가말리의 학생으로 있는 동안 사울은 히브리 성경해석의 깊은 이해능력 등으로 예루살렘의 종교지도자들에게 훌륭한 랍비로 인정되었다. 그리고 다른 랍비들처럼 사울은 생계를 목적으로 아버지로부터 장막을 만드는(행 18:3) 기술까지 배웠다. 이리하여 바울은 '이스라엘의 족속이요, 베냐민의 지파요, 히브리인 중의 히브리인이요, 율법으로는 바리세인이요, 열심으로서는 교회를 핍박하고 율법의 의로는 흉이 없는 자'(빌 35:6)가 됐다.

세계적인 종교: 둘째이유는, 바울은 이미 계시(啓示, Revelation)된 대로(행9:15) 이방인들에게 기독교를 전도함으로 기독교를 아브라함의 자손만을 위한 하나의 유대교 종파로부터 세계적인 종교로 전파한 사도이기 때문이다.

사울은 예수님이 십자가에 못 박히기 전에 예루살렘에 있어서, 예수님과 제자들의 복음 활동으로 유대교 바리새인교파가 위협받고 있다는 것을 충분히 알고 있었다. 예수의 부활을 계기로 희랍 말을 하는 많은 유대인(Hellenist)들이 개종하면서 교회에 대한 핍박이 심각하게 시작되었다. 예루살렘교회의 희랍 말을 하는 스데반(Stephen)집사가 대중에게 설교한 것이 성경과 율법을 모독하는 죄가 된다고 하여 공회에 끌려나와 돌로 죽음을 당할 때(주후 32년 경), 사울은 처음으로 기독교의 박해자로

알려졌다.(행 7:58)

기독교는 스데반이 순교당한 후 예수님의 추종자들과 교회지도자들이 박해를 피하여 예루살렘을 떠나 피신하며 시작(행 11:19)되었다. 지중해연안과 로마 그리고 유럽 나라들을 거쳐 북미대륙과 아시아 대륙에까지 전파된 기독교가 오늘과 같은 세계적종교가 된 것이다. 피신하는 교회지도자들을 추적하기 위해 살기등등하게 예루살렘을 떠나 다메섹(Damascus)으로 가던 사울은, 길에서 부활하신 예수님이 자신의 이름을 부르는 음성을 듣고 빛을 본 후 장님이 되어 땅에 엎어졌다.(행 9:4).

사울은 다메섹에서 아나니아(Ananias)로부터 세례와 안수(행 9:18)를 받고 자신이 핍박하려던 교인들로부터 영접과 용서를 받은 후, 기독교를 핍박하려고 준비해온 기질을 도리어 회당에서 예수님을 간증하는데 사용하기 시작한 것이다.(행 9:19) 이러한 체험으로 사울은 기독교 박해자에서 전도자와 이방인의 목회자가 되었고, '구속적인 고난'의 승리자로 로마제국의 수도에 이르기까지(행 23:11) 복음을 전도하다가 네로 황제 때(주후 60년경) 로마에서 순교를 당하였다.

시리아의 수도에 위치한 안디옥(Antioch)교회 바나바(Barnabas)의 동역자로 초대(행 11:26)된 바울은, 비로소 아나니아에게 계시한대로(행 9:15) '주의 이름을 이방인과 임금들과 이스라엘 자손들 앞에 전하기 위해 택한 그릇'의 사명을 감당하기 시작했다. 바울에 의해 이방인들도 유대주의 자들이 주장하는 할례(割禮, Circumcision)절차 없이도 기독교로 개종해 크리스천(행 11:26)이 될 수 있게 됐다.

안디옥교회를 근거로 바울과 바나바가 시작한 이방인을 위한 복음전도는 12년에 걸친 세 차례의 전도여행으로 더 활기를 띠게 됐다. 바울과 바나바는 이방인의 옹호자(擁護者, Champion)로, 가는 곳곳마다 회당에서 구약을 아는 유대인의 개종자들, 이방인, 하나님을 두려워하는 유대인이 아닌 사람들에게 먼저 전파했다. 그리고 개종자들과 함께 교회를 조직한 후 길을 떠나 계속해서 옮기며 고달픈 전도여행을 다녔다.

바울은 성령의 인도하심을 따라 솔직하고 진실했기에 전도여행에서 많은 동역 자들을 만났다. 개척한 교회들은 지역의 지도자들에게 맡기고 계속 다정한 편지와 심방으로 교인들을 위로하고, 가르치고, 보살피며(롬 12:5) 인간관계를 유지해 갔다. 담대한 바울의 복음사역은 예루살렘에서의 마지막 2년(행 26:28)과 로마에서 통치자 앞(행 28:31)에서도 있었다.

사가들에 의하면 바울은 그의 전 생애에 걸쳐 무려 1만 6천 킬로의 전도여행을 하면서, 수시로 결박당하거나 혹은 송사되어 태장과 돌로 매를 맞았다고 한다. 파선(破船)을 당하기도 하고 투옥되어 수차례 죽임을 당할 뻔했으며 때로는 맹수와 싸우다 살아난 경우도 있었다.(딤후 4:17) 그러나 이러한 환난과 핍박에도 '우리를 하나님의 사랑에서 끊을 수 없다고'(롬 8:35) 생각하며 참아낸 것이다. 바울은 복음사역을 통해 만난 많은 복음의 사역자들과의 관계와 그들에게 보낸 자상하고 보살피는 편지들을 남겼는데, 그의 글은 신약성경의 총 27책 중에 14권, 총 260장 중에 115장 그리고 총 423 절중에서 255절을 차지하기에 이르렀다.

바울이 우리에게 보인 '제일 좋은 길'(고전 12:31)은 다름 아닌 구속적인 고난이 아닌가 싶다. 즉 그의 고난으로 인해 복음이 세계로 전파되었고, 교회들이 성장해가며 개종자들의 신앙이 자라날 수 있었기 때문이다.

평등사상: 내가 바울을 좋아하는 세 번째 이유는 그의 평등사상이다. 바울에게 있어서 인간은 신분이나 남녀구별 없이 예수 안에서 모두 동등했다.(갈 3:28) 바울의 평등사상이 바로 예수님

이 십자가를 통해서 보여준 하나님의 사랑일 것이다. 바울의 시대는 노예로부터 원로원의 의원(Senators)에 이르기까지 6등급이나 되는 계급사회였다. 바울은 로마시민권을 지닌 유대인이면서 희랍-로마 사람이었으나, 주님의 이름으로 모이는 공동체 속에서는 모두가 동등해야 한다고 생각했다. 그래서 바울이 전도여행을 하면서 지중해 연안에 세운 초대교회는, 하나같이 종교적 족보, 사회적 신분, 경제적 지위나 정치적인 위치에 따라 만들어지는 벽은 없었다고 한다. 예수님 안에서 모두가 같은 죄인이고 또 같은 구원의 은혜가 필요한 형제들이라고 강조한 것이다.

바울의 평등사상은 우리 모두가 선망하는 민주주의 3대 기본요소(자유, 평등, 인권)의 하나이고, 그것은 기독교가 유대교의 정통성과 다른 점이기도 하다. 유대교의 사랑은 선택받은 자신들만을 위한 배타적이고 독선적인데 반해 기독교의 사랑은 다르다. 하나님과 사람사이 그리고 사람과 사람사이의 장벽을 허물고 예수가 보여준 용서와 사랑을 통해 지상에 하나님의 나라를 건설하는 것이다. 기독교의 평등이 하나님 안에서 모두가 동등한 것이라면, 민주주의 제도의 평등은 법 앞에서 동등을 의미한다. 그런 하나님을 믿는다는 것만으로도 우리는 행복한 존재들이다.

하나님의 여러 부름(환상)을 받고 순종한 바울신앙(롬 8:29-30)에 영향을 받아, 성 어거시틴(St. Augustine)은 교회역사를 집필하게 되었고 예정설(豫定設, Predestination)을 구체화했다. 종교개혁자 루터(Martin Luther)는 의롭다(Justification)는 것은 '율법의 행위가 아니라 믿음으로 이루어진다'(롬 3:28)는 신앙의 힘으로 중세교회에 도전했다.

기독교인의 양식: 내가 바울을 존경하는 마지막 이유는 바울이 정의한 사랑(고전 13장) 때문이다. 세상사람 모두 나름대로

열심히 사랑에 대해 생각하고 실천해 보려고 애를 쓰며 살아간다. 그럭저럭 울고 웃으며 한 세상을 살다 대부분은 만족한 완성을 못하고 떠나는지도 모른다. 우리들에게 사랑을 가르치는데 바울의 가르침은 세상에 알려진 어느 교훈보다도 실질적인 양식이 되는 것 같다. 바울이 정의한 사랑을 마음에 수놓아 가면서 오늘 하루도 살아가고 싶은 마음이 간절하다.

사랑은 오래 참고 사랑은 온유하며 투기하는 자가 되지 아니하며
사랑은 자랑하지 아니하며 교만하지 아니하며

무례히 행치 아니하며 자기의 유익을 구치 아니하며
성내지 아니하며 악한 것을 생각하지 아니하며
불의를 기뻐하지 아니하며 진리와 함께 기뻐하고
모든 것을 참으며 모든 것을 믿으며
모든 것을 바라며 모든 것을 견디느니라.

언제 어디서나 반복해서 읽고 외우고 또 생각해도 늘 마음에 와 닿는 바울의 사랑을, 어렴풋이나마 알고 산다는 것만으로도 행복이 아닐 수 없다.

제49장 기쁨은 긍정적 마음의 산물

주 안에서 항상 기뻐하라 내가 다시 말하노니 기뻐하라 (빌 4:4)

기쁨이란: 웃음의 철학자로 널리 알려진 고대 그리스의 데모크리타스(Democritus)는 '인생의 궁극적인 행복은 기쁨이 아니겠느냐'고 했다. 기쁨은 사람의 마음을 평화스럽고 평온하게 해줄 뿐 아니라 두려움과 미신적인 관습으로부터 보호해 준다는 것이다. 사도 바울(Paul)이 제2차 여행 때 세운 빌립보와 데살로니가 교회(살전 5:16)의 신도들에게 기뻐하라고 반복해서 한 말도 환난을 극복하며 행복 하라는 말이 아닌가 싶다.

기쁨은 인간의 눈으로는 보이지 않지만 마음에 느껴지는 감정으로 심신의 욕구가 기대한 대로 충족될 때 생긴다. 다시 말하면 마음의 만족으로 기쁨 혹은 행복은 대단한 것 같지만 따지고 보면 마음가짐에 따라 얻어지는 산물에 지나지 않는다. 마음의 태도가 순진하거나 소박하고 또는 착하거나 긍정적이면 얻은 것이 보잘것없어도 즐거움을 느끼게 된다.

사람은 남녀노소를 막론하고 날마다의 삶에서 수없이 많은 기쁨과 슬픔을 맛보게 된다. 그 중 어느 것을 얼마만큼 체험하느냐는 각기 지닌 마음가짐에 따라서 매우 다를 것이다. 바울이 궁핍하고 핍박을 받으며 곤란을 당해도 기뻐한 것은 자기가 '약할 그때 곧 강해지는'(고후 12:10) 것으로 생각했기 때문이다. 그래서 그는 '진리와 함께 기뻐하라'(고후 13:6)고 했다. 옛날 예루살렘의 왕 솔로몬은 '사람이 사는 동안에 기뻐하며 선을 행하는 것보다 더 나은 것이 없으며'(전 3:12) 또한 '사람마다 먹고 마시는 것과 수고함으로 낙을 누리는 것이 하나님의 선물이라는 것을 알았다'고 했다.(전 3:12)

살아 숨 쉬는 것부터 우리인생에게 거저 허락된 것이다. 주어진 하루하루를 만족하면 그것이 기쁨이요 즐거움의 전부가 아닌가 생각한다. 욥은 재물이 풍부하거나 손으로 얻은 것이 많아서 기뻐한 것이 아니라고(욥 31:25)했고, 예수님은 자신을 보내신 이가 늘 함께 있음으로 그의 기뻐하는 일을 한다고 했다.(요 8:29) 하나님은 '기뻐하는 자에게 지혜와 지식과 희락을 주신다.'(전 2:26)는 것이다. 시인 목사 반병섭의『믿음의 시선39』(1994)에는 '살아 있음이 이리도 기쁜데'라는 시가 있다.

당신의 입김 한번 스치시면 있던 것도 없어지고
당신의 손 끝 한번 닿으시면 없던 것도 있게 하시는
그런 '신기'를 보며, 살아온 우리들 (생략)

살아 있음이 그리도 기뻐 실컷 울다가
운 것만큼 실컷 웃으며 뛰다가
죽어도 여한 없는 그런 날이 되게 하소서.

웃음: 마음에 새겨진 기쁨을 눈으로 볼 수 있는 첫 번째 상태가 얼굴에 나타나는 웃음이다. 식물은 녹색을 띠면서 생존의 즐거움을 나타내고 많은 동물들은 몸짓으로 각기 나름대로 기쁨을 나타낸다. 인간만이 웃음이라는 독특한 모습으로 마음의 만족을 나타내는 복을 받고 있다. 울면서 세상에 태어난 아기지만 얼마 지나지 않아 엄마에게 세상에 나오도록 해주셔서 고맙다는 듯 방글거린다. 웃음에는 소리를 내지 않고 벙긋이 웃는 아기의 미소가 있는가 하면, 부드럽게 낮은 소리를 내면서 싱글 벙글하는 웃음(Chuckle) 혹은 여자 아이들이 억지로 참는 듯한 킥킥

웃음(Giggle)이 있다. 입을 벌리고 떠들썩하게 웃는 홍소(哄笑)가 있는가하면 폭발하듯 갑자기 웃는 폭소도 있다.

웃음 중에는 쌀쌀한 태도로 상대를 업신여기는 경멸을 표시하는 냉소(冷笑, Sneer)와 남을 비웃는 조소(嘲笑, Sardonic Smile)가 있는데, 다른 웃음과는 반대로 이웃사람의 기분을 상하게 하는 웃음이다.

'소문만복래'(笑門萬福來)라는 속담은 웃음이 우리의 삶에 많은 것을 더해 준다는 것을 알려준다. 우선 웃는 사람의 환희는 물론 웃는 얼굴은 보기에도 아름다워서 좋다. 아기들이 자라면서 미소에서 깔깔 웃음으로 변해가는 모습들, 특별한 이유 없이 웃어대는 초등학교 교정으로부터 쉴 새 없이 들려나오는 깔깔대는 웃음들, 얼마나 축복된 인간의 아름다운 모습인가!

웃음은 누구에게나 좋은 인상을 주는 보물이다. 그래서 '웃는 얼굴에는 침을 뱉을 수 없다'는 말까지 생겼다. 웃으면 건강에도 좋다는 이유는, 웃음으로 뇌하수체(腦下垂體, Pituitary)에서 발산되는 엔도르핀(Endorphine)은 감각을 둔화 시키는 단백질(Opiate Protein)로 마약처럼 아픔을 해소시키는 반면 성 호르몬(Hormones)의 배출과 식욕을 돕기 때문이다. '웃고 지내면 천천히 늙고 성내고 지내면 빨리 늙는다.'는 '일소일소 일노일로'(一笑 一小, 一怒 一老)라는 말은 시사하는 바가 크다.

웃음은 우리 인간생활에 절대적으로 필요하지만 세상에는 웃음에 대해 몹시 인색하거나 웃음을 아예 모르는 사람들도 있다. 환난과 핍박이나 궁핍과 질병과 같은 곤궁한 삶 때문에 주어진 웃음을 모두 떠나보냈거나, 나의 고향사람들처럼 폭군군주에 의해 숨겨둔 웃음마저 모두 빼앗겨서 그렇게 되었을 것이다. 대체적으로 웃음은 난폭한 사람보다 순진한 사람에게 많고, 노인들에 비해 어린이들에게, 남자보다는 여자, 도시사람보다는 농촌사람, 공산권나라보다는 민주주의 서방국가, 비관론자 보다는 낙관론자, 부정적인 사람보다는 긍정적인 사람, 비종교인보다는 종교인들에게 더 많아 보인다.

죄를 짓고 쫓기는 것도 아니고 법을 관장하는 경찰과 검찰관도 아닌데 수고와 무거운 짐 모두를 주님께 맡긴(마 11:28) 기독교인조차 웃음을 잃는다면 선천적이거나 민족적인 탓이지 싶다.

지난 19년간 우리부부가 다니고 있는 이민교회는 2층으로 된 아담한 건물이다. 주일이면 원근각처에서 이민가족들이 모여 위층에서 예배를 드리고 예배 후에는 아래층에서는 점심식사를 한다. 아래층에서는 웃음으로 활기를 띠는데 반해 위층은 늘 심각하고 웃는 얼굴도 기쁜 모습도 보기 힘들다. 예배는 이렇게 웃음없이 딱딱하고 엄숙해야만 하나? '하늘은 기뻐하고 땅은 즐거워하며 바다가 거기 충만한 것을 외치는 것처럼'(시 96:11), 성도들이 서로 웃는 얼굴로 예배를 드린다면 제사를 받는 하나님도 얼마나 좋아하실까 나도 반성해보곤 한다.

긍정적인 마음: 주변에는 실없이 자꾸 웃는 소병(笑病)을 두려워하듯, 웃음은 고사하고 민망할 정도로 딱딱한 얼굴로 대하는 사람들이 있다. 우리 시대 사람들이 그러했는데 6.25당시 내가 부산 부두에서 함께 밤일하던 젊은이들이 모두 그러했다. 그때는 불안한 사회 환경의 탓이었지만 선천적인 성격 탓에 평생 심각한 얼굴로 사는 사람들도 많다.

우리부부의 미용사는 월남여성인데 한번은 내 머리를 깎는 15분 동안 전화가 세 번이나 왔다. 예약을 바꾸거나 취소하는 전화였는데 그래도 그녀는 여전히 웃으면서 받았다.

명랑하고 쾌활한 마음에는 웃음은 늘 머물러 있다. 지구상에서 두 번째 갑부라는 워렌 버핏(Warren Buffet)은 미국의 젊은이들이 매우 좋아하는 사람이다. 이유는 그가 사회복지에 310억불이라는 거액을 기증했기 때문만은 아니고 웃는 얼굴에다 늘 유머가 있기 때문이다. 언제 보아도 대성한 사람답지 않게 예절이나 형식에 얽매이지 않는 소탈한 말과 태도, 그리고 옷차림은 나이 든 나까지도 매혹시킨다.

2009년 11월, 컴퓨터산업의 선구자인 빌 게이츠(Bill Gates)와 함께 워렌 버핏은 콜롬비아(Columbia)대학에서 학생들과 세계적인 경제 불황에 관하여 일문일답을 한 적이 있다. 버핏의 웃음 섞인 대답들은 어느 하나 비관적이거나 부정적인 것은 없었다. 그는 마치 예수님의 달란트 비유처럼 기업이나 투자윤리에 있어서 현금을 껴안고 있거나 활동하지 않는 무의(無義, Inaction)는 존재하지 않는다고 했다. 그는 확고하고 낙천적이며 긍정적인 성격을 지닌 적극적인 사람으로, 하고 싶다는 의욕과 할 수 있는 능력 그리고 도전해 볼 필요성을 부유(富有, Enrichment)하게 하여 추진하도록 용기를 주었다. 열심히 하다보면 무엇 하나라도 만들게 된다며 추진하다가 실패로 얻은 것이 바로 우리가 잘 아는 지혜이고 그 완성품이 다름 아닌 발전이라고 했다. 이것이 어찌 보면 자본주의의 전부가 아닐까하는 생각도 든다. 긍정적인 행동 없이는 웃음도 새로운 것도 절대 생겨날 수 없으므로, 인간사회에는 자선가 버핏이 말한 무의(Ideal Life), 즉 못 한다고 손 놓고 사는 '인 액숀'보다 더 못난 일은 없을 것 같다.

부정적인 마음을 지닌 소극적인 사람은 다른 사람이 하는 것을 대수롭지 않게 비판하거나 반대하는 것으로 생색을 내지만, 애써 만들어지는 것이 없으니 즐거워할 기회도 당위성도 없게 된다.

역사는 부정적인 사람들을 보여주고 있다. 세종대왕이 훈민정음을 만드실 때, 제3대 대통령 박정희가 한반도에 처음으로 경북고속도로를 건설할 때, 서울시장 이명박이 청계천복개를 허물 때, 4대강 살리기 사업을 추진하려는 요즘처럼 사람들은 결사적으로 반대를 했다. 상소까지 한 요란스러운 부정적인 태도까지 있었다.

긍정적인 마음이 없으면 세상만사가 비관적이라 웃을 기분과 기력 모두를 잃게 된다. 하루의 삶이 아무리 피곤하더라도 '살아 있는 것이 이리도 기쁜데'를 마음으로 느끼면, 어찌 부모가 낳아서 애써 키워주고 사회와 국가가 보살펴준 딱 한번 허락된 귀한 목숨에 감사하지 않을 수가 있을까?

한국에는 전직 대통령을 포함한 정치인, 대기업의 사장, 영화배우, 가수, 고시수험생 그리고 사채에 시달리던 실업인 부부에 이르기까지 자살을 시도하여 성공한 사람이 하루에도 33.3명이 넘어, 경제협력개발기구(OECD) 나라 중에서 으뜸이라고 한다. 더러는 사회적체면 때문에 혹은 신병에 견디다 못해 스스로 목숨을 포기하겠지만, 어떤 이유이든 그들 마음에 부정적인 생각이 오래 자리 잡고 있었기 때문일 것이다. 오늘이 마치 세상의 마지막 날인 것처럼 심각하게 사는 비관자보다, '하늘이 무너져도 살아남을 구멍은 있다'는 낙천자의 마음으로 웃으면서 사는 것이 어떨지 심각하게 생각해볼 필요가 있다.

제50장 겸손은 기독교인의 착한 모습

아무 일에든지 다툼이나 허영으로 하지 말고
오직 겸손한 마음으로 각각 자기보다 남을 낫게 여기고 (빌 2:3)

겸손: 우리는 세상을 살다보면 낯선 사람들을 많이 만나게 된다. 교회에도 새 신자가 매주 소개된다. 그럴 때마다 "누구냐?" 라는 질문을 하게 된다. 사람을 친구나 동료로 받아들이려면 그 사람이 누구인지 먼저 알고 싶은 생각이 드는 것은 당연하다. 흔히들 '무엇 하는'(직업) 것으로 만족하지만, 현대사회는 다양하고 수시로 변하는 것이 직업이기에 그것만으로는 그 사람이 누구인지 잘 알 수가 없다.

사람을 잘 이해하려면 그 사람의 지닌 1)가정적 배경이나 신앙생활, 2)인격이나 품성 등의 사람 됨됨이, 3)출신학교 및 교육수준, 4) 용모나 외관적인 가치, 5) 기능적 가치 등이 참고가 될 것이다. 그러나 이중에서 정말 친구로 새사람을 만나고 싶다면 무엇보다 중요시해야 할 것은 두 번째 인격적 가치일 것이다. 왜냐하면 인간은 사람답지 못할 때 평화로운 대인관계를 유지하기 어렵기 때문이다.

'겸손'이란 바로 사람됨을 가리키는 지표이다. 그래서 우리는 가정과 교회에서 자신을 낮추고 남을 높이는 마음으로 말과 행동을 하도록 배우고 가르치고 있다. 겸손은 자기를 자랑하거나 자신의 생각만 주장하지 않는 온유한 마음의 자세이다. 겸손은 기독교인들에게 선한 모습을 지니게 하는 한편, 예수를 믿는 사람답게 살 수 있도록 도와주는 절대적인 교훈노릇을 한다.

겸손은 기독교정신을 대표하는 예의로 교만을 떨쳐버린 성숙하고 인성적인 태도다.(잠 16:19) 겸손은 죄인들을 위해 인간의 모습으로 오신 예수님을 닮아가며 자신을 낮추고 남에게 덕이 되는 그리스도의 마음이다. 이스라엘의 선지자 스바냐는 여호와의 규례를 지키는 겸손한 사람들은 하나님의 심판 날에 숨김을 얻는다고 예언했다.(습 2:3)

추기경 김수환은 겸손을 다음과 같이 정의했다.

> 고통을 받아 드리는 데는 많은 인내가 필요합니다.
> 그러기 위해선, 평소의 삶이 겸손하고 가난해야 합니다.
> 겸손과 인내는 다른 말로서는 사랑입니다.
> 사랑은 하느님에 대한 믿음에서 나오는 것이지요
> (잠언 집, 『바보가 바보에게』)

한국에도 겸손한 생활로 일생을 보낸 존경하며 본받고 싶은 사람들이 많다. 1995년 아흔을 일기로 세상을 떠난 한국 최초의 안과의사 공병우가 그 중 한 분이시다. 그가 남긴 유언에는, 유산은 맹인을 위해 쓸 것이며 쓸 만한 장기는 병원에 기증하고, 장례식도 하지 말며 입은 옷 그대로 값싼 널에 넣어 공동묘지의 최소면적의 땅에 묻어 달라고 했다. 죽어서 한 평의 땅을 차지하느니 그 자리에 콩을 심는 것이 낫다고 했다. 검소하게 생활하면서 장님의 '부흥원'을 설립하고, 타자기와 지팡이를 개발하는 등 한평생 맹인들의 복지를 위해 살았던 그 분의 겸손이야말로 남에게 덕이 되는 자세이며 본받아야 할 모범이다.

순자(荀子)의 말처럼 본래 인간의 본성이 악한 탓인지는 알 수 없어도, 스스로가 자신을 낮춘다는 것은 말처럼 쉬운 일은 결코 아니다. 쉽지 않은 문제지만 기독교인들은 이것을 마음에 새기고 몸으로 실천하며 매일을 살아야 하나님의 은혜를 소유할 수 있다.(약 4:6) 삶에 있어서 겸손한 마음과 태도 그리고 행동은 대인관계를 순조롭게 할 뿐 아니라, 내 몸같이 이웃을 사랑하고자 하는 기독교인의 기본생활 자세이기도하다. 한편 겸손은 허물 많은 자신을 스스로 인정하게 만들고 거짓 없이 살아가는 진실한 인간의 모습을 보여주게 한다.

자기를 낮춘다는 것은 상대적으로 남을 존경한다는 뜻도 된다. 남을 높인다고 자신이 낮아지는 것이 아니고 손해가 되는 경우도 거의 없다. 오늘과 같이 실력과 통계를 토대로 움직이는 실질적인 사회에서는 더욱 그러하다. 그럼에도 불구하고 많은 사람들이 겸손한 자세로 대인관계를 유지하며 살아가지 못하고 있다. 아마도 큰 흠도 없는데 머리와 허리를 구부리는 것은 경쟁에서 패하는 것이라고 생각하거나, 그것이 자존심과 관련된 것이라고 착각하기 때문인지도 모른다. 그런 것도 아니면 500년 긴 유교문화의 신분제도에 대한 반항일 것이다.

겸손의 변질: 유교의 전통문화가 점차 변질됨에 따라 겸손도 원래의 뜻을 잃어가고 있다. 오늘날 자본주의사회에서 자기 혹은 자기의 것은 비약하고 남과 남의 것은 헐뜯는 경쟁적인 전투생활 때문인지도 모른다. 그래서 사람들은 겸손이라는 말을 마음에는 다짐하고 입으로는 외치지만 실제로 겸손한 행동은 실행하지 못하는 이중생활을 하고 산다. 이것이 현대인들의 사이비(似而非) 의식구조라고 하겠다. 속된 말로 겉으로만 '척하는' 거짓된 생활에 지나지 않는다는 말이다.

겸손은 긴 역사를 통해 예의라는 명목으로 신분제도를 합리화시키고 순종과 복종까지 요구하는 유교사회로 길들여져 왔다. 그런 사회에서는 '아랫것'은 이유 없이 무조건 매사에 '윗사람'에게 허리를 굽혀 굴복하는 것처럼 언행을 해왔다. 어찌 보면 자신의 뜻이 아닌 굴종이겠지만 그렇게 하는 것이 그들에게는 예의이고 겸손이었다. 조정의 시종들이 그러했듯 군주체제의 추종자와 조폭사회의 조직원들이 그러하다.

천민은 양반계급의 사대부에게, 여성은 남성에게, 며느리는 시집식구들에게 그리고 연소자는 연장자에게 일단 머리를 숙이는 것이 겸손한 자세이자 예의였다. 알면서도 모르는 척, 가졌지만 없는 척, 허기가 들지만 배부른 척, 병이 들었지만 건강한 척, 매사에 자신을 감추고 낮추는 게 겸손이었다. 겸손은 하늘을 향해 똑바로 서있는 자세도 눈을 크게 뜨고 상대를 똑바로 쳐다보는 자세도 아니고 머리와 허리를 구부린 채 조용하게 땅만을 쳐다보는 모습이어야 했다.

이런 뜻에서 생각하면, 유교사회의 겸손은 우리 현대인들에게는 받아들이기 힘든 무리한 요구다. 우리가 동등한 입장에서 서로 존경하는 대인관계를 맺으려면 자신을 낮추지도 높이지도 말고 있는 그대로 생긴 그대로 자신의 인간상을 솔직하게 보여주는 것이 깊은 신망을 얻는 길이다. 이런 태도야말로 겉치레가 없는 진실과 정직을 초석으로 삼는 기독교인의 생활 자세이기도 하다.

국민의 특성이 정직으로 알려진 일본사람들은 현대문명을 받아들인 지 오래됐지만 여전히 허리를 굽히고 겸손하게 인사를 나눈다. 내가 사는 미국의 시골도시에서도 길에서 마주치는 낯선 사람들끼리 쉽게 인사를 주고받고 길을 피해주면 고맙다고 말을 건넨다. 구태여 낮출 필요도 높일 이유도 없이 자기모습 그대로 떳떳하게 남에게 폐가 안 되면 되는 것이다. "감사합니다." 혹은 "미안합니다."라고 먼저 말을 쉽게 못하는 우리문화와는 전혀 다르다. 잘난 체하거나 방자하거나 교만한 모습이 아닌 지나가는 가벼운 인사만으로도 우리는 서로에게 좋은 이웃이 될 수 있다.

교만이란 속물: 겸손과 대조되는 언행은 '교만'이라는 속물이다. 겸손을 성숙한 인간의 표상이라고 한다면, 교만은 투기나 분쟁을 좋아하는 인간성을 만들어준다. 겸손은 성군이 지닌 태도라면 교만은 폭군의 삶의 모습일 것이다. 구약성서 잠언에는, 겸손은 사람에게 은혜를 받도록 하지만(잠 3:34) 교만은 여호와가 미워하는 사람으로 만들어 벌을 면치 못하게 한다(잠 16:5)고 했다. 교만은 사람들에게 언쟁과 폭언을 하게 만들뿐 아니라 훼방(毁謗, Slander)과 같은 악한 생각으로 마음이 부패해 진리를 잃어버리게 된다고 했다.(딤전 6:4)

우리생활에서 겸손하지 못하거나 교만하게 만드는 원인은 많을 것이며 사람에 따라서도 다를 것이나, 내 경험에 의하면 심리학적인 열등감(Inferior Complex)이 주요요인중 하나라고 생각한다. 그로인해 사람들의 주목이나 인기를 목적으로 자신의 진짜 모습은 숨기고 허풍을 떨게 된다. 현대인들은 얼굴을 고쳐 더 예쁘게 보이거나 몸을 드러내어 이웃으로부터 관심을 얻기도 하고, 남보다 먼저 새로운 유행문물을 취득해 인기를 얻는데 급급하다. 이것이 그들의 자랑이 되니 어찌 보면 이런 삶은 자신을 위한 것이 아니라 남을 위해 사는 것이 아닌가 싶다. 이런 인간의 거짓은 여호와가 미워하는 교만이기 때문이다.(잠 16:5)

나는 만학(晩學)을 하다가 1959년에 미국유학을 했었다. 강의실에서 만난 한 젊은 미국인 교수는 내가 그동안 만난사람 중 가장 멋진 사람이었다. 그러나 그의 멋진 강의나 큰 키 그리고 잘생긴 얼굴에 반한 것은 절대 아니다. 내가 반한 것은 그가 차고 다니는 땀 냄새 풍기는 초침이 안 보이는 골동품과 같은 손목시계였다. 그 시계는 그의 인간성과 교육자다운 겸손한 인격 모두를 말해주고도 남았다. 나는 8년간 아프리카의 오지마을을 오고가면서 그 교수님의 의미 있는 손목시계를 종종 생각하곤 했다.

우리로부터 겸손을 뺏어가는 또 다른 원인은 미숙한 인간이 지닌 우월감(優越感, Superior Complex) 때문이라고 하겠다. 이것은 자신을 비약하고 돋보이고 하는 욕심으로, 남의 이해는 고려하지 않고 자신과 자신의 것만 우수하다고 말하고 행동하는 인간의 독선적인 심리라 하겠다. 한국의 정치계나 학계, 혹은 교회공동체 안에서도 혼자만이 옳다고 고집하며 열을 올리고 소리를 높이는 지도자들도 있다. 멋진 모습은 모두 잃어버린 탓에 추하게 보인다. 스스로 자기를 높이고 언쟁을 일삼는 언행은 누구에게도 덕이 못되며 사리에 속한 것으로 겸손과는 거리가 멀다.

나는 학교수련을 끝내자마자 별다른 경험도 없이 국제기구의 하나인 WHO에 취직이 되었다. 신입직원들에게 해주는 '오리엔테이션'에서 가르쳐준 아주 평범한 말들이 있었는데 이것은 지금까지 나의 해외생활에 늘 지침이 되었다. 그것은 후진국의 관리들과 지낼 때 "자신에게 묻지 않는 질문에는 답하지 말라"는 간단한 말이다. 바꾸어 말하면 '안다고 나서지 말고 있다고 자랑하지 말라,'는 뜻이다. 아마 이 가르침 또한 우리가 지킬만한 겸손한 태도가 아닌가 싶다.

제51장 교회의 사회참여

선행을 배우며 공의를 구하며 학대받는 자를
도와주며 고아를 위하여 신원하며
과부를 위하여 변호하라 하였느니라 (사 1:17)

교회의 사회적 역할: 사도바울은 신앙공동체인 교회를 그리스도의 몸이며 그리스도는 교회의 머리라고 표현했다.(골 1:18) 따라서 교회와 그리스도는 하나라는 말이다. 교회를 통해 세상 사람 모두에게 '하나님의 모든 지혜를 알게 한다.'(엡 3:10)는 이 말은, 교회는 땅위에서 하나님나라를 세우는데 전초적인 역할을 담당하는 것이라 하겠다.

개화가 덜된 한(恨)이 많은 한국 땅에 유교적 세계관과 신분제도에 회의를 지닌 신(新)학자들이 천주교 포교를 시작했다. 평신도에 의해 시작한 천주교는, 양반과 상놈이 똑같은 하나님의 자녀라는 무차별 평등의 기독교의 교리로 소외된 사람들의 환영을 크게 받았다. 양반에게 짓밟히고 소외당한 민초들, 벼슬길이 차단되었던 평안도와 황해도(海西) 그리고 강원도(關東) 사람들, 그리고 여인과 상놈들이 주인양반과 한 자리에서 예배를 드린다는 것은 그들이 살아오며 처음 느껴보는 축복이었을 것이다.

천주교보다 한 세기 늦게 한국에 들어온 개신교도 선교사가 아닌 지식인 평신도(서상륜 등)들이 가지고 온 한국말 성경으로 시작했다. 그들은 먼저 글을 깨우쳐서 성경을 읽도록 했다. 그들은 외국에서 파송된 선교사들과 함께 학교를 세우며 개화운동을 겸한 것이다. 이렇게 한국기독교는 예수의 복음을 전파하는 한편 교육, 출판, 한글보급, 의약분야를 개화시켰고, 또한 평등, 인권 등에 관해 계몽하는 적극적인 사회참여를 시작했다.

한국기독교는 여러 차례 국치(國恥)와 국난을 겪으면서도 설움을 겪는 대중들과 함께 계속 성장해왔다. 선교 백주년을 맞이하는 1999년 한국교회는 만 5천여 개로 증가하였고, 크리스천의 수는 1,000만에 이르렀다. 해외에 파송 받은 선교사가 7천명에 달해 한국은 세계에서 7번째로 큰 기독교나라로 성장했다는 기사를 읽은 적이 있다.

한국교회가 이토록 급성장한 원인은 여러 가지가 있을 것이다. 그 중 하나는 아마도 바울이 많은 고난을 받음으로 인해(고후 11:26-27) 복음이 급격히 전파되고 많은 교회가 세워진 것 같이, 우리민족에게도 많은 한이 쌓여 있었기 때문이 아닌가 생각된다. 그들은 그래서 오랜 세월 자유와 평등을 더 갈망했던 것으로 생각된다. 하나의 다른 이유라면, 한국교회는 '전교분리원칙' 아래 정부의 보조 없이 자치적으로 운영하는 자립성이 강한 지원적 신앙공동체였기 때문일 것이다. 그렇게 성장한 까닭으로 한국교회는 수난을 통해 말도 많고 싸움과 부끄러운 일도 많았다고 생각된다.

세계 개신교 교회는 모두 이중(二重)적인 책임을 지고 있다. 안으로는 하나님의 복음을 사랑하는(마 22:37) 생활을 실천해 가고 밖으로는 이웃을 내 몸같이 사랑(마 22:39)하는 복음전파의 밑거름을 만드는 것이 의무라고 생각한다. 교회의 기본사명인 복음전파(마 16:15)는 이웃들의 복지와 자유, 그리고 인권과 존엄성 등이 깊이 수놓아진 인간사회를 외면해서는 성취될 수 없는 힘든 사명이다. 예수님이 언급한 둘째 계명을 지키려면 사회참여는 불가피하다는 말이다.

사회참여: 사회참여(社會參與, Social Concern)란 학자나 단체가 사회 혹은 정치적인 문제에 관심을 가지고 동참(同參, Participation)하는 자발적인 행위를 말한다. 기독교가 사회에 참여해야 한다는 말은 사회는 하나님이 사랑하시는 백성들이 구성한 것이고 그 속에 그들이 생존하기 때문이다. 기독교는 하나님의 사랑을 대변하는 공동체다. 군중들이 불의의 학대를 받거나 반대로 백성이 타락하면 정의를 앞세워 선한 싸움을 단행(사 1:17)하는 정의가 있어야 사회로부터 신의를 얻는다.

초창기의 한국기독교가 사회에 큰 영향을 준 것은, 첫째 당시의 지식층들의 사회개화를 돕는 선생이었다는 것과, 둘째는 대대로 억눌려온 하층계급 민초들에게 해방과 자유 그리고 평등이라는 인간의 기본 권리에 대한 보호자노릇을 시작했다는 점이다.

한국교회가 처음으로 사회문제에 참여한 것은 아마도 1894년에 있었던 동학란 때가 아닌가 싶다. 동학란에 패배하고 도주하고 유랑하는 동학군과 버려진 하층계급농민들을 교회와 서양선교사들이 옹호하고 보호했었다. 비록 매우 소극적으로 사회문제에 참여했던 일이나 그로인해 기독교교리가 동학사상과 유사하다는 것이 알려지게 됐다. 말하자면 '만민 평등사상과 인간의 존엄성 그리고 새로운 나라와 사회를 갈망하는 소망'과 같은 것들이다. 동학운동의 실패는 더 많은 군중들이 기독교에 관심을 갖는 계기를 만들어 준 결과인 것은 틀림없다.

한 세기 전 온 나라가 망국의 슬픔에 잠겨 있을 때 시작한 기독교인들의 애국운동은 개별적이고 산발적이었지만 기독교의 정의로 무장한 십자군이었다고 생각된다. 안창호는 일제의 경제적 포탈에 저항해서 평양에서 철시(撤市, 시장, 점포의 자진 폐쇄)운동을 벌였고 기독청년회는 친일 기관지인 일진회신문사를 파괴하였다. 장인환은 상항 훼리(Ferry)부두에서 친일미국인 스티븐스(D. W. Stevens)를 살해했고 안중근은 이토 히로부미를 암살했다. 미수로 끝나기는 했지만 이재명은 이완용의 암살을 시도했고 홍태순 목사는 대한문 앞에서 자결로 애국을 보여주었다.

1919년 3월 1일에 부른 만세운동은 일제의 총칼 앞에 정의 하나로 맞선 우리 역사에 있어서 가장 자랑스러운 사건이다. 민족대표 33명의 거의 절반(16명)이 기독교인이라서가 아니라, 기독교가 지방에서 민중을 이끌고 만세운동을 주도했다는 사실만으로도 한국교회선조들의 사회참여는 두고두고 자랑할 만한 일이다. 기독교는 조정과 사대부 그리고 유교를 대신해 선두에서 반일투쟁을 한 탓으로 가장 많은 피해를 받았는데 불에 탄 교회만도 59개나 되었다고 한다.

1919년 이후 식민지통치가 더 치열해지면서 기독교 지도자들은 국내외로 흩어졌고 어쩔 수 없이 교회들은 시민의 생활을 외면할 수밖에 없었던 때도 있었다고 한다. 신사참배, 한글폐지, 이름 바꾸기, 전시동원체제 등의 사회적인 불의와 탄압에 교회와 교회지도자가 항거하지 못했다는 것이다. 그래서 당시의 상황을 '한반도에 기독교회는 있어도 기독교사상은 없었다.'고 말하는 사람들도 있다.

분열과 무관심: 세계 2차 대전이 끝나고 생긴 한반도에 국토분단은, 1945년부터 6.25 사변까지 약 5년간에 걸쳐 민족의 대이동을 하게 만들었다. 망국의 한을 품고 타국에서 목숨을 이어온 유민들이 고향을 찾아왔지만 더러는 자유를 찾아서 다시 기약 없는 타향 길로 나서야만 했다. 정치적으로 불안하고 약속된 것이 전혀 없던 때였다. 당시의 한국은 사회적으로 19세기 미국기독교회가 보여준 종교적인 따뜻한 사회참여가 절실히 필요한 시기였다.

그럼에도 불구하고 당시의 개신교는 방황하는 시민들과 교인들은 외면 한 채 1930년대에 시작한 보수와 진보파간의 교권싸움을 재개했다. 박문규의 '민족의 소망'(은혜기획, 1999)에 의하면 민족이 둘로 찢겨지기 전에 시작한 신학자간의 대립은 물론, 교단은 나누어지고 교회들은 분열에 분열을 거듭했다. 신학교들이 난립하는 와중에 교인들도 교역자와 동조하여 성도들 간에 오고가던 싸움과 반목은 30년을 계속하다가 1990년대 이르러서야 겨우 그 기세가 쇠약해졌다고 한다.

한국 사회는 지난 65년에 걸쳐 대통령이 열 번 바뀌었다. 그 동안 국민들은 감당하기 어려운 문제들에 당면했었다. 초대 대통령의 3선을 반대하는 4.19 학생운동에서부터, 5.16 군사혁명, 한일국교문제, 새마을 운동, 10.26, 12.12, 가족계획, 유신체제, 월남파병, 이산가족, 이북에 퍼주기, 촛불시위 등 조용한 날이 없었다. 나는 해외생활을 하며 이런 사건들을 외신과 인편, 방문을 통해서 알았지만, 이것들로 인해 교회분열은 더 악화되었다고 한다. 사회참여라는 대의(大義)를 앞세우고 어떤 교권지도자들은 집권자들에게 동조 아첨하는가 하면 더러는 결사반대를 하여 반목이 생긴 것이다. 화해나 타협이 없기는 정치인들과 다를 바가 없는 것은 아마도 한국인만이 지닌 독선적인 성격 때문이 아닌가 싶다.

나는 금년연초에 한국과 인도네시아 그리고 말레시아를 여행하면서 여러 교회를 방문했다. 교회지도자들과 함께 좋은 시간을 보내며 내게 보여준 그들이 가진 '하늘의 비밀과 지식 그리고 믿음'은 한결같았다. 하지만 그들 역시 한국의 개신교 사회에 만연되는 '물량(物量)사상'에서 자유로울 수는 없어 보였다. 전도와 선교를 열심히 하는 반면, 어쩔 수 없이 그들도 전형적인 대형교회를 꿈꾸는 다른 교회와 별반 다르지 않은 기업가의 자세로 보였다. 세상의 물질경쟁에서 패배하여 낙오된 민중들을 얼마나 돌보고 싶은지는 사실상 별개의 문제인 듯 했다.

한국의 개신교는 교단과 교회가 분열을 거듭하다가 각 교회마다 급성장을 하며 결국은 '물량주의적인 교회성장'이라는 종착역에 도달한 것 같다. 그들은 그것이 하나님을 기쁘게 하는 유일한 인간적인 방법으로 알고 있는지도 모른다. 교회를 크고 부유하게 만들려면 교회운영체제를 기업경영방식처럼 조직적으로 운영해야 한다. 다른 교회보다 더 큰 교회를 만들기 위해 고심하고 몰두하다보면 사회참여에는 당연히 무관심할 수밖에 없게 된다. 그것을 솔직하게 보여주는 것은 지출하는 교회의 '사회 사업비'다. 기독사상(1999년 11월호)에 소개된 한국교회들이 담당한 이 항목의 지출(1992년)은 평균적으로 총 경비의 4% 미만으로 교역자 급여의 14%에 불과했다.

사회무관심의 대가: 적극적인 의미에서 사회참여는 교회가 먼저 신망 받는 공동체가 되는 것이고, 소극적인 의미로는 정부나 다른 공공기관의 손길이 미치지 못하는 부분들을 찾아 조용히 선행을 베푸는 것이다. 어찌 보면 교회는 거듭난(요 3:3) 생활을 하는 성도들의 공동체로, '사랑해야하는' 이웃들이 선망하고 싶은 공동체가 되면 그것으로 족해야 할 것이다. 교회가 경쟁하는 기업체들처럼 물량으로 규모 키우기에 급급하고 있는 자만이 하나님을 경배하러 모여든다면, 기독교인들이 불쌍히 여겨야 하는 가난한 자와 고아, 과부들의 갈 곳은 어디일까?

나는 19세기에 미국을 '자선제국'으로 만든 미국의 기독교인들을 부러워한다. 그들의 신앙생활은 사회곳곳에 하나님의 방법으로 기독교문화를 만드는데 있었다. 그들은 사재(私財)를 모아 재단을 만들고 학교, 병원, 양로원과 자선단체를 만들었다. '절제'를 통해 얻은 것으로 지구촌 곳곳에 선교사를 파송하는데 전념했다. 기독교인들이 생업에 종사하는 사회 구석구석에서 소금과 누룩역할을 한 것이다. 그래서인지 미국에는 얼마 전까지만 해도 유럽에서와 같이 개화라는 단어나 전도하는 선교사가 필요 없었다.

기독교인의 사회참여란 사회를 더럽히는 폐습과 부조리 그리고 불의와 싸우겠다는 기독교인의 착하고 겸손한 행실을 말한다. 내가 생각하는 기독교는 고립된 종교가 아니고, 가난하고 눌려서 신음하는 민초들을 찾아서 만나야하는 '민중종교'다. 한 자리에서 환자를 기다리는 의사가 아니라 병고에 시달리는 아픈 사람을 찾아다니는 의사와 같다는 말이다. 성군이 백성들의 고초를 살피는 것처럼 바른 기독교인이란 소외된 사회에서 힘겹게 사는 민중들을 만나 그리스도의 복음으로 변화된 자기생활을 보여주는 것이 사회참여라고 본다. 사회문제에는 무관심하고 자기 교회의 외향적인 성장에만 급급해 한다면 세상의 그 누가 교회를 찾을 것인가? 혹시 이것이 원인이 되어 영영 교회를 떠나는 사람들이 생기는지 한 번 돌아봐야 할 시점이다.

第52장 기독교인의 청빈사상과 근로정신

우리가 너희와 함께 있을 때에도 너희에게 명하기를
누구든지 일하기 싫어하거든 먹지도 말게 하라 (살후 3:10)

청빈(淸貧): 청빈이란 가난해진 원인이 고결한 성품과 탐욕이 없는 청백에 있다는 뜻이다. 그러면 부자는 모두 깨끗하지 못한 흐린 마음으로 부정직하게 축재를 한 사람들이란 말인가? 그래서 사람들은 부자들을 미워하는 것일까? 청빈은 '심는 대로 거둔다.'(갈 6:7)는 기독교 문화 속에 사는 사람들로는 도저히 이해할 수 없는 말이다. 아마도 이 말은 부정비리가 극심했고 장인(匠人, Artisan)사상이 전무했던 봉건사회에서 만들어진 말이지 싶다.

청빈에는 여러 부류가 있는데, 첫째는 재부학빈(才富學貧)이라는 말을 만든 유교사회의 선비 혹은 학문을 하는 학자들의 생활형편처럼 넉넉하지 못한 사람들을 말한다. 수고하고 받는 사례비는 정당하지만 품값이 변변치 못하고 늘 부족하여 남들처럼 '과외수입'이 없는 탓이다. 과외수입이 없는 것은 성품 탓으로, 더 달라고 떼를 쓰지 못하거나 혹은 한직(限職)을 원하지 못하는 즉 부정으로 이득을 얻는 힘을 못 지닌 것이다. 경제성장과 더불어 임금이 상승하면 사회부조리 뿐 아니라 청빈이라는 단어도 자취를 감추게 될 것이다. 그런 사회에서는 자기가 일한대로 정당하게 보상(고전 3:8)을 받을 수 있기 때문이다.

세상에는 청렴하고 결백한 부자들도 많다. 선진국가의 정부 관리들, 연구실에서 한 평생을 보내는 학자들, 그리고 크고 작은 기업체를 키워가는 회사의 중역들도 그러하다. 그들에게는 수고한 대가(롬 4:4)로 매일의 삶에 필요한 최소한의 육의 물질이 충족되기 때문에 청빈이란 말이 필요가 없다. 어차피 빈손으로 왔다가 빈손으로 떠나는 것이 '육의 일생'인 것을 생각하면 구태여 부정한 수입을 탐내며 부자가 될 이유도 없다. 다만 남에게 피해를 주지 않고 안락하게 살 수만 있으면 그것이 경제활동의 최선이라고 믿고 만족하면 된다.

아무리 인간사회가 풍요롭게 향상할지라도 지구촌 곳곳에 산재한 가난한 사람들과(신 15:11) 더불어 세상 끝날 까지 남을 청빈 자들이 있다. 이 부류는 '손을 게으르게 놀린'(잠 10:4) 탓이 아니고 스스로가 청빈을 택한 특별한 사람들이다. 이 부류의 사람들은 예수님이 부활하신 후에도 많았고 또 예수님 재림의 날까지도 계속 존재할 것이다.

스스로 택한 청빈의 시작은 예수님 자신이다.(마 8:20) 사도 바울에게는 '사는 것은 그리스도뿐인'(빌 1:21) 것같이, 많은 개신교 선구자들도 삶의 대의(大義)는 영원한 삶을 사모하기에 현세물질의 풍요에는 관심이 없었다. 이태리의 교회개혁자이자 빈곤애호가로 알려진 13세기의 성 프랜시스(St. Francis)는 평생 단벌옷으로 살았다고 한다. 그것이 좋아서가 아니라 그리스도만을 바라보니 세상 것들은 그에게 그다지 필요치 않았다. 독일의 종교개혁자 루터(Martin Luther)는 세상의 것들을 잠시 이용하면서 즐기는 것이라 했고, 프랑스의 종교개혁자 존 칼뱅(John Calvin)은 청빈과 겸손은 하나님과 가까이하는 수단으로만 필요하다고 했다. 그리고 그들은 실제로 그렇게 살았다. 내가 존경하는 김수환 추기경의 삶도 그러했다. 그들에게는 그것이 하나님을 사랑하는 방식이었다.

교회를 올바르게 이끌어가는 교회의 지도자들은 모두 청빈하게 살아왔고 또 그렇게 살아야만 한다. 오늘의 한국도시에서 보는 큰 건물을 위주로 한 청빈이 사라진 교회들은, 하나님과 하나님의 영광(고후 4:15)을 위한 것이 아니라 세상 사람들의 눈을 위해 세워졌는지도 모른다. 또한 청빈의 흔적을 볼 수 없다는 것은 '나누어 준 것'(막 10:21)이 별로 없다는 증거도 된다. 나눈다는 것은 성 어거스틴(St. Augustine)이나 프랜시스처럼 재산 모두를 가난한 사람들에게 나누어주고 단벌옷으로 살라는 말은 아닐 것이다. 교회는 교회답게 신분과 처지에 맞게 살라는 뜻일 것이다.

근로(勤勞)사상: 인간은 일을 해야만 의식주에 필요한 것들을 얻으니 '경제적인 동물'이라고 부른다. 길지 않은 생애를 대수롭지 않게 산다 해도 매일 소요되는 것이 많다. 우리는 그것들을 더 쉽게 더 적은 비용을 들여서 더 많은 것을 획득하려고 어릴 때부터 교육받았다. 더 풍요로운 삶의 충족을 위해서는 더 비상한 두뇌와 더 많은 노력이 필요하다는 뜻이다. 이러한 경제적 행위로 생활을 유지 향상시키려는 인간의 마음을 경제학자들은 '경제사상'이라고 부른다. 쉬운 말로는 더 잘 살기위해서 더 열심이 일해야 한다는 근로정신이라 하겠다.

먹고 입는 것이 그토록 필연적이나 생물학적으로 보는 인간은 아무런 준비도 없이 세상에 태어난다. 다른 동물들과 달리 사람은 성장하면서 뭐하는 사람이 될 것인지를 결정해야 한다. '뭐하는' 즉 근로행위에 따라서 한 인간의 신분이 정해진다. 이러한 중대한 결정을 한국에서는 출생한지 한 돌이 되는 생일날 '돌잡이'로 시작하는 것 같다. 돌잡이 풍습이 생긴 것은 모름지기 인간사회가 개화되면서 침체된 농경생활을 탈피하려는 경제사상의 욕구를 찾아 나서는 현대인의 첫걸음이 아닌가 싶다.

'뭐 하느냐'를 현대식으로 말하면 직업을 의미한다. 직업은 한 인간의 경제적이고 사회적인 위치와 삶의 행복까지 좌우하는 가장 중요한 요소다. 준비가 되었든 안 되었든 사람은 나이가 들어 부모로부터 독립하면 모든 시간과 정성을 잠자는 시간을 제외하고는 직업에 소비하게 된다. 직업은 풍요로운 삶을 결정하는 수단인데 세상에는 쉬운 일이 하나도 없다. 과학기술의 발달과 더불어 앞서가는 산업사회에서는 보다 깊고 넓은 기초훈련을 받아야한다. 왜냐하면 준비를 충분히 못하면 직업의 선택도 어렵고 얻는다 해도 수입이 변변치 못한 육체적인 단순노동을 하게 되기 때문이다.

농경사회와 달리 근대사회의 직업은 상공업을 중심으로 만들어지기 때문에, 경제가 불황을 맞으면 실업자가 증가하다 못해 도시에는 노숙자까지 생기게 된다. 일을 하기 싫어서가 아니라 일거리가 없어서 하루에도 몇 번씩 하늘을 쳐다보며 한탄과 원망하는 경우도 생긴다. 실용주의사상이 뿌리내린 미국의 경우, 1950년대 이전부터 대학의 교과목은 광범위한 기초과목을 다루고 있다. 전공과목보다 필수기초과목이 더 많다 못해 어떤 분야는 특정한 전공 없이 대학을 모두 끝내는 경우도 있다. 변동이 많은 세상의 직장전선에서 요령껏 적응해서 살아남으라는 것이다. 이러한 교육제도가 창의력을 유발시킨 탓에 부강한 미국의 오늘을 있게 한 것이 아닌가 생각된다.

직업의식: 모든 직업에는 상하귀천이 없다고는 하나, 우리의 현실사회에서는 '뭐하느냐'에 따라서 수입, 지위, 명예, 학력 등이 구별되고 사람의 명망을 알아보는 척도가 되고 있다. 특히 한국처럼 사대주의사상이 깊이 새겨진 사회에서는 직업차별의식이 알게 모르게 사람들에게 피해를 주고 있다. 수입이나 사회적 지위와 명예가 높은 직업일수록 취득하기에 극심한 경쟁을 해야

하고 사회적 책임도 크다. 그러나 사람들은 선망과 유망한 직업을 얻으려고 타고난 재질이나 능력, 혹은 하고 싶은 것과는 관계없이 어릴 때부터 경쟁준비에 전념한다.

성경이 가르치는 직업관은 '뭐를 하느냐보다 어떻게 하느냐'에 삶의 보람을 더 두도록 한다. 어떻게 하느냐는 윤리문제만이 아니라 기독교인들에게 무엇을 하든지 마음을 다하여 주께 하듯이(골 3:23)해야 하는 삶의 기본자세이기 때문이다. 무엇을 하든지 자신이 원하고 감당할 수 있고 자신에게 맞는 일이면 그것으로 족한 것이 아닌가 생각된다. 무엇을 하든지 그 일로 인해 행복할 수만 있다면 그 이상 바랄 것이 없지 않겠는가? 무엇을 하든 각각 '하는 대로 자기의 상을 받게(고전 3:8) 되기 때문에' 기독교인에게는 직업의 귀천의식이란 대수로운 것이 아니어야 한다.

영국의 17세기 산업혁명을 시작으로 많은 현대인들이 직업을 찾아 도시로 몰려들었는데, 대부분 직업병에 걸려 신음을 하면서 일생을 보냈다고 한다. 경제적인 풍요, 사회적인 지위나 명예 등의 과욕은 경쟁의식을 자극하여 마음과 몸을 혹사시켜 직업병은 불치병으로 자라게 된다. 결과적으로 '직업'은 하고 싶거나 좋아해서가 아니고 감당할 수 있어서도 아니어서 피할 길 없어 '억지로 하는 일'이 되고 만다. 그런 의미로 보면 세상에서 가장 행복한 사람은 자신이 하고 싶고 할 수 있는 일을 마음껏 할 수 있는 사람이 아닌가 싶다. 그래서인지 나는 '엄마야 누나야 강변에 살자'라는 노래를 좋아한다. 어차피 우리 모두는 언젠가 도시를 떠나 떠나온 땅으로 다시 돌아가야만 하는 처지가 아닌가!

경제행위: 성인(聖人)들처럼 스스로 청빈한 삶을 택할 믿음이 없으면 차라리 적극적으로 남들보다 부지런히 손을 놀려 부자가 되는 것도 한 방법일지 모른다. 감리교의 창시자인 영국의

웨슬리(John Wesley)가 교인들에게 설교했듯이 '일을 열심히 하여 재산을 만들어 하나님을 위해 아낌없이 사용하는' 사마리아 사람이 되는 것이다.

매해 미국의 몇 월간지는 세계적인 갑부 100명을 소개한다. 그들은 남들보다 더 많이 심어서(고후 9:6) 더 많은 사람들에게 일거리를 만들어주며 기업을 키워가는 사람들이다. 뿐만 아니라 나라에 세금을 많이 바친 사람들이며 자선헌금도 남들보다 더 많이 하는 사람들이다. 그래서 그들은 사회와 국민으로부터 존경을 받으면서 산다. 세상의 많은 사람들이 선망하는 것처럼 나도 그들을 존경한다. 그들이 지닌 재화가 아니라 그들이 지닌 부지런한(잠 10:4) 근로사상(골 3:23)과 남을 배려(마 19:21)하는 마음을 존경한다. 세상 사람들에게는 가장 어렵다고 알려진 일들을 하기 때문이다.

경제활동 가운데서 마지막으로 중요한 부분은 번 돈을 어떤 것에 보람되게 쓰느냐에 있다. 돈을 탕자처럼 '허랑 방탕'(눅 15:13)하게 낭비하는 사람을 불로소득이나 쉽게 얻은 돈으로 만들어진 벼락부자 혹은 졸부(猝富)라고 말한다. 땀 흘려 번 돈을 분수에 맞도록 사용하지 못하면 부자는 쉽게 사회로부터 눈총을 받는다. 청빈이라는 말이 생긴 것도 바로 허랑 방탕의 경제행위가 심한 탓일 것이다. "내 돈 벌어 내 마음대로 쓰는데 웬 잔소리냐?"는 말이 있다. 하지만 얼마나 지혜롭게 사용하느냐에 따라서 부자의 사람됨은 입증된다. 그래서 신사들은 팁을 주는데도 신경을 쓴다고 한다.

'부자가 천국에 들어가기가 어렵다.'(마 19:23)는 것은 돈이 지닌 부피 탓이 아니라 돈이 만들어 주는 교만 때문일 것이다. 교만은 사람의 마음에서 겸손과 온순한 성품을 빼어가고, 대신 탐욕이나 허망을 채워서 사람의 인격을 손상시켜 매우 초라한 사람으로 만들기 때문이다. 기독교의 경제학에는 뭐를 하느냐보다 어떻게 하느냐가 중요하지만 교만을 버리고 사는 것이 더 중요하다. 기독교인의 경제행위에 있어서 가장 조심해야 할 것은 재물이 아니라 재물을 소유해서 얻어지는 교만(딤전 6:4)이 아닌가 싶다.